工作,希望能对全球化时代人们的和平、幸福生活,作出一点微薄的贡献。

　　简要回顾中西哲学与文化比较研究的历史,大约需要从 16 世纪耶稣会传教士来华的时代算起。一方面,来华传教士将中国的社会、历史文化情况发回欧洲,引起了 17 世纪以后欧洲对于中国文化的持续兴趣;另一方面,来华传教士带来的欧洲学术、科学、思想文化成果,也引起了中国社会少数有识之士的关注。清代康熙年间的"历法之争",是中西文化交流过程中的一股逆流,但此股逆流所反映出的外来文化与本土文化之间的关系问题,却是真实而持久的。此一问题,在佛教传入中国的过程中也曾经长期存在过,但当时印度与中华文明都处在农业文明阶段,不涉及文明之间的生死存亡之争的问题。因而在漫长的佛教中国化过程中,逐渐解决了此问题。耶稣会传教士带来的欧洲文化,无论是其中的一神教的思想,还是一些科学的思维方式,对于古老而悠久的中国文化来说,都是一种强有力的挑战。从 17 世纪初到 19 世纪中叶,可以被视为中国哲学、文化与欧洲哲学、文化之间比较研究的第一个历史时期。这一时期,由于政治、经济上的自主性,中国哲学与文化也保持着自己的精神主体地位。而在中国大地上进行传教的耶稣会士们,则是主动地让基督教文化向中国哲学、文化靠拢,在中国哲学、文化传统里寻找到有利于他们传教的文化因子,如坚持适应路线的传教领袖利玛窦就努力在中国传统哲学、文化里寻找与上帝相一致的"帝"观念,以证明基督教的上帝与中国儒家传统有内在的一致性。与此同时,欧洲的一些启蒙思想家,如莱布尼茨、沃尔夫、伏尔泰、魁奈等人,则努力从中国哲学与文化里寻找"自然理性"之光,以对抗基督教的"天启之光",将遥远的中国哲学与文化视为欧洲启蒙文化的同盟军。

1840 年鸦片战争以后,特别是第二次鸦片战争、甲午海战等接二连三失败以后,近代中国人在政治上的自主性迅速丧失。伴随而来的是文化上的自信心的丧失。可以说,直到 1949 年新中国成立以前,中国百年近代史就是一部丧权辱国史,也是一部中华民族不断丧失自己文化自信心,在精神上不断被动和主动地阉割自己的历史。对于哲学、文化的研究,就其主流形态而言,是一段甘当西方甚至日本哲学、文化的小学生的历史。其中也有一些比较研究的成分,但其比较的结果,就其主要的面向说,都是对自己哲学、文化中专制的、落后的内容进行反思与检讨。只有少数被称为"文化保守主义者"的学者,在努力地发掘中国哲学、文化的自身价值。早年的严复在思想上基本属于革新派,他在 1895年发表的《论世变之亟》一文,深刻地反省了中国文化在近代以来失败的原因,认为其主要原因就是:在政教方面,中国历代圣贤皆未能以自由立教①。

新文化运动之初,还未接受马克思主义的陈独秀,曾发表过一篇有关中西哲学与文化比较的文章,文中虽然泛用"东洋"与"西洋"两词,实际上就是讨论中国哲学、文化与西方哲学、文化。

---

① 严复此文中的一段话很长,其要义是:"夫自由一言,真中国历古圣贤之所深畏,而从未尝立以为教者也。"(《严复全集》卷七,福州:福建教育出版社,2014 年,第 12 页。)

陈独秀在该篇文章里一共从三个方面对中国与西方的哲学、文化作了比较，而在整体上都是从否定的角度来评价中国哲学与文化精神的。如第一个方面，"西洋民族以战争为本位，东洋民族以安息为本位"[①]，其最后的结论是："西洋民族性，恶侮辱、宁斗死。东洋民族性，恶斗死、宁忍辱。民族而具如斯卑劣无耻之根性，尚有何等颜面，而高谈礼教文明而不羞愧！"第二个方面，"西洋民族以个人为本位，东洋民族以家族为本位"，其结论是："西洋民族，自古迄今，彻头彻尾，个人主义之民族也。""举一切伦理，道德，政治，法律，社会之所向往，国家之所祈求，拥护个人之自由权利与幸福而已。思想言论之自由，谋个性之发展也。"[②]"东洋民族，自游牧社会，进而为宗法社会，至今无以异焉；自酋长政治，进而为封建政治，至今亦无以异焉。宗法社会，以家族为本位，而个人无权利，一家之人，听命家长。"[③]而被中国传统儒家视为文明象征的忠孝伦理与道德，在陈独秀看来，是一种半开化民族的"一贯之精神"，此精神有四大害处：一是"损坏个人独立自尊之人格"；二是"窒碍个人意思之自由"；三是"剥夺个人法律上平等之权利"；四是"养成依赖性，戕贼个人之生产力"。而整个"东洋民族社会中种种卑劣不法残酷衰微之象，皆以此四者为之因"[④]。第三个方面，"西洋民族以法治为本位，以实利为本位；东洋民族以感情

---

① 陈独秀：《东西民族根本思想之差异》，《独秀文存》，合肥：安徽人民出版社，1987年，第27页。
② 同上书，第28页。
③ 同上。
④ 同上书，第29页。

为本位,以虚文为本位。"①而东洋民族以感情、虚文为本位的结果是:"多外饰厚情,内恒愤忌。以君子始,以小人终,受之者习为贪惰,自促其生以弱其群耳。"②

上述陈独秀在比较哲学与比较文化的视野里,对中国文化全面的批评与否定,可以视为激愤之词,在学术性上也有很多有待商榷之处,在当时中国处于列强环伺、瓜分豆剖之际,可以激发国人深沉自省、洗心革面、奋发向上。今天,伴随着我们对西方文化的深入了解,我们可以更加客观、理性地看待中西文明的各自优劣之处。同时,对近代以来资本主义以殖民的方式对世界各国文化所造成的巨大破坏,以武力侵略的方式对整个人类所造成的各种骇人听闻的惨剧,也不应该加以掩盖。

近百年的中国历史,在政治上是受屈辱的历史,在经济上是被侵略的历史,在文化上则是新旧斗争、中西斗争最激烈的历史。一些被称为"文化保守主义者"的学者,在面对西方文化的强势冲击时,努力地维护中国传统哲学、文化的自尊。他们所要维护的有些具体内容未必是正确的,但这种"民族精神自卫"的思维方式与情感倾向,从整体上看是可取的。几乎与五四新文化运动同步,20 世纪 20 年代,一批信奉儒家思想的现代新儒家们也成长起来,其中,以梁漱溟的《东西方文化及其哲学》(1921 年)一书为标志,在中、西、印哲学与文化的比较方面,开始

---

① 陈独秀:《东西民族根本思想之差异》,《独秀文存》,合肥:安徽人民出版社,1987年,第 28 页。
② 同上书,第 30 页。

了系统的、哲学性的思考。梁氏从精神生活、社会生活、物质生活三个方面出发①，对中、西、印三大文化系统的异同、优劣、未来可能的走向进行分析，并对世界文化的发展方向作出预测。他认为，"西方化是以意欲向前要求为其根本精神的"，或者说"西方化是由意欲向前要求的精神产生'塞恩斯'与'德谟克拉西'两大异采的文化"②。"中国文化是以意欲自为调和、持中为其根本精神的。""印度文化是以意欲反身向后要求为其根本精神的。"③而经过西方近代文化发展阶段之后的未来世界文化发展方向，则是"中国文化的复兴，有似希腊文化在近世的复兴那样"④。梁氏的具体论断与其结论，当然都有许多值得商榷的地方，但他真正从比较哲学的形而上学角度思考了人类几大哲学、文化系统的异同，并对三大文明系统的走向作出了自己的论断。由梁氏所代表的现代新儒家的比较哲学与比较文化的思想表明，20世纪的文化保守主义恰恰为保留自己民族文化的自信提供了一些有益的思想启迪。而从维护全球文化的多元化，反对现代文化的同质化方面，亦为世界文化的丰富性作出了自己的独特贡献。

在回顾20世纪中西比较哲学与文化研究的过程中，我们不应该忘记中国共产党人在学术与思想上所作出的贡献。作为中国共产党人集体思想结晶的宏文《新民主主义论》，虽然不是专门的比较哲学与比较文化的论著，但其中涉及的中国新文化发展的

---

① 梁漱溟：《东西文化及其哲学》，北京：商务印书馆，1999年，第19页。
② 同上书，第33页。
③ 同上书，第63页。
④ 同上书，第202页。

大问题,特别是面对外来文化时,恰恰为当代中国的比较哲学与文化研究,提供一个基本的思想原则。在该文里,毛泽东说道:"这种新民主主义的文化是民族的。它是反对帝国主义压迫,主张中华民族的尊严和独立的。"[①]面对外来文化,毛泽东说道:

> 中国应该大量吸收外国的进步文化,作为自己文化食粮的原料,这种工作过去还做得不够。这不但是当前的社会主义文化和新民主主义文化,还有外国的古代文化,例如各资本主义国家启蒙时代的文化,凡属我们今天用得着的东西,都应该吸收[②]。

毛泽东所代表的中国共产党人,在20世纪40年代就已经站在本民族文化的再造与创新的高度,触及了中西比较哲学、文化研究的根本方向和历史任务的大问题。当今中国学术界、思想界所从事的比较哲学与比较文化研究,也不是为了比较而比较,恰恰是为了中国当代哲学与文化创新而从事中西比较、中外比较,尽可能广泛地吸收世界上各民族创造的一切有价值的文化成果,从而为当代中国的哲学与文化建设事业服务。

实际上,在20世纪比较哲学与文化的领域里,可谓名家辈出,荦荦大者有王国维、胡适、金岳霖、钱锺书、张岱年、侯外庐,以

① 毛泽东:《新民主主义论》,《毛泽东选集》第二卷,北京:人民出版社,1951年,第706页。
② 同上书,第706—707页。

及整个现代新儒家群体，他们的比较哲学与比较文化的研究成果，扩大了中国人的思想视野与知识视野，丰富了中国人的精神内涵，增强了中国哲学与文化的自身活力与创新能力。自 20 世纪 80 年代以来，伴随着中国社会的改革开放，比较哲学与比较文化研究工作，一方面处在恢复发展阶段，另一方面也表现出一些新的特点。除一些学者个人凭借自己的学术兴趣、语言优势，继续从事比较哲学与文化的研究工作外，如海德格尔与中国哲学，解释学与中国的解释学等研究成果，一些大型的丛书与杂志也在持续出版，在更大的范围内影响着当代中国的学术、思想与文化。最典型的系列丛书有：乐黛云所开创并主持的比较文学研究丛书，刘东主持的《海外汉学研究丛书》，任继愈主编的《国际汉学》系列论文集等。而对于中西哲学比较研究史第一次较为系统的梳理与研究，当以许苏民的皇皇巨著《中西哲学比较研究史》为典型代表。当代中国这些新的比较哲学与比较文化研究形态与具体成果表明，伴随着中国与世界的关系越来越密切，比较哲学与文化的研究也越来越深入、越广泛。但就笔者目前所知的情况来看，比较系统、专门地介绍现代西方比较哲学与文化研究，同时又以此主题展开研究的丛书，目前似乎还未出现。因此，我们希望通过此套丛书一辑、二辑及至多辑的出版，将当代中国的比较哲学与比较文化研究由比较分散的状态，带向一个相对较为集中、专业的方向，进而为推动当代中国哲学与文化的创新，作一点微薄的贡献。

相对于当代中国哲学与文化的创新与发展的主题而言，比较

　　善一分殊：儒家论形而上学、道德、礼、制度与性别

哲学与比较文化的研究只是一种学术助缘与手段。但在全球化的漫长过程中，比较哲学与比较文化研究将是一个需要有众多学人长期进行耕耘的广阔的学术领域。近四百年来西方文化在此领域所取得的成就，从整体上看要超过中国。不可否认，西方现代文化在其发轫期充满着一种对东方及其他非西方文化、文明的傲慢，而在比较哲学与比较文化研究的领域里，有些结论也带有明显的文化偏见与傲慢，像黑格尔、马克斯·韦伯等人对东方哲学、中国哲学的一些贬低性的认识与评论，在西方与国际学术界均产生了相当不好但非常有力的影响，即使是当代中国的有些学人，还深受这些观念的影响。但我们需要全面、系统地了解现代西方学术中比较哲学与比较文明研究的成果，像李约瑟、斯宾格勒、汤因比、雅斯贝尔斯、布罗代尔等人的研究成果，就需要我们系统地研究与翻译，而马克思、恩格斯以及法兰克福学派的一些有关全球化的反思与论述，也是我们从事比较哲学研究者需要加以认真研读的系列作品。

正在全面走向世界，并将为世界文化作出新的、更大贡献的中国，需要有更加开放的胸怀，学习、吸纳西方哲学与文化，同时还应该放宽眼界，学习、吸纳全世界所有民族的优秀思想与文化。我们还应该对中东、非洲、南美洲的思想与文化传统有所研究与了解，未来的比较哲学与文化翻译和研究丛书中，也应该有这些地区、国家的思想、文化研究成果。中国的现代化，中华民族文化的现代化，应当是吸收欧美现代化、现代文化的一切优良成果，摒弃其中的殖民主义、霸权主义、资本主义唯利是图、垄断等一切不好的内容,从人类一体化、人类命运休戚相关的高度,来发展自己民族的现代化,来创新自己民族的现代文化,为造福世界作出中华民族的贡献。

我们希望有更多胸怀天下的学术青年,加入比较哲学与文化的翻译和研究的领域之中,在现在及未来的相当长的一个时间段里,这将是一个有着勃勃生机、充满希望的学术领域;但也是一个充满艰辛劳作的学术领域,因为在这一领域里工作,要比在其他领域付出更多的学术努力,要有良好的外语水平,要阅读大量的文献,甚至还要深入异域文化地区进行实地了解,而不只是做书斋里的学问。通过比较哲学与文化的长期研究,我们也会不断地扩展我们的知识视野与思想视野,丰富我们每个人的内在精神,在精神上真正成为文化上有根的世界公民。这或许是比较哲学与文化研究事业所具有的独特魅力!

是为序!

丛书主编

2019 年 1 月 30 日

善一分殊:儒家论形而上学、道德、礼、制度与性别

献给安乐哲、成中英与杜维明

益友、良师、同仁

中译本序言

《善一分殊》的中译本即将与读者见面,我要先对此书的出版方表达感谢,尤其要衷心感谢此书的译者。翻译绝非易事,更何况是翻译我的这本著作,这是一项加倍困难的学术工作,因为对哲学问题的探讨,我习惯于穿行在众多学者的思想与文本中,却并未对他们予以直接提及,而译者则注意到了我的这些间接引用。我非常感谢这一翻译工作,也开心这本书有了新的读者。

《善一分殊》所收录的 15 篇文章,皆在于主张在不久的将来会形成一种新的、统一的认识。对此,从全书的第一篇文章主张对朱熹和柏拉图的形而上学应有或多或少的共同理解,到最后一篇文章论述儒学对当前女性主义的已有理解的贡献,这一主旨是一以贯之的。总之,本书的每一篇文章,都旨在督促人类继续向前迈进。应该说,与其说本书是对过去的评论,不如说它是对未来的论证,而这个"未来"就是不久的将来。我相信,如果基于我所受到的西方教育,我找到了抵达未来的路径,那么,任何处于其他背景的人,也一样可以找到并抵达。而在我们的有生之年,世界各地的哲学,已经在引入我在本书中所提到的各种哲学思想了;可以预见的是,在那不久的将来,我们看到的必然是更综合亦更精彩的学习。

尽管如此,未来的前景,却犹如人类从文化的口语阶段转变为文字阶段。在大约公元前4000年的口语阶段,人们通过说话和唱歌来交流。此后,书写和阅读在全世界范围内缓慢而稳定地兴起。最初,只有少数律师能够读懂汉谟拉比的法典;在中国的周朝初期和以色列的大卫王统治时期,成千上万的巫祝、祭司以及其他社会阶层能够阅读和书写关于世俗化的启示;到了公元元年,伟大的哲学思想已经被书写和评论,有文字记录的帝国也已从摩洛哥延伸到了马六甲诸岛。柏拉图曾嘲笑听阿喀琉斯故事的人缺乏有责任意识的个人自我;对于埃及神特泰①(Theuth)让记忆技能变得不如学习阅读技能那般重要,柏拉图在褒扬他的同时也予以批评。时至今日,几乎每个人都已能够阅读,同时大部分人也能够书写,人类已经有了一个扎实的书写文化。承载我们写作的书页,提供给我们与我们已知事物保持一种距离的机会,并要求我们对这些事物承担起个人责任。我们珍视那些受过良好教育的人,他们会读、会写,并与所读的东西保持一种距离②;而且,他们彼此之间也保持着距离。

当下,人类又正处于下一个转变的开端,这个转变可能与从口语文化到书写文化的转变一样伟大。人工智能问世才一个世纪左右,但它已形成智能系列,至今,已几乎影响到大学里的所有

---

① 译者注:传说中,埃及发明文字符号的神。
② 译者注:书面文化相对于口语文化所带来的理解层面的"距离"。

　　　　善一分殊:儒家论形而上学、道德、礼、制度与性别

人。而最近问世的 ChatGPT，它写论文的水平能够媲美许多本科生，甚至超过他们。可以预见的是，一个远远超过 ChatGPT 并模仿人类书写的智能系列的续集（ChatGPT2.0、3.0……）将推陈出新。此时此景，很多人开始担心学生（还有教师）会借此作弊。但是，与此相反，我们中的一些人已开始思考这条人工智能系列，又将会给人类带来什么好处。

我们首先要做的事情之一，即使是不完全放弃"书写"这种教育手段，至少也应降低此类教育的比重。当然，我们仍然需要掌握阅读与书写技能；但我们应该清楚意识到这一事实，即这些技能是人工智能已经掌握了的。我们应该做的是找到新的方法，来测试学生管理庞大的数据库的水平及他们的阅读和书写技能：想象一下，学者们会如何就一个独特的主题写一篇伟大的文章，然后稍微调整一下，使其具有主观相关性；想象一下，人工智能计算机将如何变得像我们提到的"云"（Cloud）一样，在那里我们可以假设共同的数据；想象一下，个人将如何确定自己对云的访问权限，以便正在进行的研究的访问权限仅限于他们自己，又或者，这些研究数据可提供给云端的所有人使用，无论它处于研究的任何阶段。

所有这些都是假设通过我们个人的计算机来访问"云"。但是请想象一下，如果我们可以通过声音、音乐以及艺术，甚至通过回忆我们上次工作的地点来获得对"云"的访问，这就极大地相对化了由阅读—书写所建立的个人组织的识字模式。假设你可以通过弹钢琴来访问"云"，这会提示"云"将你与各种不同的音乐联结起来，或者与同样喜欢或不喜欢该音乐的他者联结起来。如果你学会与他者共同创作音乐，这就意味着不存在一个单独的作者了。如果你可以在任何地方听任何音乐，这又将带来什么转变呢？如果你可以在别人正在创作的音乐中进行你的创作，这又将带来什么转变呢？

不过，稍等一下，让我们继续来思考。我们为练习弹钢琴而学习的音乐源自乐谱，写出来并作为一种文字形式来阅读。我们可以看到，钢琴家的眼睛在阅读乐谱，手指在弹奏音符。如此如果可以通过多种方式访问计算机，那么，那些只能通过输入文字来访问的计算机将变得不那么重要，大脑可以通过多种方式来学习、阅读。假设上述我们提到的通过"云"完成的所有内容，都是通过某种特殊的脑机连接（brain-computer connection）来访问，也就是说，它不再是此岸的我们在使用彼岸的"云"，而是我们与"云"的混合；或者，我们甚至不用区分我们与"云"，而是通过机器以不同的方式思考我们自己，我们每个人都是机器的一部分，就像机器是我们的一部分一样。

读者朋友们，在此，我之所以选择钢琴作为例子来说明我的观点，是因为直至几个世纪前，这本书的中文读者们，可能还觉得钢琴是一种奇怪的乐器。在明代时，也许利玛窦曾把一些古钢琴带来了中国①，但它们当时并未能流行起来；但我们完全可以想见，从竖琴到钢琴的那个转变，一定是相当震撼的。

---

① 译者注：万历二十八年，传教士利玛窦曾向明神宗献"西琴"，即七十二弦的击弦古钢琴。

"云"总是与它所服务的社会相关。也许是地理层面的社会，也许是阶级社会，也许是利益社会。尽管如此，这些"云"之间将会有越来越多的联系，也许可以识别不同的社会，但也可以识别它们的共同连接点。

我们需要意识到，我们作为"独立个体"的整个想法将被严重削弱。当然，机器"云"将继续将自己构建得越来越复杂，但它也会把我们塑造成生活舞台上的演员。口语社会把我们打造成跟着演讲来求知的群氓（crowd），这些演讲让我们的情感跟随着演讲者与演讲内容而流动；文字社会则教会我们如何坐下来三思，要求我们承担起个人责任。那么，我们所面临的这种新文化，又会教给我们什么呢？

本书是一本关注如何承担起"近未来"（即不久的将来）的责任的书，所以，在这里，我采用的是一种有关即将到来的新文化的思辨视野来导入这本书。未来是一个从近到远的连续统一体，我们向来步履不停，但重要的是，对于漫漫人类前进史上的那些重要步伐，我们必须保持警觉。对于古人而言，他们当然知道他们的文字技能，正使得这世界的一切变得崭新起来；但是，他们很难想象这一切最后究竟又会变成什么样，人类又终将走向哪里。对于当代人而言，我们理应牢记，一切都处在变化之中，而在我们意识到转变之前，未来就已经到来了。

南乐山

2023 年 3 月

前　言

　　这是我们第一次访问东亚。就在飞机着陆韩国之前，我的妻子贝丝告诉我："罗伯特，我不会跟随在你身后八步之遥的地方，你的儒家朋友不得不面对这一现实。"贝丝如此说，这缘于儒家对于女性行为的约束，即使在儒家的当代表达方式中也难洗这一嫌疑。多年来，我在波士顿大学教授有关性别身份（gender identity）的神学问题的课程。我们的许多来自中国和韩国的学生，都对他们所认为的本土文化，尤其是本土的教会文化的偏见（bigotry）抱有羞愧、畏惧的态度，并且将这种偏见归咎于儒学的遗毒（甚至在东亚基督徒中也存在这一偏见）。女性主义运动和性少数群体的平权运动，已经在世界范围内，特别是在知识分子中取得了巨大成效，尽管他们在对抗各种偏见方面所取得的实际成就各不相同。

　　当代儒家在正面解决这个问题上行动迟缓，这使得从女性主义视角研究中国哲学的女性大为失望。也许这是由于对儒学来说，似乎有两个主题是它的必要的默认立场：一是强调履行家庭责任，以表现"仁"的家庭方式来塑造许多其他人际关系；二是强调通过对礼的一种成熟化的参与（mature playing）来发挥出"仁"的重要性，而这些礼在一定程度上则是通过礼仪角色来定义个体的。这两个主题似乎为儒学招来了毁灭性的批评，那些关注性别身份和角色的社会建构的人指出，很多这样的社会建构是多么不公正且带来许多伤害。

在这本文集中，我旨在为当代儒家（我也是其中之一）指明一条前进的道路。当然，我不仅是一个儒家，第一章将表明我也是一个柏拉图主义者。同时，几乎每一章都体现了对美国实用主义的借鉴和延伸。作为一名哲学家，我的身份认同（identity）源于以上这三种以及许多其他知识资源和宗教资源。即使作为一个儒家，我也不是所有儒家思想家的拥趸，我更喜欢荀子留下的颇具启发性的思想遗产而不是孟子的，我也更喜欢王阳明而不是朱熹，尽管我对孟子和朱熹的欣赏是毋庸置疑的。不过，最明显的是——我是一名西方的儒家，或者更准确地说，我是一名波士顿儒家。所谓"波士顿儒家"（Boston Confucian），这是一个我曾参与命名、定义和记录的学术运动①。在波士顿以及许多其他西方环境工作的儒家学者所生活的文化中，对女性和性少数群体的一些重要保护已经被写入法律，尽管还有更多的工作等待我们去做。

若从历史的角度来公允地讲，针对儒学在各个时代对女性和性少数群体的影响比其他宗教或哲学文化更糟糕的观点，我是持怀疑态度的。非洲的伊斯兰教和一些部落宗教，如今似乎仍然在

---

① 参见我的《波士顿儒学：晚期现代世界可移植的传统》一书。本书所提及的所有著作的完整书目信息，请参见参考书目部分。

严苛地对待这些群体，正如以往任何文化对这些群体所做的那样。20世纪前后，大多数女性主义和性别解放运动将矛头对准的是基督教和犹太教中存在的滥用偏见（abusive bigotry）。尽管佛教和印度教中都有圣母形象，但是，权力的谱系通常是通过男性来传承的，我还从未听说过女性达赖喇嘛或大宝法王。古代的吠檀多不二论（Advaita Vedanta）认为转世对众生是一种安慰（comfort）——因为你可能必须轮回很多世才能出生成为一个男性婆罗门，而这是获得觉悟和涅槃的必要条件。所有这些文化和宗教传统的当代传承者，都需要解决与性别身份相关的偏见问题。然而，我在这里的关注点是建构一种儒家的回应，来解决所有文化中所存在的性别偏见（gender bigotry），而不仅仅只是解决那些几个世纪以来深受儒学影响的文化中所存在的偏见。

当这些性别问题被提出时，大多数时候都是从自由主义批评家的角度来审视儒家对这些问题的看法。这不可避免地带来一种看待儒学的还原论或化约主义（reductionist）视角，即忽略了儒学中那些与性别无关的内容，从而在面对儒家对女性的压迫现象时，常常表现出一种道德激进姿态。我的方法则正好相反：我将首先尝试去发展一个健全和系统的当代儒学版本，然后再来解决性别问题。因此，本书在最后一章才明确地致力于有关性别身份和尊重的理论与实践问题。这一安排使得前十四章好像是在致力于让当代儒学为应对女性主义批评做好准备，而对批评的应对似乎只是在本书最后并以粗略的方式完成的。如此安排是因为本书并不是要给出一个针对儒学的系统性的女性主义批判体系，也不是要提供一套具体详细的说明去指导儒家——应该如何改变其历史礼制以便更尊重女性和性少数群体。本书中许多章节都提到了涉及性别的相关问题，但直到最后一章才把各条讨论线索合到一起。之所以这样"排篇布局"是因为在如何理解性别身份的本质，以及如何在社会和政治层面解放这些群体方面，如果儒家的立场要作为一种具有智慧的世界哲学得以恰当地呈现出来，那么，当代儒学中有许多主题需要提前先加以解释。

这里所说的"儒学"是指许多与孔子正面相关的哲学流派，他们都被称为"儒家"或"儒"。如此表述，并不意味着这些流派对孔子思想的理解都是公允的，也不是要说各流派之间是彼此一致的。儒学存在于不同的时期，并与佛教和道教的思想和实践发生着显著的互动。哲学的重要意义在于它如何指导个人、社会和文化生活，而儒学在不同的时代和社会语境（social contexts）下对这些实践领域的影响也大不相同。本书第十三章便对儒学的定义展开了一个更为详尽的讨论①。

本书的重点不是论述儒家思想的影响史，也不是对历史上重要的儒者思想的学术阐释，更不是对中国及其他地区的儒学的学术阐释。相反，本书的重点是构建一个当代版本的儒学。因为我所发展的是在不同时代和地区都对儒学有着决定性意义的重要主题，所以本书的论点与历史上千变万化的儒学传统是相接续的，并且是一种"活生生的"儒学。接下来，我将列举其中的三个

---

① 另请参阅孙笑冬（Anna Sun）的《儒学作为世界宗教：历史纷争和当代现实》一书，此书从社会学的角度对儒学的历史进行了出色的讨论。

主题,本书在诸多章节中,从不同角度对它们展开了详尽阐述。

第一个主题是形而上学。许多儒者和研究儒学的学者认为,儒学主要是一种伦理传统,旨在指导生活、解决制度和政治问题①。他们认为形而上学这种过于抽象和不切实际的精英主义游戏,在儒家传统中的发展程度远不及在南亚哲学、伊斯兰教哲学或西方哲学中所达到的水平。这种说法有其合理性,儒学的确可能是世界历史上最丰富的伦理传统。还有人认为,宋明理学家对形而上学的兴趣和研究术语是源于道教和从南亚传入的佛教。但是,成中英在《易经》的基础上发展了一套中国哲学的形而上学(见第七章),我则在《中庸》中找到了一种形而上学,我还将朱熹和柏拉图置于同一层面上,比较了他们在形而上学层面的共性(见第一章)。尽管吴光明(Wu Kuang-ming)否认儒学中存在系统的形而上学的可能性,但是,即使如此,他却以极大的热情对此予以了实践,尽管是以一种反儒家的模式展开的(见第八章)。此外,近来的汉学家们已开始追寻儒学中的形而上学主题。如安靖如(Stephen Angle)的《圣境:宋明理学的当代意义》一书就是对"和"与"理"这两个主题的出色分析。任博克(Brook Ziporyn)的两部新作,《一与异的反讽:中国早期思想中的融贯性——理学导论》和《一异之外:理及其在新儒家前中国哲学中的融贯性》,

---

① 译者注:"institution"最基本的英文释义为:"an established law, custom, usage, practice, organization",参见 *Shorter Oxford English Dictionary*,即法律、习俗、习惯、行事方式、组织机构。本书虽使用了"institution"的学界常用译法"制度";但需指出的是,本书很多地方的"制度"一译,在理解时应包含以上丰富内涵,又或各有侧重。

都是非常严肃的形而上学研究。

显然，中国哲学的形而上学，尤其是儒家的形而上学，已然进入了西方学界的视野。但是，儒家传统的形而上学需要与时俱进，中国和其他地区的许多儒家学者也正致力于此。也许除了过去的三代人之外，儒家形而上学在过去的 500 年里并没有与科学保持同步发展；这则与西方的形而上学从霍布斯、笛卡儿、洛克直到怀特海和杜威所展开的发展不同；因此，儒家形而上学便常常流露出它的无知与守旧。因而，儒家的形而上学不仅需要追赶上科学的步伐，还需要追赶全球经济和最近 500 年全球政治的发展步伐；在世界哲学争鸣中，儒家的经典主题需要与其他形而上学体系建立起联系。我则把自己的形而上学研究成果看作是成为现代儒学形而上学家的一种路径。因为每个人头脑中的形而上学假设（无论是否被承认）都会影响他们所做的其他一切事情，所以形而上学其实是非常实际的。本书第一章到第八章便是对儒家模式下的形而上学的维度的讨论，第一章则是对"理"的详细研究。

第二个主题是，人们普遍认为儒学可以被富有成效地理解为一种"德性伦理学"。阿拉斯代尔·麦金太尔（Alasdair MacIntyre）1984 年的《追寻美德》一书引发了一场激动人心的讨论，尤其是在西方分析哲学家中，开启了对成为道德行为和道德品格（moral character）的源泉的"传统的"德性的重要性的讨论。这与儒家伦理有着明显的表面相似之处。对此，最好的一个全面论证便是前面提及的安靖如的《圣境》一书。但是，在许多致力于研究中国哲学和比较哲学的期刊中，由于比较是一个共同的主题，这因而有助于将儒学与西方分析性道德哲学联系起来。毫无疑问，儒家向来的确重视德性（virtue）。如柯雄文（Antonio S. Cua）《早期儒家德性伦理：君子之德》一书便是对此的一个出色的系统研究。

但是，我认为将儒学类比为德性伦理学（virtue ethics），这是对儒家伦理的一种片面描述。儒家伦理（尤其是宋明理学视域中的伦理）的核心是：强调圣人在每一个当前情境中去辨别可能的"和谐"（harmony）或"融贯"（coherence）（此处借用安靖如和任博克对"理"的译法）的实践。尽管在这个过程中同样关注德性，也还需要学习必要的分析技巧；但是，儒家伦理更接近杜威、怀特海和其他许多学者所主张的那种"情境伦理学"（situation ethics）[①]，它面对着"理"的"分殊"（manifestations），致力于实现一种"'理'的功利主义"。儒家圣人是且应该会致力于实现最好的结果，而且如果这将不可避免损伤到他们的个人德性，他们也会牺牲小我。以上就是本书第一章的论点，它也是本书的标题，即"善一分殊"（The Good Is One，Its Manifestations Many）。我认为安靖如的《圣境》实际上恰好支持的是与我一致的观点，不过这就与他创作那本书的意图背道而驰了，我认为他尽管极其深入和清晰地描述了明辨和有效行动的过程，但由于忽视了至关重要的形而上学，没能得出与我相同的结论。

[①] 自约瑟夫·弗莱彻（Joseph Fletcher）的《境遇伦理学——新道德论》一书问世，"境遇伦理学或情境伦理学"（situation ethics）这一术语的使用蔚然成风。其实，这一常规路径并不像弗莱彻所认为的那么"新"。

安乐哲（Roger T. Ames）在其精彩的《儒家角色伦理学——一套特色伦理学词汇》一书中，注意到了将儒家伦理类比为德性伦理的局限性。他认为儒家的个人德性是不存在于礼仪角色的扮演之外的，因此，自我（self）始终是一个社会自我（a social self），而不是一个私人的德性自我（a private virtuous self）。我几乎同意安乐哲在那本书中所肯定的一切，但我也担心被他所遗漏的部分。我认为儒家角色伦理学的局限性在于，它未能充分强调明辨、抉择以及违反常规（或权变）的行动的独特情况，而这些都属于角色伦理之外的事情。因此，将儒家伦理视为一种角色伦理，这便为女性主义者和其他自由主义者的批评奠定了基础，即他们会批评儒学未能站在一个充分的外部立场来反思礼仪思维，从而无法看到某些礼是具有灾难性影响的，因而对此，儒家需要具有"颠覆性"思考（就像孔子本人曾试图做的那样）。至于安乐哲何以有此具有局限性的思想，我猜想这是源于他对儒家形而上学层面的反感所致。我在本书第十至十三章开辟了一条切入儒家道德哲学的非"德性伦理"的路径，但是，它同时也肯定德性概念和礼仪角色扮演在儒家道德哲学中的重要性。

儒学是如此丰富。我们需要发展的它的第三个主题，与我们这个时代的个体主义与社会或群体认同的对立问题有关。学者们常常认为西方人崇尚个体主义，而东亚人则把家庭或其他群体置于个人满足之上。其实这种想法并不正确，不过也有其合理性，例如，中国运动员通常把团队的胜利看得比个人奖牌更重要，东亚人或许也比许多西方人更愿意为家庭牺牲自己。但是，我认为这种区分受到了西方那种对个体认同和群体认同的分类框架的过度制约。实际上，儒家传统把个体理解为：通过制度的层层媒介而与万物相联系的一种存在；而且，这些制度是内在于个体的，而不是外在强加给个体的。自我则是由习得的礼仪指导过程（semiosis）①构成的，即从习得的姿势到语言本身，一直到礼仪。因此，如果说西方是在"自我—他者"（self-other）的母题（motif）中去界定个体，即相对于群体属性（group membership）而定义个体属性；那么与此不同的是，儒家的基本母题是：所有个体要在礼仪角色中美美与共，自我与他人是在角色中变得不同的，个性（individuality）是通过个体化与他人所关联的角色框架中的行为，以及通过完善那些基于角色的习惯所生发的自发性来实现的，这就如同一个钢琴大师是可以实现超凡的创作自由一样。第十章就是对这一主题的明确阐述，并在第九章至第十三章中通过对制度和行动、个体的和联合的讨论予以更深入的发展。总之，我们需要一种儒家的方式来理解个体及其社会位置（social location）。

儒家理解个体及其社会位置的关键是礼。孔子自认为是教授礼的教师，荀子则精心阐述了一套细致的礼学。本书则主要从两个方面来讨论礼：一方面，儒家关于礼的传统非常丰富，但这套传统在西方常常不被理解。本书的一些篇章（例如第十、十一和十四章）便致力于用一种当代方式来表达儒家的礼。另一方面，我认为儒学的主要道德倾向是从礼的角度分析个人和社会状

---

① 译者注：semiosis，指语言或非语言起记号指代作用的过程。

况，并将许多道德问题视为是礼的失败所致；因而，道德矫正则往往是通过改变坏的礼（bad rituals）、创造新且更完善的礼来实现的。压迫女性和性少数群体所涉及的问题主要是压迫性礼仪（oppressive rituals）的作用问题；其矫正措施便是改变这些礼仪，但这说起来容易做起来是很难的（具体讨论见第十五章）。我对礼的强调与儒家哲学家更为普遍的对个人德性发展的强调，的确形成了某种对比。但这并不意味着我是在否定发展个人德性在儒家传统中的重要性，只是我们更需要在强调个人德性与重视礼之间取得某种平衡。第十、十一和十四章便详细阐述了内在德性本身是如何在学习践行好的礼的过程中被培养起来的。

我认为这种对儒学的重建是必要的，它能赋予当代儒学坚固的实力，使其能够有效地解决性别、身份问题。这些问题之所以被着重指出，这源于当今全球对虐待、压迫和自由问题的敏感。当然，要解决这些问题，我们还需要更多的内容，但以上这些主题对于本书来说已经足够了，我将在第十四章进行总结，第十五章则将这些主题应用于回应性别问题。

虽然以上概述的为回应性别问题而准备的多层次论证，听起来似乎需要一部专著才能得以实现；但实际上，本书很多章节是根据特别场合所作的演讲发展而来的。本书是多篇论文的合辑，在收录进此书时，这些论文也经过了某种程度的重写以使它们相互契合。我希望本书多元化的视角能够弥补它的非专题体系的不足。不过，尽管所有论文都为了这本书作了或多或少的改写，但我仍然保留了创作它们时的原初语境（original contexts）的痕迹;我并没有消除第一人称的亲密感和味道,其中有些章节是写给朋友或与朋友合写的,其他则是学术性的正式演讲。

第一章《善一分殊》初稿是为在圣十字大学举办的 2014 年美国形而上学学会年会所作的一个主题演讲,之所以以此为主题发表演讲,则是因为当年的主席沈美华(May Sim)教授决定那年年会要以"东西方比较哲学"为主题。但这个学会的成员中很少有人了解中国哲学,并且大多数人认为直到亚里士多德接替柏拉图后才真正开启了"哲学之路"。这一演讲场合的境况,对我在第一章论说的措辞有所影响,这一章以前从未出版过。第二章初稿是一篇题为《当代儒家世界主义的维度》的论文,发表在 2012 年的《中国哲学学刊》(*Journal of Chinese Philosophy*)[①]上,此文是受邀约为这一主题而作的。第三章初稿也是受这一期刊邀约而撰写的,不过和该期刊的其他文章一样,它们也要接受同行的审查和修改建议;这一章是为庆祝其创刊 40 周年所作的专题演讲,题为《中国哲学与系统形而上学》[②]。第四章初稿是 2009 年在纽约举办的美国哲学协会东方分会上的演讲,并以修订后的版本发表在 2010 年的《*The Pluralist*》[③]上。前四章共同讨论了如何重新定位当代儒家形而上学这一问题。

第五章初稿是 2013 年在纽约布法罗举办的国际中国哲学学会上所作的主题演讲,本章标题沿用了当时的演讲题目《论哲学

---

① 《中国哲学学刊》,39/4(December 2012),第 594—613 页。
② 《中国哲学学刊》,40/S(2013),第 59—75 页。
③ *The Pluralist*,5/2(Summer 2010),pp.45 - 56.

的"交融"与"距离"之争——儒家的解决之道》,此文以前从未出版过。第六章初稿宣讲于在德鲁大学举办的纪念威廉·欧内斯特·霍金(William Ernest Hocking)的系列讲座上,这一纪念活动由"霍金-卡伯特基金"赞助,最后以《形而上学与世界哲学:威廉·欧内斯特·霍金论中国哲学》为题收录于《威廉·欧内斯特·霍金读本与评论》①一书,收录于本书时作了一定的修改。第七章以《成中英的建构性哲学》为题,初稿收录于《理解的必要性:中国哲学、比较哲学和本体诠释学》一书②。第八章初稿是2007年美国哲学协会东方分会上一场关于吴光明思想的小组讨论上的演讲,以《对吴光明哲学的反思》为题收录于《中西跨文化:走向世界一体化哲学——论吴光明思想》③,此次收录时还附上了吴光明的回应。第九章初稿是2013年12月在台湾辅仁大学举办的一场主题为"精神基础与中国文化"的会议上的一次专题演讲,本章标题沿用了演讲的题目,即《中国文化的精神基础》,以前从未出版过。第五章至第九章,将我对儒家思想的理解定位到了当代学术研究的不同位置。

第十章初稿是与成中英教授和爱德华·凯西教授(Edward Casey)共同撰写的一个简短的专题演讲,题为《价值与自我:实用

---

① 参见《威廉·欧内斯特·霍金读本与评论》一书,由约翰·拉克斯(John Lachs)和迈卡·海斯特(D. Micah Hester)主编,Nashville, TN:Vanderbilt University Press,2004,第367—381页。
② 参见《理解的必要性:中国哲学、比较哲学和本体诠释学》一书,由伍安祖(On-cho Ng)主编,New York, NY:Global Scholarly Publications,2008,第107—121页。
③ 参见《中西跨文化:走向世界一体化哲学——论吴光明思想》一书,由欧阳剑(Jay Goulding)主编,New York, NY:Global Scholarly Publications,2008,第174—182页。

主义、儒学与现象学》①，另一个版本发表在 2015 年的《中国哲学学刊》上。第十一章初稿是为乔尔·库普曼（Joel Kupperman）的纪念文集《道德修养和儒家品性：参与的乔尔·库普曼》②所撰写的一篇文章，初稿标题为《个体与礼》。第十二章初稿是 2010 年在中国尼山举办的首届尼山世界文明论坛上的演讲，该演讲的中英版本收录于《首届尼山世界文明论坛论文集》③，此文的中文版本收录时使用的是我的中文名"南乐山"。第十三章的初稿以《儒学与宽容》为题收录于 2014 年的《东西方思想学刊》（*Journal of East-West Thought*）④，收录于此书时因未获许可，因而本书仅使用了原文的部分内容。第十四章初稿以《儒家之仁：跨越社会障碍》为题收录于《现代中国及其以外的儒学与精神传统》⑤。第十五章初稿是为 2015 年在香港中文大学举办的国际中国哲学学会会议的主题演讲而准备的简短版本，同时也是为本书专门撰写的。（除第十三章外，其他文章收录于此书时，均已获原来刊物的允可。）

我在参考书目中给出了正文和脚注中参考文献的书目信息，以便读者查阅。这本书的受众群体，自然是那些用英语阅读、对儒学感兴趣的人，这一群体不仅包括汉学家，还有更广泛的公众。因此，为了阅读时的便捷性，我的中国哲学引文的英文翻译引自

---

① 《中国哲学学刊》，42/s。
② 参见《道德修养和儒家品性：参与的乔尔·库普曼》一书，由李晨阳（Chenyang Li）和倪培民（Peimin Ni）主编，Albany，NY：State University of New York Press，2014，第 151—168 页。
③ 《首届尼山世界文明论坛论文集》（第二卷），第 617—631 页。
④ 《东西方思想学刊》，4/3（September 2014），第 25—38 页。
⑤ 参见《现代中国及其以外的儒学与精神传统》一书，由杨凤岗（Fenggang Yang）和谭穆尼（Joseph B.Tamney）主编，Leiden/Boston：Brill，2012，第 295—307 页。

一本现成的且很容易被大众获取的书，即陈荣捷的《中国哲学文献选编》。诚然，陈荣捷的这本书出版已有五十多年的历史了，而其中许多文本在学界最新的学术研究成果中，出现了更具反思性的翻译版本。对这些问题有所关注的汉学家自然知道这些较新的译文，可在阅读时另行参考它们。不过，陈荣捷的这本书，首先，对于中国哲学的业余爱好者来说更方便参考，因此很值得使用；其次，陈荣捷所取的"中间式路径"的翻译方法有点像新修订的《圣经》标准译本的译者们所使用的那种翻译方式，即尽量避免了采用那种有争议的翻译。本书中所有引自希伯来《圣经》和基督教《圣经》的引文，除非另有说明，否则均出自 1989 年的新修订标准版，其版权属于美利坚合众国基督教会全国理事会基督教教育司。

我将此书献给我在中国哲学研究领域的四位主要引导者中的三位，也就是安乐哲、成中英和杜维明。（第四位是白诗朗：John H. Berthrong，我的《礼与敬》（*Ritual and Deference*）一书则满载对他的感谢之情。）正因为他们三人，我对自称为一名儒家感到很自在；在某种程度上，这一称呼需要他人认可这种身份（identity）的合法性。然而，这三个人的思想差异很大，他们每个人都有自己独特的儒家思想。具有讽刺意味的是，我相信我和他们每一个人的关系都比其与另外两个人的关系更亲密，我何其幸运啊！我也曾在不同的著作中（包括在本书中），评论过他们每个人的学术研究。我满怀深情地拥抱着他们每一个人，并怀着谦恭的感激之情，因为这份深情似乎得到了回报。

目　录

善一分殊：儒家论形而上学、道德、礼、制度与性别

善一分殊：儒家论形而上学、道德、礼、制度与性别

第一章

善一分殊

朱熹说：

　　太极只是一个理字……本只是一太极，而万物各有禀
受，又自各全具一太极尔。如月在天，只一而已；及散在江
湖，则随处而见，不可谓月分也。①

柏拉图说：

　　因此，我们说善（good）在可见世界中所产生的儿子——
那个像它的东西——所指的就是太阳。太阳跟视觉和可见
事物的关系，正好像可理知世界里面善本身跟理智和可理知

---

① 朱熹《近思录》49：8b，49：10b‑11a，参见陈荣捷《中国哲学文献选编》（英文版），第
　638页。

事物的关系一样……同样,你也会说,知识的对象不仅从善得到它们的可知性,而且从善得到它们自己的存在(existence)和实在(essence),虽然善本身不是实在,而是在地位和能力上都高于实在的东西。①

在西方传统的开端,柏拉图曾经说过,事物的终极本原(ultimate *arche*)是他所谓的善,或者说是善的形式(Form of the Good),它是所有善的事物的根源,所有善的事物是在某种程度上分有了善,而善本身则超验于一切被构造为善的事物,善本身则并不是一个善的"事物"。以上所述,我引用自《理想国》一书;在后来的作品《斐莱布篇》中,柏拉图以尺度(measure)或适度的(proportion)为"善"的特性,即"善"使得所有被构造的事物都是有尺度的或合乎比例的。朱熹,这位 12 世纪的理学学者,同时也是自孔子以来中国 1 500 年思想的伟大的集大成者,他也说过几近相同的话,即"理"是万物中一切融贯性(coherence)和善(goodness)的根源,理体现于一切杂多之中,但理本身却超验于所有被构造的事物之上。需要指出的是,我并不是想暗示柏拉图是一个古代的儒家,或者朱熹是一个中世纪的柏拉图主义者。我真正想表达的是,在关于形而上的终极(metaphysical ultimate)是万物之源,

① 参见柏拉图《理想国》,book 6,508b,509b,保罗·肖里(Paul Shorey)译本,收录于《柏拉图对话集(含书信)》,由依迪丝·汉密尔顿(Edith Hamilton)和亨廷顿·凯恩斯(Huntington Cairns)主编,第 743—744 页。(译者注:此处中文译文,引自《理想国》中文译本,郭斌和、张竹明译,北京:商务印书馆,1986 年,第 266—267 页。)

也是万物中善之源这一认识上，我既是一个柏拉图主义者，同时也是一个儒家。这种"柏拉图—儒家式"立场所蕴含的伦理意义是，道德辨别力就是要在不断变化的事物中寻找善、融贯性或和谐（harmony）的可能性。本章将致力于思考形而上学与伦理学的这一结合。

首先，我想提出一个关于事物的终极基础（ultimate ground）和价值基础之间的联结的假说，上文所引用的朱熹和柏拉图的名言，其实就模糊地内含了这一联结。我的总体假设是，尽管终极基础是形式上的融贯性或价值之源，但是，① 终极基础也是多样性之源，并在同一层次上以"分殊"（manifestations）显现价值；② 终极基础也是事物之间真正的他者性（otherness）之源；③ 终极基础也是现实过程世界（actual processive world）好或坏的价值之源。其次，我想把关注点放在善的终极上，并且提出"有形式即有价值"的假说；在这一点上，朱熹和柏拉图虽持有相近的主张，但却提出了各自不同的理解方式。然而，我将不会对多样性的终极、他者性的终极以及累积价值或意义的终极给予同等的关注。再次，我将探讨这种将价值理解为形式上的融贯性或和谐，这给道德生活带来了什么影响，并从朱熹和柏拉图发展出截然不同的侧重点。对朱熹而言，道德教育和辨别力主要是为了培养一种纯粹的知觉和行动，以使人类的基础审美能力能够具有批判的清晰性和有效性。柏拉图也主张审美感知力（aesthetic sensibility），但他在道德辨别力中增添了复杂的辩证维度。最后，我将以一些关于品性

(character)①的发展的劝诫性的评论作为结束语,指出无论是朱熹还是柏拉图,都不应该在任何强有力的意义上被视为是德性伦理学家。这种有关他们的通常论断是错误的,原因则源于没能正确理解他们关于多样性的、本质的形而上学概念。

一、终极与价值

关于终极(ultimacy),我持有一个不同寻常的观点,即有五种终极。我们知道,在大多数的传统中,哲学家都坚持所谓终极具有唯一性。

但是,保罗·韦斯(Paul Weiss),美国形而上学协会的创始人,则以他的方式给出了四种终极的存在样式(mode)②。我从不想错过任何一个好观点,可以说,我同时同意以上这两种观点,并将它们综合起来得到了五种终极。终极的根源性问题与一和多的问题有关。我构思这个问题的方法是把重点放在最抽象的多样性上,即"确定"(determinateness)本身的多样性③。"成为确定的"(be determinate)指的是相关于其他事物成为确定的,这亦

---

① 译者注:对于"character"一词,学界多译为"品格"或"品质",本书将"character"译为"品性"的具体原因,可参见陈荣捷注释:"'德'(Te)——(译为)'美德(virtue)'或'品性(character)'。'德'通常意为道德品质,但涉及'道'时,则指事物固有的特定的'道'。其经典定义是'得(获得或能够)'。韦利准确地将其理解为潜在能量、事物固有的美德,并将其翻译为'力量(power)'。但是,'力量'并不能表达'德'本身含有'卓越的道德'这层内涵。因此,'美德(virtue)'或'品性(character)'这两个译法似乎更好一些。"参见陈荣捷(著)、张加才、席文(译):《新儒学的术语解释与翻译》,深圳大学学报,2013(30)06。
② 参见保罗·韦斯的《存在样式》一书。
③ 我已经在好几本著作中展开过对这种与"一"和"多"相关的"确定"的分析。参见我的《创造者:上帝》一书的第一部分,以及《终极:哲学神学(第一卷)》的第三部分。

意味着其他事物相对于"成为确定的事物"而成为确定的事物。这个世界是由确定的事物（determinate things）组成的，这些事物至少在某些方面是彼此确定的；它们彼此之间也可能有部分是未得到确定（indeterminate）的，而这是由它们成为确定的方面所允许的。你一定注意到了，这一层面的讨论是多么的抽象啊。世界可以用柏拉图的过程和形式，亚里士多德的实体，普罗提诺（Plotinus）的放射，道家的水、阴阳感应，唯识宗的识、单子和亚单子粒子、意识场域，劳伦斯·E. 卡洪（Cahoonean）的自然法则或f(x)来展开描述！你大可尽情发挥你的想象力！在皮尔士的技术意义上，关于什么样的事物可以成为确定的，"确定"的概念是模糊的，并且在这一论证层面上，各种各样的"世界"都可能是"确定"的实例。

　　一个终极是能够形成确定的事物的"东西"。虽然确定的事物的多样性涉及相互制约，以便它们能够相对于彼此而成为确定的；但仍然存在这样的情况，即确定的事物至少部分地位于彼此之外，从而使彼此之间真正地有所不同。如果没有这一点，多样性以及由此而来的"确定"就会瓦解。任何确定的事物，无论其自身的因果能力有多大，都不能产生那些超出其自身因果能力范围的外部事物的元素；并且，如果事物没有超越条件限制的基本位置（essential place），那么它们就不可能是真正的外部事物。所以，我认为，第一个终极是一个本体论层面的创造性行为（ontological creative act），它创造了所有确定的事物，不管它们是什么，这一创造包括过程在时间上的展开，而考虑到未来，这些过程在任何时刻都可能有部分是未得到确定的(indeterminate)。关于这个本体论层面的创造性行为,学界已经有很多概念和隐喻系统了,我在这里就不再赘述,我只想做一个考察。任何解释这个具有确定事物的世界的实存(existence)"东西",它本身都不能成为确定的,因为如此一来,它将需要一个更深的基础来将它与它所创造的事物联系起来。也就是说,它只是一种制造的行为,就像普罗提诺的作为放射源的"太一"一样,尽管放射本身当然是确定的。

当我们进一步分析"确定"时,我们会发现另外四个终极实在,我称之为"宇宙论的"(cosmological),以与"本体论的"(ontological)相对照,它们是任何确定的宇宙的条件。任何确定的事物既有大量条件成分(conditional components),它可凭借这些成分与相关于它所确定的其他事物相关联;同时又至少有一些基本成分(essential components),凭借这些成分,它在某些方面与其他事物保持着外部性。因此,任何确定的事物都有多样成分与一种形式(form)或模式(pattern),根据这种形式或模式,多样成分在该事物中共在(together)。形式和多样的形式化的成分(components formed)是任何确定的事物的终极条件。我将简短地提出我的主张,即拥有形式就意味着负载着价值。

然而,比这两个终极更重要的是,任何确定的事物都在一个由它制约和被其他事物所制约的方式构成的存在场域(existential field)中具有位置。最简单的方法是用时空场域中的因果条件来想象这一点,尽管从一个适当抽象的视角来看,确定的事物的性质及其条件则确定了存在场域是什么样的。任何确定的事物都

　　　　善一分殊:儒家论形而上学、道德、礼、制度与性别

相对于它所确定的事物有存在位置（existential location），那么，这就意味着另一个终极条件是与它自身以外的事物相关联的。这些外部东西是有条件的关联，但这些外部东西同时也是显著的"他者"。从人的视角来看，与真实的他者互动就是一个终极条件，它是超越了拥有整合自己成分的形式的一个终极条件。

第四个宇宙论的终极条件是，任何确定的事物都有同一性或身份（identity），即在它相对于其他事物的位置上，把它的成分和它的形式统一在一起。那么，这里的同一性则整合了形式同一性、成分同一性和关系同一性的含义。由于形式负载着价值，同一性的终极条件就意味着一种"价值身份"（value-identity），"价值身份"在人类尺度上是非常重要的，尽管它在一和多的层面上看起来是那么的抽象。

这五个终极彼此影响。这四个宇宙论的终极，即形式、形式化的成分、相对于他者的存在位置，以及"价值身份"，它们是诸确定的事物共在的必要条件。但是，没有使事物存在的本体论层面的创造性行为，就不会有确定的事物存在。当然，如果没有确定的事物的被创造，同样也就不会有本体论层面的创造性行为，因为这种创造性行为不能脱离它所创造的事物来"确定"自身。在接下来的论述中，我将暂时忽略以下这两个终极，即存在位置与"价值身份"，除非这两个终极出现在关于本体的终极、形式的终极，以及形式化的成分的终极讨论中①。

---

① 在我的《终极》一书中，以一种几乎令人头痛的论证方式，对这五种终极进行了更详细的讨论。

在转向分析价值之前,我将先指出柏拉图和朱熹对终极的立场。柏拉图认为,"善的形式"是"超越本质"(beyond essence)的,并且是一切具有本质的事物的原因。以上是柏拉图的言说方式,我的言说方式则是,本体论层面的创造性行为本身并不是确定的,但却是一切确定的存在的原因。对柏拉图而言,世界是一个由过程组成的大漩涡,这些过程有自己的形式,但过程却又在不断地超越或摆脱它们所具有的特定形式。对朱熹来说(请参见本文开篇所引用的朱熹的文本),他认为太极(Great Ultimate)通过理或形式确定为多种事物的形式的根源;而理自身则是"一",并且因此无内在确定性。但是,对朱熹而言,理并不是唯一的终极。他和其他理学家一样认为,气(通常被译为"物质力量",即"material force")提供了多样性(multiplicity),用一个比喻来讲,即气形成了湖面上的浪花,而理则给每一个浪花赋予了确定的形状。朱熹的这一论述背后隐藏着早期理学哲学家周敦颐的观点,即太极本身并不是最根本的实在(reality)。更准确地说,根据陈荣捷的译本来看,最根本的是"无极而太极"(the Great Ultimate arises from the Ultimate of Non-being)。这种"无极"(Ultimate of Non-being)与"太极"的双重概念是周敦颐的言说方式,周敦颐用此来说明:本体论层面的创造性行为如果没有创造这个世界,它也就没有任何意义;作为创造者,它是所有确定的事物的源起,对此,周敦颐所使用的分析术语是:阳变阴合而有形式①。朱熹则不再

---

① 这是周敦颐在《太极图说》中的观点,见陈荣捷《中国哲学文献选编》一书第二十八章(此书皆指英文版本)。

善一分殊:儒家论形而上学、道德、礼、制度与性别

强调周敦颐的"无极",并且以"理"来减少了对"太极"的言说,即"理"是形式之源。但如此一来,在论及什么是气的来源时,他就面临着很大的困难,因为这不能被还原(reduced)为"理"。没有不以理为形式的气,同样也没有任何确定或特定形式不是某一局域的气的形式。的确,朱熹曾一度说过"理生气",但朱熹并没有强调这一点。因而,对于如何解决朱熹思想中的这一难题,学者们一直争论不休①。

二、形式内的价值

关于形式,我的假说是,所谓形式,即从纯统一性(pure unity)经过形式化后的一种有结构的多样性。如果没有使形式统一或保持融贯的确定的事物的多样性,那么,形式将是纯粹的、未得到确定的统一,就像善的形式或朱熹的"理"概念仅仅是"一"而已。但是,如果形式仅仅是纯粹的未得到确定的统一,那么,这就不足以证明有任何意义;而形式需要确定的事物才能开始形成。另一方面,形式不仅仅是大量的不相关的诸确定的事物,实际上,形式以某种方式使多样性保持融贯。形式是多种事物凭此融贯在一起的模式,即它们融贯的模式或方式;而有些事物无法融贯,因为没有可以将它们融贯在一起的形式。

这个关于形式的假说将在第三章中加以扩充并辩护。在这里,通过跨时间性的结构来解读它,可以使它变得更加具体;但不

---

① 相关文本的精彩讨论,请参阅艾义荷(Philip J. Ivanhoe)的《宋明理学之陆王学派选读》一书的第38—43页。

管怎样,这正是伦理学感兴趣的地方。考虑到时间的三种样态:未来、现在和过去,我建议将未来视为一种相对于事物的实际世界和正在实现事物的决策点(decision points)的形式①。因此,未来就是可能性,其基本成分与统一有关,其条件成分则是在未来必须使之融贯的事物。未来的可能性通常包含可能得以实现的那些可选结构,因此,现在或当前时间样态下的选择或决策排除了某些可选结构。未来的可能性的复杂性,部分基于这样一个事实,即未来的每一天都有不同的可选结构,并且关于近期未来的某个决策会改变中期未来的可选结构,而这又会改变长远未来的可能性。因此,未来的可能性的结构是一个不断变化的形式的巨型万花筒。而当一种可能性及其可选结构到达实现点时,并且一个现在的决策过程消除了除一种之外的所有选择时,剩下的那个形式就变成了实现的形式。而过去则具有所有已实现的形式的极其复杂的形式,并且它还负载着所有被排除在实现之外的那些可能性的标记。

那么,形式和价值又有什么关系呢?柏拉图将超越确定的本质的形式命名为"善"。对于朱熹来说也一样,任何具有"理"的事物都具有价值。对此,我的假说则是,借用莱布尼茨的话来表达,即价值是存在的密度②。有关这一假说的产生,如下所述。假设需要使五种不同的事物融贯起来,为了实现这一融贯,一种形式

① 与此相关的时间性理论,请参阅我的《永恒与时间之流》一书。
② 这种价值理论,最初是在我的《自由的宇宙论》一书的第三章中提出的,后来在我的《晚期现代性的宗教》一书的第九章给予了进一步发展。

可能仅仅是把它们并排连在一起。但是，另一种形式可能会将它们中的某些结合起来，从而产生第六种事物，进而产生第七种、第八种，可依此类推下去。每一种由结合而生成的新事物，都有可能接着进行新的结合。因此，我们可以把一个形式想象成一个整合的层次等级。这种层次等级（hierarchy）的模式既具有复杂性也具有简明性。复杂性指的是其中事物的多样性（diversity），而简明性则指的是使事物相互强化的方式。我将使用"优雅"（elegance）一词来形容：一个形式层次等级中的复杂性和简明性是那么的平衡，并指出对于一个给定的基本多样性而言，可能存在着多种类型和程度的"优雅"。怀特海在《过程与实在》一书中，对形式中的极高优雅有一个类似的分析，他称之为"对比"（contrast），在这种对比中，形式内的元素被明确地加以确定和强化，以适应和对抗彼此。怀特海从狭度（narrowness）、宽度（width）、琐细性（triviality）和模糊性（vagueness）四个方面分析了"对比"。这种对形式的分析表明，相同的基本多样性是如何以不同的方式融贯起来，而这些方式在丰富性或存在密度上是不同的。我认为，价值是一个形式相关于其基本多样性的密度或丰富性所具有的同一性（或身份）。未来的可能性则是使基本多样性保持融贯的方式，并且它们可能包含可选择的丰富性的种类以及不同程度的丰富性。

为什么要将这种意义上的存在密度与价值联系起来呢？对于这一点的长远论证将需要对我们要进行评价的许多领域进行分析，表明当我们想象性的改变可能使事情变得融贯的方式时，我们在某种审美意义上看到了不同的模式如何具有不同的价值。对想象性评价的真正检验出现在这样的情况下：当我们意识到之前的一些评价是错误的，也许是因为我们误解了所涉及的基本元素，又或者是因为我们忽略了它们以这种或那种方式结合时所发生的事情。尽管评价具有直接性，但任何评价总是以我们对所涉及的形式层次等级的理解为媒介的。约翰·杜威的《作为经验的艺术》曾对这种审美想象如何在艺术和道德方面发挥作用给出过精辟的解释。

在柏拉图的思想中，形式这一概念扮演着许多角色。在早期和中期的对话中，它经常是在理念的意义上使用的，例如当苏格拉底和他的朋友试图定义或寻找勇气、友谊、正义、美丽、不朽的生命、爱情等的形式的讨论中。这些讨论通常与不同的成分和诸整合模式有关，以便了解以上哪些是融贯的，哪些是不融贯的，以及某些结合是如何具有重要价值的。同样，新儒家的"理"的概念也是既指作为结构的形式，同时又指是和谐了应该被和谐的事物的结构的形式。掌握事物中的"理"，这是我们把握事物的价值并能作出恰当的应对的必要条件。

当人类着眼于未来时，我们要知道什么才是可能的，这是极其复杂的。一方面，对于实际世界来说，未来是可能性的结构，它本身就是复杂的，并且我们对它的理解更是有限。特别是，世界上所有的现实事物都具有"价值身份"，这是因为它们内在的形式，它们已经实现的可能性。另一方面，与我们任何一个人都相关的可能性是构成我们行动的环境的那些可能性，我们的行动几乎总是与其他人的行动相结合着，而在当代世界里，有无数多的他者决策点正在影响着什么会是可能的。与我们的选择相关的可能性包含在一个更广泛的可能性场域中，这个场域将所有的现实事物和行动决策指向统一，以便它们保持融贯。再加上来自当代物理学的那些令人难以置信的复杂性，即定义当下与其他事物的相对关系，以及将形式的本质定义为实现的可能性，将纯粹的统一图式化为被统一的事物的多样性。因而，接下来我将换个主题来展开讨论。

三、伦理学

由于形式有价值，而将世界形而上学地建构为价值的世界，这对伦理学来说显然是很重要的。我想谈谈其中的四个重要含义：首先，伦理学在很大程度上是关于我们如何认识这种价值，以及与之相关的深思、明辨、品味、判断、责任、内疚等。然而，我所倡导的"儒家—柏拉图式"的路径，为世界诸价值的伦理化提供了一个实在论（realism）基础。而我们如何认识事物的"价值身份"，以及如何对它们作出反应，这是另一个问题，不过，也是与之相关的问题。但判断的好坏最终将归结为：对什么是真正有价值的判断是对还是错的问题，包括为其他有价值的事情做些什么的价值。伦理学既不是偏好的主观投射，也不是对善良主体的建构，尽管伦理生活中必然涉及很多投射，并且伦理施动者（agent）的主体性（subjectivity）亦需要多种修养。我会很快再回到这一问题上来作一讨论。

关于这种形式和价值的理论，第二个重要之处是，尽管它说任何具有形式的东西都有一个价值，但事物间的价值可能会发生严重的冲突，较小的价值可能会毁灭更大的价值，而且从人的判断的视角来看，许多价值观都是可怕的、丑陋的以及糟糕的。在这一点上，也许我们通常应该这样来表达，即每一种形式都负载着价值（values）和/或贬值（disvalues），尽管这样的二进制处理方式过于将问题简单化。一言以蔽之，任何事物都有一个价值这一事实，并不意味着相对于其他具有价值的事物，某事物是在正确的时间和正确的位置而具有正确的价值。柏拉图和朱熹都以"和谐"为价值的特征，而和谐有时则意味着太多"和风细雨"，也就是说，"完美的风暴"不利于优雅的生活。

　　关于这种形式和价值的理论的第三个重要之处是，尽管有很多种事物具有完全不同的价值，但在一般意义上，每一种事物内的价值都是同等的。也就是说，如前所述，形式的各成分之间融贯或和谐，以便在这一位置与这些成分形成存在的某种模式密度。所以，一方面，每种事物都有一种结构，我们必须了解它的结构，也许还有很深奥的细节，需要我们理解其价值。一个人必须学习大量的生物化学知识，才能掌握自我调节细胞系统的优美和成就；要理解经济中的利害关系，就需要对经济如何运作有大量的了解；要深入地欣赏巴赫（Bach），就必须了解音乐理论，并通过这些知识进行聆听。但是另一方面，在所有这些不同类型的、有价值的事物中，辨别力的任务则是要去掌握是什么使得它们融贯，正如杰拉尔德·曼利·霍普金斯（Gerard Manley Hopkins）

　　　　善一分殊：儒家论形而上学、道德、礼、制度与性别

所说，即它们的模式如何有一个内在特性，以及事物是如何在它们自己的模式中被环境模式中的事物所制约的。

关于这种形式和价值的理论的第四个重要之处是，它意味着在人类中存在着某种东西，它们可以对事物的价值进行记录（register）、反映（mirror）或回应（respond）。这则是一个重要的认识论主张。在与柏拉图大致同时代的儒家经典文献《中庸》中，"天"赋予人性一种与生俱来的审美感知力（aesthetic sensibility），这种审美感知力能捕捉事物内的价值，并自发地以某种适当的方式作出反应①。问题则在于，这种价值回应性的"心"（value-responsive "heart/mind"）被想象成位于一个自我的内在核心，它是由身体、文化、情感和认知条件的多层面构成的，其中包括作为一个社会礼仪化成员的自我的条件。我们所参与的事物的价值必须通过所有这些层面进行过滤，而其中许多层面则可能会失真，另一些层面则可能没能得到充分发挥。因此，审美感知就被扭曲了。同样的事情也适用于应对（response），它必须穿过所有这些层面形成公开的行动，尤其是在有关远距离、陌生的事物和人上。孟子将这种审美应对本身比作当一个人看到一个小孩子即将掉进井里时心脏的瞬间颤动（译者注：即"怵惕恻隐"）。尽管每个人都会感受到这种心室早发性收缩，但是坏人只会转而去责备孩子的父母，又或者去抱怨井水会变味几个月；缺乏训练的人则可能会心急帮忙，结果却无意中不慎把孩子推到井里。当

----

① 译者注：此处应该对应的是南乐山对《中庸》"天命之谓性"的认识，即对人性本有的一种价值认知潜能的肯定。

然，大多数在道德判断上背负重担的情况并非如此简单，例如，为联邦储备银行设定利率会关联到什么？尽管儒家认为所有的人，即使是卑鄙的小人，都有这种审美反应能力，但儒家同时也主张，这种应对能力需要通过自我和社会的许多层面来培养，以调节对世界上一切事物的一切应对。因此，儒家对教育的痴迷，与道家哲学家认为一切都是顺其自然发生的观点形成了鲜明对比。

柏拉图也相信，一种审美感知力存在于道德辨别力（moral discernment）的核心，这关系到去想象并实现平衡、成比例以及应有尺度的问题。如在《政治家篇》中，柏拉图就对包含混合规则的标准尺度和包括能够判断多少是足够的规范性尺度进行了鲜明的对比。

现在让我把关于价值栖居于事物中的主张，与审美应对需要修养的主张结合起来，以使道德判断力能够被熟练运用。

"确定"的宇宙论理论以及价值是以事物的形式栖居于事物中的理论，共同构成了观察"可能性"的一个基本的一般模型。在现实情况中，许多确定的事物要求它们未来的可能性是多元的；然而多元的可能性都是和谐，而不是以其特性作为主体的谓词的物质。每种可能性都有基本成分，一旦实现，它们将使事物变得确定；每种可能性也具有条件成分，这些条件成分将其与其他可能性联系起来。因此，对于一个事物本身来说，没有任何可能性单凭自身就能成为一个事物。相反，每种可能性由于其也是其他可能性的事物的条件成分环境而具有其内在本质。有环境内的环境，有包含环境的环境，有重叠的环境，最重要的是环境是在变化的。在一个给定的可能的和谐中，所有的成分本身都是与它们的环境和谐阵列（array）相和谐的。

比如，来考虑一下你会如何对待你的弟弟，他是一个身体、经济和情感都在衰退中的成年男子，而他既想要你的帮助却又讨厌你的帮助。那他究竟是谁？很明显，他是一个居住在社区里并在附近活动的自然人。杜威会建议我们在这个人的"情境"中去考虑他，也就是要注意到定义，你弟弟的机体功能是通过与情境中的事物的交互来实现定义的。我想进一步推进杜威的观点去说明，你弟弟的可能性存在于嵌套的和谐阵列中，它们构成了你弟弟生活中所有确定的结构的环境。除了他的主要部分是他的家庭关系，包括他与你的关系，即他作为一个令人关切且引起有争议的责任的同胞兄弟。他的家庭在很大程度上不仅取决于DNA以及其特定成员之间的交互，而且还取决于由阶级、职业关系等构成的他的社会处境，取决于可供他选择的教育系统，取决于可供他选择的医疗保健系统的好坏，取决于当地经济及其对可能的工作的定义，甚至取决于社区的地理特征、卫生程度以及空气质量；更远的那些背景，但它们仍然为直接决定你弟弟的条件的事物提供了导向，包括某省以及某国的环境结构，国与国之间关系的历史状况，技术与通信环境以及许多其他条件，如全球变暖和太阳辐射，但这一其他条件很少有人会想到，尤其是当每个人都只把精力集中于关注个体问题时。

一个在伦理上是明智的人，将不会把注意力仅局限于弟弟自身，因为根本就没有"弟弟自身"这样的事物存在。你的弟弟是处于环境阵列中的，每一个环境都有某种确定性，即和谐结构。我们很容易也很习惯地是从一些邻近的环境来考虑你的弟弟，这包括你的家庭结构和他的成长、工作以及为何他现在陷入某种"哀"的特殊经历。但也许直接从以下方面考虑你的弟弟也很重要，如在一个更大的共同体中拥有的家庭类型，可供他使用的教育系统，使该教育系统成为可能或阻止其变得更好的因素，有助于改善身心帮助服务的可能性，以及使这些成为可能或者阻止它们变得更好、又或者可能会改善它们的那些社会条件。因为人是具有某种未来可能性的确定的和谐，因此，他们部分是由他们所处的条件所定义的，而这些条件又是由进一步的条件所定义的，依此类推。成为一个事物，就是成为一个在与他者共处的存在场域中的和谐，而这个场域是由事物自身内在的和谐及事物之间融贯的联结共同构成的。儒家很早就认识到，爱你的弟弟往往意味着：仅与他面对面的交流所能提供的"爱"，比你为构成与他相关的环境的制度提供相关服务所带来的"爱"要少。制度内有制度，制度内的制度又有制度，而所有这些都负载着你弟弟的可能性。从18世纪开始，西方的道德家们就有些惊讶地发现，公正对待你的弟弟并不意味着仅仅以某种方式对待他，即就像在法律面前人人平等地那样去对待他一样，而更多意味着改善他所生活的环境。可以说，社会结构的不公正问题，儒家从来没有忘记过。柏拉图的《理想国》也一直关注着这一点。

因此，正确的道德教育，应包括获取和掌握知识、技艺和思维习惯，以将人视为具有他们的同一性或身份（包括其可能性）的事物,而这些同一性或身份是由层层的和谐环境所定义的。根据我的形而上学分析可看到,这才是建构真正可能性的方式,而人类的道德视阈则需要去梳理出那些重要的结构变量(structured variables)。其中很重要的部分就是去培养一种文化,这种文化能够提供重要的符号,以告诉人们应该寻找什么。有时,我们将这些符号理解为社会价值:想想家庭或个体自由或机会平等或促成个人责任的那些因素,又或促成这种或那种形式的社会做决策的那些因素吧。如果我们没有区分各种可能性中的和谐结构层次的符号,我们根本就无法区分它们;我们应该去培养一种文化,这种文化的确提供了一些符号,能够告诉我们究竟应该追寻什么。

另一方面,这些符号的文化可用性(cultural availability)是不够充分的。个体需要去学习如何使用它们。如果帮助你弟弟的行动的其中一部分是要去改善医疗保健系统,那么,你需要知道如何就税收和其他相关立法进行投票,这意味着你要了解医疗保健的本质、经济状况和政治可行性。那么,道德教育的一部分,就是通过了解这些制度在其自然环境中运行的方式来获得那种最精确的教育。如果你关心你弟弟的真正可能性,那么通过常识性的理解方式所传递出的文化则是完全不够的。天真的无知似乎有一种吸引人的特质——即简单的人具有良好的直觉;然而,善意的简单化可能会造成巨大损害,而且完全忽略了定义你弟弟的环境的复杂性,进而导致没能在相关的地方进行干预。

然而,即使接受了良好的相关教育,一个道德行动者也需要情感层面的纯粹性(purity),以便他能够接受、正确评价并按照已知的可能有益的方式展开行动。儒家把这个问题主题化为"私"。从表面上看，这意味着由于我们偏向于自身的利益，或与我们认同的人和制度的利益，从而扭曲了那些我们所思考的事物。但在更深层次上，它意味着对思维方式和制度的不公正依赖，这些思维方式和制度阻止我们接受我们可以知道的东西。如一种严肃的个人责任的意识形态，可能会阻碍你看到你弟弟需要医疗保健专业人员的帮助；另一种指望制度来解决所有问题的意识形态，则可能会阻碍你直接去帮助你的弟弟。在更大的文化中，政治意识形态的最佳状态是社会建构的价值观，它使我们能够辨别出社会生活中环境条件阵列的自然结合点。但社会建构的价值观又几乎总是片面的，模糊了与道德相关的环境的各方面的那些价值和贬值。道德教育包括对我们品性中的偏见，以及我们当前的社会环境中的偏见进行专注的、终身的自我反省，因为这些偏见阻碍了我们辨别本来可以知道的东西。

道德知识不仅仅是主观的认知，它也是一种需要积极、主动的探究和探索的内容，它要求具备后天训练有素的能力去"行"。但在现实的道德生活中，我们在做任何事情之前，不会先学习道德知识然后才决定怎么做。我们的道德行为本身就是我们辨别道德相关环境的不同层面的竞技场；然后通过反馈，我们渐渐变得明智。因此，获取"知"的新要素是能"行"的更好的重要组成部分。所以，道德教育包括学习成为一个纯熟的施动者，能够在你弟弟和你共享的世界众多环境阵列中去参与每个相关的和谐。本来是为了救"孺子"，结果却失手把"孺子"撞到井里的笨手笨脚

善一分殊：儒家论形而上学、道德、礼、制度与性别

的人则应该学习太极功夫，以便能够掌控自己的身体；学会如何与你弟弟交流可能会很艰难，而你也必须同时学会如何在政治上改进医疗系统。于此，儒家的理想是成为一个士大夫，也就是说，学识是在逐渐去求知的过程中积累的，职责行使则是在行动中逐渐变得技艺精湛的。因为我们所知道和所实践的，是由共同生活的多层可能性结构中的和谐阵列所构成的。在我的讨论中，我把重点放在对事物（特别是人和制度）在多层环境情景中的复杂知识或感知的发展上。而对行为的复杂性也需要进行类似的探讨，因为行为需要参与许多相关的环境阵列，而不仅仅只涉及当前的事情。这一形而上学的立场主张：现实生活中的道德行为要求我们在许多地方介入干预——这正是"善一分殊"命题的另一层含义。

这种处理一个多层可能性阵列概念的另一方面，则与它的动态特性相关。我所说的就好像这个范式是一个现在的决策者，它正在一个由过去的决策所形成的现实环境中运作，并面临着一个被复杂的可能性阵列所界定的当前的事物。几乎每一个决策都涉及寻找可能性，以便使许多正在进行的过程在一个时间序列中保持和谐，而每个过程都有其自身的动态性、有着无数的决策或选择点。此外，几乎每个决策本身都需要花费时间，有时需要很长时间。有些决策可能是经过一段时间的深思熟虑后在某个特定时刻作出的，例如投票。但大多数决策是先确定方向，然后通过反馈进行修改，当然，这一修改也可能是显著的修改。一种更好的思考道德行为的方式是，在一个动态的过程中去看待它，即不断校正对可能性的复杂性的感知，并不断根据变化的可能性阵列重新调整行为的聚焦。怎样帮助你的弟弟，很可能是一个由许多部分组成的过程，当然，在你的整个交互过程中会持续伴随一些修正。

在后面所有的讨论中，隐含的都是基于这种形而上学视阈下的伦理学条件的假设，即人类的心灵，或者用儒家的用语来说，即人的"心"，有能力去掌握事物是怎样在不同的层次上和不断变化的关系中和谐共存的。用西方术语来说，这是一种审美能力。正如我之前提到的，这在柏拉图和其他许多人的思想中都很突出，包括莱布尼茨、怀特海和杜威；而这在儒学的初始，尤其是在那些受孟子影响的流派中，这就一直是一个基本的母题。然而，我的形而上学思考的重点则是要强调和谐内在的复杂性，因为任何和谐都具有来自其他和谐的条件成分，而这些条件成分构成了其环境中的元素。环境本身就是一个不断变化的嵌套式环境场所，其中许多环境可能要与道德干预相关联起来。道德施动者的审美感知不是一个单一的、一次性的视角，而是一种随着灵活的探究和日益精湛的技艺而成长的视角，以期发现当前道德关注点内在和背后的潜在和谐。

最后，我将强调这样一个事实，即这种关于"确定"的终极条件的形而上学理论，以及它所宣称的任何确定的事物都有形式因此也有价值，这是道德实在论（moral realism）的一个强有力的主张。其基础道德隐喻就是要求一种道德上纯熟的感知和应对。我们需要学会在世界的价值维度结构中去感知世界，并通过对这些和谐或不和谐层的复杂性进行反馈而作出反应。许多人认为，把儒家伦理学看作是德性伦理学的这种类比，将有益于理解儒家伦理学。但是，德性伦理学是西方哲学中、主要是从主体的角度来处理伦理学的尝试之一，它强调主体的品性（character）以及如何通过传统和经验获得这种品性；但这种传统会抑制对什么是好与坏的客观分析。我认为，把儒家传统看作是在个体内修筑德性，并以此作为行动的基础，这种观点是对理解儒家伦理学的一种根本性的误导。至少当我们认真了解朱熹以及他的前辈和后学们的形而上层面的思考时，我们就会发现，儒家的传统更确切地是把德性视为通过辨别现实所获得的习得能力。这种习得能力是一种习惯，能够更敏锐地感知这个事物或那个事物，并且能够纯熟地对它们作出反应。但习惯本身并不能产生行动，习惯只是引起行动的复杂感知中的要素。这种德性总是现实的情境与其所涉及的价值要素的真实的多重结构。儒家传统中对个人修养和社会修养的强调，旨在加强与自然、社会和人类事务中充满价值的现实的交融。亚里士多德的确是强调德性伦理，而柏拉图则通过他在《理想国》中描述的、精心设计的课程来强调教化，包括管理群体的实践经验，以便去获得一种对何时何地以及如何介入干预的时机感，所有这些都不可避免地需要借助持续不断的、具有想象性的辩证法。对柏拉图来说，伦理生活就像政治家的才干一样，要学会应对难以理解和梳理的现实，以使干预是有效的。而今日儒学的败落则发生在：当对持续学习与对敏感性（sensitivity）的重视逐渐沦落为按照既定的礼仪化习惯而行动的时候。

善一分殊，这是现实的一种形而上学表征，它倡导对待道德生活应持一种严肃的现实的方法。人类道德主体的创造是人类进化和修养的产物，使得人性中具有感知"分殊"的价值的能力，也具有掌握所体现出来的各种价值和贬值的能力，以及具有贯穿"分殊"去采取适当行动以提高它们价值的能力。如果没有一个强有力的形而上学的假说，那么，我们关于道德生活的假说，将很可能偏颇地集中在道德主体上，而不是集中在应该培养主体来解决的、负载着价值的现实上。

第二章

当代儒家世界主义

引　言

　　上一章对形而上学的强调，将以两种重要方式贯串于本书其他篇章的讨论中。第一，利用形而上学的驱动力，通过将柏拉图主义和儒学（或者至少是宋明理学）编织在一起来寻找普遍性。这表明一个当代儒家同时也可以是一个柏拉图主义者，并且将遗留的问题引入了精致的辩论和条件之中，这些辩论和条件给予了发展哲学认同的精确性和深刻性。第二，它为儒学不宜过快地融入德性伦理学奠定了基础，而是主张通过一种价值的实在论来平衡自己对世界的解读。

　　本章旨在将本书的讨论置于另一个维度，即共同体哲学，这是前一章所略过的一个主题。从一些批评者的那种外在视角来看，儒家对共同体的理解，即似乎是一种礼仪化的包容性社会组织,在这种组织中,每个人无论贫富、无论男女、无论生于城市还是乡村、无论受过教育与否,都有一个由角色所确定的位置。这一理解有相当充分的理由,尽管从历史上看,这种礼仪化的包容性社会组织从未真正奏效过,实际上人们一直是在围绕着已被打破的边界在进行着商谈(negotiate)。但是从内在视角来看,我认为当代儒学应该把共同体与世界主义的理想等同起来,这反映了一种真正的儒家精英主义(Confucian elitism)。但其目的是,每个人都应该成为精英,即世界主义者。这有力地呼应了约翰·杜威的观点,即适当的参与式民主(participatory democracy)能够训练所有或大多数人,使他们能够清晰地去表达,并有能力作出良好的政治判断。安乐哲和郝大维(David Hall)则已经为杜威和儒家传统的共鸣作出了一个详尽而精致且有说服力的论证①。

在今天这个充满冲突的文化和政治利益的世界中,世界主义是一种迫切的需要。曾几何时,也许(但不太可能)在道德和政治上令人满意的是大量人群成为单一文化群体,个体通过与他们所认识的人直接面对面的接触来学习他们的文化。我们想象乡村社会可能就是这种情况。然而,随着城市的兴起,个体与他们不认识的人进行交互,而这些交互浸染着文化的塑造。在现代社会中,城市本身是多元文化的,并且个体必然会与表达着不同文化的人发生交互。一般来说,世界主义是一种文化特性(trait),即

---

① 参见郝大维和安乐哲《先贤的民主:杜威、孔子与中国民主之希望》一书。

其成员能与不同文化背景的人发展良好交互。在我们自己的后现代社会,在这个不仅是城市,而且是进行着全球性的社会交互的场所,涉及着不同的国家、民族、宗教、经济、政治体系以及战争与和平的历史,还有联盟与叛乱的历史。即使这种大规模的跨文化交互并不是完全史无前例的,但是在过去,大规模的跨文化交互大多掌握在精英手中。而如今,任何一个有电脑的人都可以参与到这样的全球交互中来,有时甚至会带来非常严重且深远的影响。当代的世界主义(cosmopolitanism),可能并不会如字面上所理解的那样,即把整个宇宙视为一座城市,但是,它确实需要将跨越全球社会的交互网络视为一座城市。

在某些方面,世界主义本身就是一种文化或一种文化特性,包括以了解和欣赏重大文化差异的方式与他人交互的习惯。在美国,西海岸和东海岸的许多人,认为自己远比中部地区的人更具有世界主义精神,但许多中部地区的人则认为"世界主义"是一种装腔作势的虚荣心。这种情况表明,如果世界主义意味着一种文化能够真诚地倾听和欣赏相关的那些文化差异,那么它很少是一种真正的文化;更确切地说,这种世界主义充其量只是一种理想。国际局势的动荡,甚至美国的文化政治局势的动荡,使得实现一种具有更强功能性的世界主义文化成为当务之急。

由于缺乏一种强健的、相关联的、世界性的文化,以使人们能够方便地适应不同的文化,因此,这种个体世界主义(personal cosmopolitanism)的发展,对于那些可能追求它的个体来说,的确是一种美德。一方面,正因为这样一种文化自身并不存在,所以必须使用任何可以利用的文化创造性和创新手段来运用它。其中很大一部分则是涉及更广泛地部署更多的教育，因为无知必会将世界主义的缺失导向偏见。但是，这也与培养具有想象性的文学以及艺术、宗教和政治有关，以便它们揭示出健康的、欣赏的和相互尊重的交互的新可能性。世界主义总是特定的，与要参与的特定文化相关。

　　另一方面，努力发展强健的、相关联的世界主义是需要由个体来习得的一种美德。即使存在着一个真正的世界性文化，那也必将会是一种艰涩而精英的文化，必须由个体来自我修养。尽管我们不应该信任像美国式的民主制中的所谓"精英"，但事实上，公民的德性并不是被自动给定的。正如约翰·杜威所指出的那样，一个民主制中的创造性公民，需要同时掌握沟通以及有关政治策略的知识与习惯①。杰弗里·斯托特（Jeffrey Stout）等人则指出了获得有效的公共政治**话语**的困难性②。然而，话语只是开始而已。变换社会习惯和结构的交互则远比问题性话语（problematic discourse）要困难得多。当这个有着巨大文化差异的世界在许多局部社区显现自身时，这种世界主义的德性就几乎需要被每个人都习得。在这方面，至少在世界许多地方，每个人都需要成为精英。

　　对于培养具有世界主义德性的精英，当代儒学的第一个贡献则与其几千年来对生命的理解有关，即儒学认为生命主要是一个

① 参见杜威《民主与教育》及《杜威在中国的演讲：1919—1920》。
② 参见杰弗里·斯托特《民主与传统》一书。

以获得精英智慧为目标的教育过程。孟子认为,性与生俱来的"四端"需要被教化为自觉的感知和行动的习惯形式①。荀子则对性与生俱来的能力缺乏信心,因而他更强调学习道德感知和行为的必要性,特别是通过精通礼仪中的文化符号学(cultural semiotics)来实现以上需要②。然而在过去,儒家的这一教育理想可能只针对有文化的上层阶层,但是,现在则需要将这种理想及其实现方式推广到社会大多数阶层。实际上,在中国和印度,这种平均文化教育程度尚不高的国家,这种理想正变得越来越重要,尤其是处于这样一个人们开始喜欢电脑而不是书籍的时代里。尽管我们也不应高估教育的力量,但是,在思想和理想层面,划分社会阶层的界限的确比以往任何时候都变得更加"敞开"。许多宗教运动解决的是任何阶层的人的那些关切,而儒学从一开始就将人类的关切解释为:无论一个人是从哪个阶层出发的,都要涉及一种向上的精英运动。所以,儒家是世界主义的天然追寻者,在儒家这里,世界主义是一种向上的理想。

事实上,对于精英培养,一般儒家强调以下这两个重要方面,这两个方面与一个世界主义的理想之实现有关。一是强调主题化为臻至圣人的个人修身。杜维明曾就圣人在当代境况下应采取的形式给予了特别的关注,并对古典文献及其历史发展进行了梳理③。尽管杜维明将不会反对,但他的观点还需要被强调的

---

① 参见《孟子》2A:6,见陈荣捷《中国哲学文献选编》,第65页。
② 参见《荀子》,第二十三篇《性恶》,以及第十七篇《天论》。
③ 参见杜维明《仁与修身:儒家思想论集》一书。在这一点上,我对杜维明思想的分析,请参阅我的著作《波士顿儒学:晚期现代世界可移植的传统》第五章。

是,儒家传统中的圣人要涉及作为一个士大夫的作用,即要参与公共生活。另一个重要的儒家倾向是强调作为培养社交习惯的礼,在这一情况下,是强调作为培养世界主义行为的礼。对于一般的儒家传统来说,习惯与其说是个体的属性,不如说是一个有很多参与者的礼仪活动场所的属性;这些礼都涉及角色,这些角色则是公共的和交互的,即使它们是由个人扮演的。因此,要求精通礼的这种个人修身,本身就是在培养一种具有世界主义德性的交互文化①。

在本章中,我将分析当今世界所需要的世界主义的五个维度。对于每一个维度,我都将明确阐述儒家的一个特定侧重点,旨在为当代儒学的前进制订出一个计划;尽管这是建立在过去的基础上,但是,这是为应对一个某种程度上崭新的全球境遇而制订的计划②。正如我将在第十五章所讨论的那样,促进各种性别角色和摆脱压迫性角色就是这种全球境遇中的一部分。

一、决策

这里要讨论的世界主义的第一个维度与决策相关,这是在第一章中提出的一个主题。简而言之,“成”人,就是去面对一个包含各种可选的实现可能性的未来。有时,实现哪个可能性取决

---

① 参见我的著作《礼与敬》。
② 这五个维度本身,与自然的终极界限中的自然的形而上学和宇宙论理论相关联,实际上是衍生自这个理论。有关论证,请参阅我的著作《存在:哲学神学(第二卷)》第一部分。

善一分殊:儒家论形而上学、道德、礼、制度与性别

于人类的选择，就此"取决"而言，也许并不像我们想象的那样多，但往往在很大程度上取决于人类的选择。尽管价值的形而上学是一个过于深奥的话题，无法引入此处进行讨论，但它在第一章中已经被介绍过，并且我们从经验中也可以知道，供选择的可选可能性往往有不同种类和不同程度的价值。此外，去实现一个可选可能性，就是去排除其他可能性中的价值（或贬值，即"disvalues"）阵列。选择很少是由个体单独作出的，因为大多数行动都是联合行动。任何关于未来的选择，都必须与正在作出的其他选择相容，以及与不能从选择的角度理解的自然和社会力量相容。

正如前一章所论述的那样，真正的可能性是客观的，因为就未来的性质而言，它可以通过那些不同的方式得以实现。这是一个很简单的观点。但是，在道德讨论中，真正可能性的客观现实常常是复杂的，因为人类在可选可能性是什么以及它们的价值种类和价值程度的辨别上存在着问题。真正的可能性需要被解释，以便其进入人类的情感和意图。这种解释需要去辨别出各种可选可能性中的"价值差异"（value-differences）是什么。有时，对选择中的利害关系的辨别的复杂性会使思考者认为，所有的价值都只是人类对一系列纯粹的"事实"可能性的投射。但这严重违背了我们日常道德经验的直觉。哲学则提供了一种方法，用来区分对未来可能性中真正价值选择的本质的不同描述；以及在与人类文化、探究，当然还有在与有偏见的、利益相关的视角相关的符号系统中，符号化这些价值选择的问题。

从宋代理学开始,儒家传统展开了一场关于真正可能性中的价值本质及人类思考经验中对其辨别力的极其复杂的对话。安靖如的《圣境:宋明理学的当代意义》一书,对理(principle,他翻译为"coherence")的形而上学进行了极富洞见的阐释①。一方面,"理"是为"一与多"奠定基础的形而上学原则,并赋予存在的一切以价值;另一方面,"理"亦构建了为选择提供道德困境的可能性。进而指出,宋明理学家的观点是,理是人心的决定性特征,因此,在可能性的价值和人们的辨别力之间存在着一个密切的联系。不过,这一传统的侧重点存在很大的差异。朱熹把辨别力聚焦在研究外部客观情况上;王阳明则强调"心即理",即强调此"心"是辨别事物中"理"的主要途径。从某种意义上讲,他们任何一方都不会否认对方的观点,而只是否认对方重点的优先性而已。此外,正如安靖如清晰地追溯到的那样,圣人修身的实际实践涉及非常多的阶段,在这些阶段中,"理"又被确定于多个角色中。安靖如本人感兴趣的是儒家通过特定的道德情境进行辩论的方式,这种方式能够辨别出那些可能被常识性反思所忽略的和谐,即既承认他们固执己见的不可调和的那些对立,但同时也善于寻求更大的背景和谐,这种和谐有助于将冲突置于情境中去理解,并致力于最大限度地减少不良影响(或在一些冲突不可避免时,最大限度地追求好的效果)②。

杰弗里·斯托特既关心政治辨别力,也关心个人道德问题,

① 参见安靖如著作《圣境:宋明理学的当代意义》,尤其是第二章。
② 参见安靖如著作《圣境:宋明理学的当代意义》第七—九章。

　　　　　　　　善一分殊:儒家论形而上学、道德、礼、制度与性别

而这两者也都是真正的儒家主题，他认为试图就政治目标和理想达成广泛共识也许是不可能的，因而将他关于民主的主张建立在"政治对话"的可能性上，希冀这种对话能够在无法达成一个综合协议的情况下去解决那些零碎的问题①。在实践中，他的这种路径是非常像儒家在面对巨大的文化分歧境遇时，会强调的那种"协商"（deliberation）。但是，他认为形而上学试图去提供一个具有阐明政治和谐潜力的价值背景概念的尝试，因为它们本身太有争议性而无法冒险进行政治辩论②。因此，他严厉抨击阿拉斯代尔·麦金泰尔那种主张回归某种终极价值的文化哲学，因为这根本就是无视后现代社会中已然存在的真正的多元主义③。然而，儒家的"理"概念则既是形而上学的，也是认识论的，并且在后者的表现形式下，它也许足够抽象，足以去超越关于一个终极价值多元论的争论。一个当代儒家可以弥补杰弗里·斯托特的以上顾虑，即用一种强健的形而上学来加以强化，这种形而上学则将有助于在包含不同价值选项的可能性的真实结构问题，与在道德辨别和解释中表现它们的过程之间进行调和。

　　对当代儒学而言，形而上学的一部分将是一种建构性的融贯性或和谐理论，它将表明所有和谐都具有价值，这一主题将在第三章进一步展开。西方哲学的一个强大流派也在论证这一点，并且为一个当代儒家形而上学的发展提供了一个比较语境，即从莱

① 参见杰弗里·斯托特著作《民主与传统》第十章。
② 参见杰弗里·斯托特著作《民主与传统》第十一—十一章。
③ 参见杰弗里·斯托特著作《民主与传统》第五章。

布尼茨和乔纳森·爱德华兹(Jonathan Edwards)到查尔斯·皮尔士、约翰·杜威以及怀特海的这一发展①。

儒家的世界主义在作决策方面至少涉及四个要素。首先,儒家认可负载着价值的诸可能性的实在性,并用与之相匹配的形而上学理论来支持这一点。在价值实在论方面,"理"的形而上学传统可以与南亚和西方的其他传统互动,这对于当代世界主义来说是一件最重要的事情。其次,儒家的"明辨"实践,即在各种可能性中辨别出负载价值的"理"的所在之处。这种实践的世界主义体现在教化的儒家与其他文化的代表之间所展开的对话中,这些文化符号以不同的方式表达着可能性和各自的价值观。第三,教化的儒家所培养出来的决策意志,即通过在长期的联合行动和反应过程中转变方式,反复斟酌、周旋及应对,以便能够通过社会和自然过程的"大漩涡"而来落实一项决策。而许多选择则涉及通过不同文化的交互来行动。第四,儒家有着作决策应透明化(transparent)的理想。尽管有各种程度的礼仪化礼节,儒家的理想则是最小化个人独处时与在公共生活中时之间的表现差异,以便他者可以看到一个人的心在辨别和决策过程中的内在运作。世界主义要求对具有不同文化和不同辨别样式的他者保持透明性,这一要求对自我呈现(self-presentation)是一项艰巨的任务,但却有益于联合行动中作决策。

---

① 我则致力于继续扩展这一思路,请参见:《自由的宇宙论》第三章;《尺度的恢复》第七章《规范文化》第七章;《宗教实在论》第八章;以及《宗教:哲学神学(卷三)》第九章。本书第三章以我的术语对此理论予以了阐释。

二、与他者交互

世界主义的第二个维度，即儒学所指出的与他者互动的问题。"他者"显然是指其他人，在世界主义的语境下，指的是那些具有其他文化的人。但是，儒学从一开始就坚持认为人类是被置于社会中的，而社会又被置于一个更大的自然环境中。也就是说，人类是自然的特殊组成部分，而对他人应有的尊重与对山川应有的尊重是相连的。伟大的理学家周敦颐因为怀着这份尊重而拒绝割书房前的草的故事，已被世人所熟知。然而，就我们的讨论目的而言，"他者"一词主要指称的是其他可能具有不同文化的人。

儒学以强调自我与他者的连续性（continuity）而著称，就像它的命题"万物一体"一样。张载曾写道："乾称父，坤称母；予兹藐焉，乃混然中处。故天地之塞，吾其体；天地之帅，吾其性。民，吾同胞；物，吾与也。"①但是，这种连续性是恻隐之心和身份认同的连续性，并不是那种抹杀真实差异的连续性。而当王阳明进一步论证"万物一体"的论点时，他则是通过引用孟子所讲的人对"乍入于井"的"孺子"必然产生"恻隐之心"的例子来切入②。"万物一体"命题强调连续性的重要性，这正是因为事物（尤其是人）与个人（自身）有很大的不同。

那么，与他者互动，对儒家传统则意味着承认"他者"们可能

---

① 这是张载《西铭》开篇的一段文字，参见陈荣捷《中国哲学文献选编》，第 497 页。
② 王阳明的这一讨论，参见陈荣捷《中国哲学文献选编》，第 659—667 页。

确实非常不同，这是世界主义被要求去应对的一种差异。儒家让完全不同的他者交融起来，特别是在文化和个人利益方面完全不同的人交融起来方面的贡献体现在两个基本主题上，即仁与礼。赫伯特·芬格莱特（Herbert Fingarette）在《孔子：即凡而圣》一书中，便是用这两个主题去解读整个儒学。

仁是儒家思想中一个极其复杂的主题，对此，存在着许多不同的解释和侧重点。为了与他者互动，它可以用两个子主题来解释，即欣赏和尊重。欣赏是指逐渐去"以他者观他者"，而不仅仅是以他们扮演着的与某人自己利益相关的角色去观他者。当然，他者是什么，主要是基于他们如何负载价值，他们自己的价值结构是什么，以及这意味着什么。当他者与我们自己生活在一种共享文化（a shared culture）中时，要去了解他者是相当困难的，因为这需要克服我们自己的急躁与自私。不过，当他者来自不同文化并负载不同文化价值时，要想欣赏他们则确实非常困难。儒家强调以一种欣赏的方式来认识他者，作为一种世界主义的德性，这一点尤为重要。在这种语境下，尊重则需要以欣赏他者自身的"价值身份"的方式去对待他者。当然，生活中的大多数事务的确是涉及与他者的功利关系；然而，儒家的世界主义则将功利关系置于欣赏和尊重的更大语境之下；而能够做到这一点的人，才能被称为古典儒家意义上的仁人。在一个文化冲突的世界里，古典儒家的仁爱思想包含着欣赏和尊重的世界主义德性。

正如芬格雷特所指出的，礼在儒家思想中是一个同样复杂的主题。荀子对礼的重要分析是与他对人性的"忧患"相关联的，即人性是天然的、未受教化的,因此是"恶"的,除非它经过礼的教化。以上荀子的这一重要分析,已经以许多不同的方式得到了进一步发展①。为了世界主义所强调的让他者交融的目的,在某些情况下,礼可以被理解为一种针对不同舞者的具有许多不同舞步的舞蹈。这种舞蹈本身可实现一些事情,例如陌生人之间的问候,或经济企业间的合作,或对军事对峙冲突的谈判。在礼之舞中,除了共舞这支舞这一目标之外,舞者间不必彼此同意、彼此喜欢,亦不必分享彼此的目标。只要他们能表演这支舞的舞步,并能将他们在这支舞中的各种角色交织在一起,他们就可以实现某种足够融洽的相处,最终可实现各自的目的。儒家强调整个社会都应具有礼的品性,以此去整合不同阶层的参与者和个体意愿中的多样的、有时甚至是对立的利益。礼仪表演(ritual performance)中的世界主义德性,意味着要学会与具有不同文化及价值观的人共舞,以便社会活动得以进行。世界主义的儒学呼吁人们关注社会交互的那些礼仪化元素,并创造性地致力于完善这些礼。

在儒家的世界主义德性中,"礼"主题起着提升"仁"的作用。在西方思想中,最常见的哲学立场和流行态度则是把一种自我与世界的区分视为基础。例如,在伊曼努尔·列维纳斯(Emmanuel Levinas)对他者的关注中存在这样一个假设,即一个人是由他自己的经验来定义的;他者则作为一个客体进入那个经验;而从一

①　参见《荀子》第十七与十九篇。

个人自己的主体性跨越他者的客体角色（object-role）进入到他者的主体性，这将是极不容易的。然而，在儒家的礼中，一个人从与他者一起扮演的礼仪角色的联系来看待自己的身份，正如，载着欣赏与尊重，一个人则可以把其他每个人看作是拥有一个相似联系（nexus）的参与者（player）。礼之舞为自我与他者的定义提供了某种中性媒介（neutral medium）。因此，仁可以通过与他者的关联而得到提升，他者不仅是作为被欣赏和尊重的他者，同时也是作为交互礼仪中的同伴参与者。我们将在下一节讨论儒家的品性论，指出这在很大程度上与学习如何恰当地扮演礼仪角色有关。而跨文化运作的礼，特别是跨敌对或彼此竞争的文化的礼，将为强化的世界主义提供某种媒介。

与他者交互，这显然是与作决策紧密相关的。许多决策涉及他者（或社会制度或自然环境中的元素），而在与他者交互方面的每一个不同举措都涉及作决策。只要涉及作决策，与他者互动就需要涉及辨别"理"和执行此决策。但是，与他者互动并不能仅仅被还原为只是作出良好的决策。与他者互动，更需要有意识地培养欣赏他者的恰当方式，尤其是对那些与你有着不同文化的他者；也需要有意识地培养对他们的恰当反应；亦需要有意识地培养与他们展开礼仪互动的方式，以允许他们的差异，并且不断完善对这种恰当礼仪角色的扮演。这种世界主义意义上的"仁"不是关于自己的，它是关于一个人的世界中的特定他者。一个人的世界主义不需要去欣赏、尊重、与每个人共舞，只需要与他所在轨道上的所有特定他者共舞即可。

三、获得整全性

儒家世界主义的第三个重要维度,则是与"自我修身"相关的,即将个人生活的所有不同元素整合为某种整体。世界性的维度是,这些元素是可以关联到他者的那些非常不同的文化元素的。而在欣赏和尊重上的投入,以及在礼仪联结上的投入,有时会导致与环境中的他者截然不同的取向。而这些不同的取向、不同的教育规划以及不同的表示尊重的方式,甚至不同的礼本身,又如何才能被整合成一个令人满意的整体生活呢?如果一个人生活在一个同质文化(a homogeneous culture)中,那么,就会有一些整合模式可以起到模型的作用。但是,如果一个人生活在一个文化多元化的境遇中,那么,就会存在各种彼此竞争的模型。即使一个人把自己定位为某一特定文化的代表(如波士顿儒学),但是,如果该文化要提供一种允许他者恰当交融的整合模型,以及有关如何做到这一点的决策,那么,这种文化本身就必须具有世界性。但正如我之前所说的,这样一种世界性文化仍旧只是一种理想而已。就整全性(wholeness)主题而言,儒家则提出了"成圣"这一人生课题,这也就意味着一个人需要努力成为一个具有世界主义德性的圣人。

当前,许多学者普遍将儒学与阿拉斯代尔·麦金太尔(Alasdair MacIntyre)所引发流行的那种德性伦理学联系在一起。安靖如在他的《圣境》一书中就是这样做的,他的主要论点是儒家德性伦理学能够解决西方各种形式的德性伦理学所束手无策的那些问题。德性伦理学自身有别于注重作决策的那些道德立场，例如康德式义务论、功利主义或各种形式的效果论。在我使用安靖如对作为儒家作决策的主要工具的"理"的辨别力的阐释中，大家可以发现一种温和的讽刺。正是由于"理"在作决策中的巨大价值，所以，我们不应把儒学与德性伦理学过于紧密地联系在一起。考虑到作决策方面，儒学实际上更接近于一种实用的、杜威式的后果论（consequentialism）。德性伦理学自身也有别于以下这一道德立场，即强调从与他者交融中来学习。学习如何欣赏遥远陌生的文化，需要对那些文化中的人们的特质，作出非常多的研究（从一个人自己的文化视角出发的），而这将成为一个人修养自己的品性时的一个主要因素。总之，在重视作决策和与他者交互方面，儒学并没有很特别地呈现为一种德性伦理学立场。

然而，就获得整全性的这一人生课题而言，儒学的确注重个体品性的发展，并因而类似于德性伦理学。成圣，即要培养一种善于作决策的品性，以及通过恰当的礼来培养对他者具有仁爱的一种品性；但是，无论是作决策，还是与他者交互，都不能被还原或化约到品性。就世界主义而言，儒家对圣人的追寻至少涉及四个重要主题：立志、去私、透明的易感性（vulnerability）以及持中（或保持平衡）。

一个人需要去立志成圣，并在恰当时刻，去不断更新这一志向的内容。一个人的确总是很容易停留在由这个人的社会环境所自然发展出来的那种品性中；不过，无论整个社会群体的理想是什么样的，我们认为一个人是可以通过实现由这个人所在的社会群体所持有的一个"足够好"的生活理想而成为一个正派体面的人；但是，今日我们处于这样一个充满文化竞争的艰难时期里，"足够好"是不够好的：就其本身而言，一个人自己的文化理想对作决策问题以及与他者（尤其是来自对立文化的他者）交互问题是不够敏感的。当今时代和形势要求的是一种精英世界主义。因此，仅仅顺应某文化潮流是远远不够的，而在成为圣人所要经受的磨炼中依然立志不移，这在道德和宗教上都是很重要的。杜维明甚至将立志成圣比作克尔凯郭尔（Kierkegaard）式的一种生存抉择①。也许儒家对臻至圣境的立志，并不像克尔凯郭尔的生存抉择那般戏剧性，特别是在它需要更新内容的那些时刻。但是，它确实需要不断地顶住压力，让自己在品性上保持足够的"独善其身"。

自私则是儒家用来解释道德败坏的标准主题。诚然，自私有很多种形式。显而易见的那种自私，既可以由某人的益友来指出，也可以由自己的一般良心来察觉。但是，那种微妙的自私形式则是我们无意识的，并且在这一点上，常常发生着某种自我欺骗。儒家长期以来一直强调内自省（self-examination），即当我们独处而未受他者批判性观察的时候，要谨慎自己的思想和情感。自私的表面问题是，当他者理应被优先考虑时，自私则会导致我们将自己的利益置于他者之上；而自私的深层结构则是它扭曲了一个人对他者的感知和反应。例如，就感知而言，去学习了解与自己不同的人是很重要的，但一个人自身原知识体系可能会

①　参见杜维明著作《仁与修身：儒家思想论集》第六章。

阻碍学会欣赏别人本来的样子。所以,一个人对他者文化的感知样式可能是自私的。同样,儒家的信念,例如在《中庸》中,认为我们都有一种与生俱来的能力,即以一种审美的方式理解万物的价值,进而有一个审美上的恰当应对,如"乍见孺子将入于井"时自然而然就会有的反应,但问题在于,这一反应可能会被自私所阻碍。尽管一个人意图善待他者,但他的行为可能会被自私的结构化应对样式所左右。因此,儒家圣境的一个关键元素就是要切实地揭露和净化各种形式的自私。立志成圣就是立志于这种自省与净化。当自私已阻碍了对截然不同的人和文化作出恰当的应对时,"去私"就会采取特殊的形式。

透明的易感性是"去私"的一个积极方面。它意味着能够向相关的他者伸出援手的一种品性,而这种品性使得一个人易于受到他者和他者的那种价值对自己的影响。不过,这并不是说一个人应该总是同意或要对另一个人感到满意。有时候,对立和冲突是恰当的,因为这事关作出一个正确决策的问题。这也不能与理解和欣赏他者及其价值观所涉及的那种学习方式等同起来。去欣赏他者的本来面目是一回事,是否让这种欣赏塑造自己的品性则是另一回事。透明的易感性,具有一种将一个人对他者的了解"记录"在自己内心的品性,这是一种后天所培养出来的敏感性。当然,每个"他者"都是特殊的,因此,这种品性并非一般性的,而是旨在其能够敏锐地感受到特定的文化和特定类型的人。对儒家如此重要的透明性,正是这种后天培养的敏感性的一个作用。西方人,尤其是美国人,喜欢开诚布公,以及直言不讳;他们经常认为东亚人（特别是儒家）是迂回曲折的，是透明的反例。然而，一种真正的透明是很少源于坦率的，因为这种坦率过快地对事物作出反应了，以至于没能通过那些自己所"记录"的、对他者的欣赏感的详细内容再来运作。透明性既要求"去私"，同时也要求实现对他者的真正的易感性。"记录"他者的"价值身份"，要求通过多层解释，每一层都需进行自我批判，因此这不是很快就能完成的，或者说不是很快就能实现沟通的。

持"中"或平衡，这是在平衡生活的不同领域中所获得的一种能力。人们根据不同的领域（例如家庭，工作场所，与陌生人的聚会以及各种社会和历史境遇）以不同的方式组织自己。就概念而言，这些领域可以被一种世界观整合起来；就实践而言，则需要根据具体境遇对不同领域的不同取向进行调整，这样做才可以被称为持中或保持平衡。在这方面，它有点像一个伐木工人，在顺流而下的过程中，在一根正在旋转的木头上不断调整姿势以保持平衡[1]。从外部看，保持平衡很像一种风格，即在没有公式的情况下，将行动从一个领域整合到另一个领域的一种个人方式。对于生活在一个极端多元化的社会中的人们来说，在价值观的碰撞中，他们与彼此冲突的他者进行一种深入的交互，并在真正的差异基础上去作出决策，持"中"就是一个需要保持平衡的问题。儒家强调这种没有公式的平衡以及多种礼仪角色的同时扮演，这绝对是对世界主义的一个重要贡献。

---

① 参见我的著作《晚期现代性的宗教》第二章中对平衡的分析。

成圣是一项有关品性修养的终生课题。很少有未来的圣人会生活在文化非常同质的共同体里，以至于他们不需要去培养出擅长人际交互的具有世界性的技能的新品性。然而，正如本文所论证的那样，一个圣人所需要的具有世界性的品性的确切类型，取决于圣人可能与之交互的特定的不同文化和个体。也就是说，世界上并不存在一种一般性的世界主义，也不存在那种一般性的易感多样性的品性。

四、身份与价值

儒家对世界主义的贡献的第四个维度，则与生命意义这个基本问题有关，或者更确切地说，一个人的生命总和究竟意味着什么？又或者说，考虑到所有事物的话，一个人的真实身份究竟是什么？在许多宗教传统中，这些问题都是在这样一种语境下提出的，即假定一个人会受到某个拟人化构想的上帝的审判，但这一假设并不适用于儒学。许多人，无论是儒者还是非儒者，都认为儒学太过实际，以至于不会对这样一种思辨性的问题感兴趣。有些人则认为儒学根本就不是一种宗教，而只是一种伦理体系。尽管如此，但儒家的三大主题确实以一种深刻的方式提出了以上这些问题，并且它们与世界主义有关，这三大主题即孝道、天命以及爱有差等。

关于"价值身份"，我将提出两个简要的哲学观点①。首先，

---

① 关于"价值身份"的扩展讨论，参见我的著作《存在：哲学神学（第二卷）》第四章。

一个人的综合身份并不是一个纯粹的事实问题,其含义是在事实与价值的一个科学区分的语境下被确定的。从绝对视角来看,一个人的真实身份,即他一生中所体现和实现的诸多价值。当然,这些价值是由这个人的生活事实所负载的。对此,儒家形而上学的讲法是,人在生活的特殊性中实现"理"。

其次,一个人的"价值身份",不仅仅是指个人主体身份的各种累积要素,还包括一个人对他者、制度以及环境的影响。在更大程度上,一个人控制着个人主体"价值身份"的各个部分的整合,而这正是大多数人在思考自己的身份时所表达的意思。但是,一个人也会对他者产生重要影响,而这些影响大体上是处于他者自己的可控范围内的,他者则又将这些影响整合到自己的主体身份中。但是,这些影响又是所谓的客观"价值身份"的一部分,即造成这些影响的人的"价值身份"。一个简单的例子就可以清楚地说明这种双重主、客观身份。一个大学教授有一个主体身份,从婴儿时期到童年时期,通过正规教育成长起来,从事教学和写作,直至退休。但是,教授所教授的知识在学生中具有一个客观身份,他们可以根据自己的意愿来理解教学内容。尽管事实上,教授并不能控制学生在教学活动中所做的大部分事情,但是,教师对学生的影响是教师客观"价值身份"中的一部分。哲学上重视个体的文化中,有一种倾向,即只考虑一个人的主体"价值身份",而将对他者的影响降为他者的主体"价值身份"。但是,儒家则坚持认为,一个人的"价值身份"包括与他者的密切联结,即除了其他事情之外,一个人就是其对他者、制度以及环境的影响。

　　儒家说明这一点的基本主题是对孝或孝道的强调。一个人的基本身份在于,将自己在父母、远祖以及兄弟、姐妹那里所参演的各种角色个体化。用哲学术语来说,这意味着把祖先的客观"价值身份"纳入一个人的主体"价值身份"之中。用儒家的话来说,这意味着向祖先学习他们的德性,通过掌握他们所传授的德性,来实现他们对自己的责任。因而,纪念祖先的重要性,不仅在于让我们对他们的记忆永葆鲜活,而且是将祭礼作为一种将祖先的德性融入自己生活的途径。反过来说,一个人与生者的关系,包括兄弟、姐妹和子孙,涉及那些伴随他们成长的行事方式。一个人的客观"价值身份",在很大程度上影响家庭中的他者变得更好,影响的方式则通常是以礼所确定的方式;而一个人的主体"价值身份",则在很大程度上以尊重、纪念他者的方式,将他者的客观"价值身份"纳入自己的主体"价值身份"中来。

　　所有这些都是在说,一个人的"价值身份",他的生命意义,他的生命总和,从来不只是与个人的属性相关,也始终是与个人有关的那些人的属性相关。家庭关系的范式在儒学中,被推广到更广泛的社会关系结构中。《大学》就用本与末的类比定义了"价值身份",称其为"明明德"(manifesting the clear character)。从根本上讲,这显然是关于内在的"诚意"和"致知"的问题(传统上,对这两者的优先性一直存在争议),而这反过来又必然会影响到正心、修身、齐家、治国以及平天下。"明明德"的分支延伸至整个世界,(在个人与世界的关系中)每个人或可被类比为

"君王"①。需要注意的一点是,即使是最明显的内在的主体"价值身份"因素,也会在本与末的类比中与更多的外部表达发生因果关系。即使是个人自己"内在的""意"也有它自己的身份,即它如何在外部事物中体现它自己。儒家历来强调内外的连续性,从来不作主、客观的强行区分。"知"与"行"的直接"合一"主题,就是王阳明为此而特别提出的②。

显然,与孝道主题正交③的是寻找天命的主题。当然,每个人的确都想发展自己的天赋和兴趣,家庭也会尽其所能去教育和培养一个人的那些天赋与兴趣,我们的教育系统也致力于充分利用这些天赋和兴趣。然而,生活中的事情却常常要求你去做并且变成:与你基于这些给定的天赋和兴趣所期望的完全不同的那些事物。如王阳明一心只想当哲学家与老师,但是,他手中的那些事务却使他成为一名将军、一个军事领袖。儒者将个人喜好与对时代需求的回应之间的不协调归结为:为自己"寻找天命"(finding the mandate of Heaven)。主观偏好是一回事,而一个人去以一种重要方式行事,以及建立其客观"价值身份"的客观需

---

① 译者注:对于此句的理解,可参考南乐山的这一论述:"个人生活的完善与社会秩序的完美是分不开的,个人义务与公众义务也同样是分不开的。一个人的发展包括建立一定的社会方式、家庭、学校教育体系以及政府,由于这些活动通常是需要人们互相合作的,因此,人是由这些共同来定义的。这就是为什么像《大学》这样的书能连贯地从如何治理国家到如何整顿内心,又从如何整顿内心回到如何治理国家。"(《在上帝面具的背后——儒道与基督教》,南乐山著,辛岩、李然译,北京:社会科学文献出版社,1999 年,第 154 页)。

② 对王阳明这一主题的两本精彩的研究著作分别是,柯雄文(Antonio S. Cua)的《知行合一:王阳明的道德心理研究》和沃伦·弗里西纳(Warren G. Frisina)的《知行合一:走向一种非表征化的知识论》。

③ 译者注:正交,其中含有"相反"甚至"背道而驰"之意。

求则是另外一回事。"天命"主题就是另一种言说方式,即人的"价值身份",既是一个人去影响他者的需求的一个客观作用,同样也是一个人去发展个人身份的一个主观作用。

在当前环境下,对许多人来说,天命的一个极为重要的要素,就是发展"世界身份"的需求,并善于与他者建立良好的关系。当代生活的部分意义正在于,以此处讨论的方式,去成为一个切实的世界公民或世界主义者。因此,对一个人进行识别和评判的"价值身份",在家族史中,要包括一个人在世界性生活中的客观成就和主观成就。

儒家表达这一观点的另一种方式,来自"爱有差等"这一古老主题。墨家说爱应该是普遍的(即兼爱),而儒家则认为爱应该根据不同的客体而有不同的特性(即爱有差等)。儒家认为,一个人应该爱自己的亲密家庭成员,同时也应该密切关注到家庭角色的特殊性,这与一个人应该爱自己邻居的方式不同,这也与一个人应该爱自己国家的公民和其他国家的公民的方式不同。在目前的情况下,儒家的观点可以被予以发展,以便用适合其他文化的方式来爱其他文化中的人,正如本文所讨论的那样。用本章的语言来说,这些不同的欣赏和尊重的技艺是"与他者交互"的作用。就这一世界主义意义而言,一个人的"价值身份",包括一个人如何在文化和个体的多元性互动中发挥作用,这些文化和个体处于一个人对他者的客观影响范围内。一个人保持平衡或持中,则表达了他如何主观地整合这些与他人相关的不同方式。

儒家在"价值身份"维度方面对世界主义的贡献,始于认可一个人通过与他者的家庭关系来扩展自己的身份认同，这标志着需要将文化的多元性纳入我们这个时代的天命所确定的、类似于家庭的多样性社会关系之中；然后通过注意到爱有差等时所出现的根本差异，来设置将这些社会关系类比为家庭关系时的界限。

五、宗教与本体论虔诚

儒家对世界主义贡献的第五个也是最后一个维度是，关于处理宗教的基础问题。几乎所有的宗教传统都存在某种关于世界在根本上是偶然的，以及试图回答为什么存在某些东西而不是没有东西的问题的言说方式。有关这一问题的回答五花八门，令人惊叹不已。然而，有三个主要隐喻，已经被用无数的方式加以阐述，以回答以上这个终极的"为什么"问题。一个是关于存在着某个人的隐喻，"这个人"被塑造成具有超验的维度与超人的能力，据说"这个人"创造了这个世界；这种有神论在西方和南亚很常见，但在东亚并不多见。另一个是关于意识的隐喻，意识被纯化和确定为一切确定和变化的事物的基质（substratum），如南亚关于阿特曼-梵（Atman-Brahman）和佛心（Buddha-mind）的概念。第三个隐喻则是主张一种自发生成，例如不可被命名的"道"，或者周敦颐所主张的："无极而太极，太极动而生阳，动极而静，静而生阴"的过程等。不过，这些隐喻的发展并不是不同宗教所独有的。实际上，所有的宗教都有把创造性人格化，所有的宗教也都有专注于作为存有根基所在的意识的冥想传统，并且所有的宗教也都有着自发生成的非人化主题。然而，各种宗教对这些深层隐喻的组织与运用方式却是不同的。

在某些方面,处理世界的实存根基的问题的方式上的这些差异,对于比较主义者来说是极其深奥的问题。然而,在其他方面,宗教人士把他们对自己的存在的同一性或身份认同问题,与他们自己的宗教传统的权威捆绑在一起。他们因而常常认为其他宗教或基于宗教的文明具有威胁性,正如塞缪尔·亨廷顿(Samuel P. Huntington)在他的《文明的冲突与世界秩序的重建》一书中所详述的那样。很多时候,宗教人士不惜诉诸战争去捍卫他们传统将世界与终极基础联系起来的那种方式的权威性。一些世俗化思想家试图将这些战争归因于经济或部落/种族冲突。但是在这些冲突的背后,以牺牲自身福利为代价的暴力的动力,来自本体论问题的意义上,去捍卫一个人的传统对终极实在的那种表达的权威性,即捍卫自己的传统对为什么存在某些东西而不是没有东西的问题的那种回答,会引发这种暴力冲突的宗教基础通常是公开的。当然,不同的本体论承诺也融入了其他各种文化承诺,因此,在这些冲突中,经济和部落/种族冲突呈现出极端的严重性。

在我们这个时代,追寻一种世界主义的紧迫性源于世界许多地区的暴力威胁。因此,让他者们以欣赏和尊重的态度进行交融,并对彼此作出正确决策的一个重要因素,就是让他们的宗教因素参与交互。从表面上看,这似乎是一个如何使不同文化体系的宗教元素生发交互的问题。但是,像社会科学研究那样让这些体系互动起来,并不能达到这些系统所曾唤起的那些深层承诺,也就无法认识到那种深刻的虔诚、对偶然性的恐惧和对实存的惊奇以及人们根据权威的实存根基来定义自己的"价值身份"的方式。也就是说,多元文化及其成员的世界性交融,要求对他们各自终极的宗教情感抱有一种共情性欣赏。

如果一个人自己缺乏这样的本体论承诺,那么,理解和尊重其他文化的本体论承诺虽然不是不可能,但也是困难的。这意味着在一个人自身的易感性中,将没有共情或记录他者宗教承诺的语境。这虽然听起来很奇怪,但是,我认为任何严肃意义上的世界主义都需要某种宗教鉴赏力。对于那些认为自己是世俗化且世界主义的人来说,这可不是什么好消息;对于那些认为儒学只是一种伦理文化而不是宗教文化的人来说,这似乎是一个绊脚石;对于那些认为宗教的本体论承诺都是虚假的人来说,在宗教深度上与其他文化互动的任务,则似乎是无关紧要的。但是,对于那些欣赏宗教承诺中的终极,并认为终极与应对实存的偶然性的方式有关的人而言,一种世界性宗教虔诚则是一种至关重要的德性。可以说,无视他人的宗教信仰,是不可能与他们很好地生发交互的,也就不可能给世界带来和平。今天的每一个宗教都需要具有一种世界性,从而欣赏和尊重他者的宗教。

儒学对宗教世界主义的特殊贡献是"无"与"天"两大主题的联合。在道家和儒家中,普遍存在着这样一种信念,即任何具体的或确定的东西都来自没有特性的"东西"(无或无极)。只有确定的事物需要被解释,而无确定性的则不需要被解释;要去解释的也不是某种更高阶的原则,而是确定事物从"无"中的自发生成。王弼和周敦颐是这一思想发展过程中的重要人物。"无"的主题作为与他者宗教文化进行宗教性交融的本体论原则的优势在于,它不预先假定在存在根基中有任何特定的特性。事实上,它预先假定不存在这样的特性。因此,这将不存在与其他宗教发生冲突式竞争,即将某些人格或特定的意识意向归因于是他们的终极根基的表征的那些宗教。因为,"无"可以包容任何关于自发生成的隐喻。

"天"的主题的重要性则在于,所有事物(包括所有的宗教文化)都在普天之下(或"天下")被"拥抱着"①。这一主题被宋明理学发展为**"理"**,也即原则或融贯性的具体范畴。但是,我这里指的是一种更古典的意义,即现实中的所有事物都是互相"拥抱"在一起的。这意味着,在目前的境遇下,所有的宗教感知力(religious sensibility)也需要"拥抱"在一起。儒家则可以用"理"概念来寻找冲突背后的某种融贯或和谐;又或者可以用这个概念来阐明某些冲突的不可通约性——如安靖如的研究已经表明儒家并不执着于"和谐是可能的"(harmony is possible)这一假设,而是致力于去寻求可能带来和谐的那些背景路径。其实际含义是强调"天"的主题意涵,即任何宗教承诺都不能被排除在要欣赏与尊重"所有事物"这种世界性的德性课题之外。

"无"与"天"的主题一起为儒家提供了一种丰富的宗教文化,使儒家能够感触到其他宗教文化,并将它们记录在自己世界性的"心"里。在哲学领域,成中英是这方面的大师,他的许多著作都

---

① 参见白诗朗的著作《普天之下:儒耶对话中的范式转化》。

是关于他所谓的"本体诠释学",这为从儒家角度比较研究本体论问题奠定了基础;本书第七章将对他的这一工作进行更详细的考察。

结　论

在本章中,我确定了世界主义的五个维度,但毫无疑问,还存在更多维度。这些就具有世界主义特质,即作决策、与他者交互、获得个人整全性、生命的终极"价值身份"以及宗教感知力。这五个维度并非特别源自儒家,尽管我引用了儒家主题来阐述每一个维度。在本章中,我们讨论了以下儒家主题:孟子的"四端"、礼、学以成人、圣人、公与私、形上之理和认识论之理、心、和谐、价值、作决策、透明性、自然中的人与社会、天(地)、"万物一体"、孟子的"孺子将入于井"、仁、儒家和德性伦理学、立志、品性的发展、自私、自省、中庸、易感性、中与平衡、孝道、天命、爱有差等、本末、明明德、诚意和致知、知行合一、无(无极)、"普天之下"以及儒学作为一种伦理体系而非一种宗教哲学。这些讨论旨在对儒学如何能够解决世界主义的问题提供一种非系统化但相当宽泛的解释。总而言之,我把儒学视为一种活的传统,而它正面临着这样一个问题,即如何根据世界主义的需求而扩展自己。

第三章

**系统形而上学与
价值问题**

本书的前两章已经为当代儒学的发展标示出了一块领域。这一章和接下来的两章是对这一主题的深化，这一章先从对形而上学的讨论开始。

一、系统形而上学与科学还原论

"系统形而上学"（systematic metaphysics）这一称谓，作为世界哲学中的一个人文科学术语，既应具有一个通俗易懂的口语含义，也应具有一个更精确的含义。在前一种意义上，"系统形而上学"指的是关于宇宙中真实存在的各种过程和事物的一套相互关联的概念，这些概念在最普遍的层面上提供了智识方向，有时也提供了指导生命的方向。在这个意义上，东西方大多数伟大的哲学家都有着各自显性又或是隐性的系统形而上学理论，这也是使得他们成为"伟大的哲学家"的原因之一。这些形而上学的概念有很多种联系方式，因此，"系统"也有很多种不同形式。

作为世界哲学中的一个人文科学术语，"系统形而上学"可以被有效地定义为一种概念性语言，其与行为具有关联含义，从而可以识别和确认世界上所有过程和事物以及它们的一般联系。怀特海则是这样说的，"哲学就是要构建一个由诸一般观念构成的融贯的、逻辑的且必然的体系，根据这一体系，我们经验中的每一成分都能得到解释。所谓'解释'的意思就是，我们所意识到的一切，即我们之所有，我们之所觉，我们之所欲或我们之所思，均具有作为该体系中一个具体事例的特征。"①这种系统确实存在着许多形式，而我在这里想要重点讨论的则是系统形而上学所具有的反还原论（anti-reductionist）力量。系统形而上学也因此被理解为与科学还原论（scientific reductionism）形成对比；科学还原论，这一重要的术语需要被先提出来加以说明，以作为讨论中国系统形而上学的前奏。

还原论是现代科学的核心。按照大多数现代科学发言人的说法，"解释"某种东西，就是要把解释的现象转化为一种理想的语言，而这种语言本身则是如此清晰明白，以至于不需要再进一步解释，至少在现有的科学范围内是这样的。在西方，从柏拉图时代开始，"理念"这一理想语言就一直是数学化的。又或者，当数学不足以或者距离转化的现象太远时，理想的语言在某种意义

① 参见怀特海的著作《过程与实在：宇宙论研究》，第 3 页。（译者注：此处中文译文，引自《过程与时间》中文译本，周邦宪译，北京：北京联合出版公司，2013 年，第 5 页。）

上就是"理论的"。一种解释性理论可以是亚里士多德那样的一种分类系统，也可以是一种社会科学理论中的一种模型。在我们这个时代，人们常常假设或希望某一既定科学的理想语言，在该科学内部而言是令人满意的，而且这种语言本身可以被转化或"被还原"成某种更基本的语言。例如，一些科学家希望心理学的语言可以被还原成神经学的语言，而神经学的语言又可以被还原为生物化学的语言，进而可以被还原为化学的语言，再然后是被还原为越来越基础的物理学语言。

在过去的三个世纪里，哲学家和科学家们对于通过转化或还原成一种理想的语言来进行解释活动的确切性深感困惑，并且存在着许多争议。伊曼努尔·康德对这一讨论作出了一个决定性的贡献，他认为任何关于客观的所谓真实认知，本身就是心智从感觉中脱离出来，对客观的重构。而真正的客观，即"自在之物"，根本不为人所知。我们所知道的，只是按照主体心智的先验结构，对科学考察的"客观"所进行的规训性的建构。也就是说，事实上，我们所谓的"客观"是头脑中的主观表征，而主观表征是由逻辑和经验感觉对其进行客观排序的。科学的"客观世界"并不是"事物本身的真实世界"，而是科学知识建构的世界。科学的客观性则恰恰在于不对超越知识的真实世界提出任何主张，而是将其主张限制在根据感觉和先验的、规训性的科学逻辑的双重来源重建时，世界"看起来"是什么样子的。

但是，当代科学家中没有多少人意识到自己是康德主义者。相反，他们认为他们的工作是客观的，因为他们的工作只表达了那些可以用其核心理论或理想语言来表达的关于客观的主张。这些理想语言通过分析工具（例如机器和统计程序）的理论解释得到补充。此外，通过实验设计和评价结果都具有良好鉴赏力的科学家组成的专业团体、具有同行评审程序的专业期刊、专门的工作组、专门的专业协会和专门的大学教育部门和程序等，它们又得到了进一步的补充。虽然，科学远没有康德想象的那么形式化。但他们确实采纳了康德的观点，即他们的结果的有效性，既取决于他们将主词事物转化成其专业的理想解释语言所遵循的逻辑、个人以及社会规训，也取决于他们谨慎地拒绝对无法如此转化、解释的主词事物提出任何建议。需要指出的是，这是一种纯粹的、最好的科学还原论，这种还原论在过去的几个世纪里取得了惊人的进步，在我们这个时代，它进步的速度则越来越快。

不过，当一门科学说其专业所解释的就是主词事物的全部内容时，这种还原论是一种不好的还原论。以对宗教的思考为例，如像涂尔干（Durkheim）这样的社会学家，当将宗教转化为宗教文化稳定或动摇社会结构的方式时，可能会对宗教作出很多解释，这就是一种好还原论；但是，如果社会学家说，宗教应该被理解为社会结构的一种作用，除此之外，宗教别无他物，那么，这就是一种坏还原论。西格蒙德·弗洛伊德（Sigmund Freud）或乔纳森·海特（Jonathan Haidt）等心理学家，可能会在将宗教转化成心理学理论的语言时对宗教进行很多解释，这就是一种好还原论；但是，如果心理学家说这可以解释整个宗教，甚至是它最重要的元素，这就是一种坏还原论。如果神学家把宗教解释为一群人对神圣启示的应对，那么，这可能会解释很多关于这个宗教团体的事情，如果启示的主张能够被证明是合理的，这就是一种好还原论；但是，如果神学家忘记了宗教的社会作用和心理运作，那么，这种神学就是一种坏还原论。因为所有的还原论都忽略了主词事物中所有不能被转化成解释性的理想语言的东西，因而，当还原论记得它忽略了一些可能重要的东西，并且记得它只对可以在其专门理论和程序内重新建构的主词事物的"部分"提出主张时，那就是一种好还原论；而当还原论忘记了它忽略了什么，并声称自己是在谈论主词事物的本身时，那就是一种坏还原论。

系统形而上学是科学还原论的对立面。系统形而上学的一般思想体系在原则上不应该忽略任何东西。如果形而上学体系允许阐明事物的社会结构，但却忽略心理结构，那么这个体系就是有缺陷的，需要被修正。正如怀特海所说，任何可以以任何方式被经验到的东西，都需要作为一般思想的一个事例来解释。如果能够找到任何这一体系不能给出充分解释的东西，那么，一个形而上学的理论就要遭到驳斥，或者至少是有缺陷、需要修正的。

当然，我们需要认识到每个形而上学体系，就像每个科学理论一样，都有其历史位置。它对主宰其时代的问题作出回应，因其特殊文化历史而丰富起来，并受制于取而代之的原创性创新天才的奇思妙想。这些历史偶然性塑造了任何形而上学体系的形式、内容和方向。然而，任何时期的系统形而上学都需要作为一种文明的平衡力量，来与彼时的还原性知识取径相抗衡。它需要去表明任何还原性解释究竟忽略了什么以及是如何忽略的。如果一门科学被滥用为一种坏还原论，声称世界只是它所说的那样，而没有其他的样子；那么，系统形而上学就需要举起一面反映现实的镜子，并向人们展示出目前的还原论中没有记录的那些东西。

不过，系统形而上学不可能通过成为一门"超级科学"（super science）来完成以上的要求，这里的"超级科学"是指一种总体化的、目前所有看似合理的还原论"科学"。更确切地说，系统形而上学的一般概念需要在逻辑意义上是"模糊的"，以便能够解释在普遍性较低的层次上被矛盾地解释的主词事物。例如，系统形而上学需要能够以这样一种方式来解释宗教，以便能够肯定地去记录社会学家关于宗教是一种社会作用的主张，也能够肯定地去记录心理学家关于宗教是一种心理现象的主张。形而上学需要能够去解释宇宙论，以便记录大爆炸理论中的真理，同时也允许可能存在很多次大爆炸这种理论中的真理，甚至可能存在一个貌似合理的稳态理论的真理。形而上学概念的模糊性意味着形而上学不能在普遍性较低的层次的争论之间作出决定，而必须允许那些争论以它们自己的方式来解决①。有时，科学家认为这种模糊性是一种缺陷。但是，形而上学作为对科学还原论的一种纠正力量，它提供了一个空间，去记录还原性的理想语言所忽视、边缘化、歪曲或否认的东西。为了更有力地运用这种语言，任何主词事物都可以从无限个方面被解释，而一个文明社会则应聚焦于去

---

① "模糊性"（vagueness）是一个逻辑术语，其定义是由查尔斯·S. 皮尔士提出的。

善一分殊：儒家论形而上学、道德、礼、制度与性别

寻找其中最重要的方面。任何科学还原都是从主词事物可以用其理想语言呈现的方面来解释该主词事物的。系统形而上学的工作则是去确保解释的任何一个方面都不能被允许去定义整体，以免掩盖那些对解释主词事物可能很重要的其他方面。

二、形而上学与我们的文明

系统形而上学的教化作用不仅仅是一个学术问题。对于一个文明的健康至关重要的是：拥有一套关于什么是真正真实的（really real）模糊概念，以便所有的生活现实，包括日常生活及其巅峰时刻和问题时刻，都可以被记录并且在彼此之间的关系中得以理解。这些概念提供了方向，如此一来，一个文明就不会不幸地排除某些重要的东西。虽然专业的系统形而上学家们需要尽可能精确地表达他们的模糊概念，但是，这些概念也需要渗透到文化感知中。当哲学家与科学家对形而上学的模糊性提出批评时，这通常意味着他们更专注于专业的精确度，而不是专注于形而上学在文明中的作用。

考虑一下围绕"理"概念及其关联思想建立起来的伟大的系统形而上学，它是由宋明理学以各种批判的方式发展起来的。诚然，这种形而上学是建立在古代资料的基础上的，而对其理学式表达，则通常是以这些资料的注释形式呈现的。佛家、道家和创造性天才中的其他来源也作出了贡献。然而，当我们反思"理"的形而上学所具有的意义范围时，我们会注意到：有时，"理"被用作一个基础本体论范畴，以之来理解万物是如何存在的，关于它与气（或物质力量）的关系的争论就是与此有关的。有时，"理"是理解宇宙中秩序和无序问题的焦点，这也与思考社会秩序和无序的本质是相连续的。有时，"理"被理解为宇宙中价值的来源；有时，"理"又被理解为相对于国家内的不正义而言的正义之源。总之，在几乎所有伟大的宋明理学思想家那里，"理"都是人类意义的核心。这也是在如何成为道德的问题上的辨别力着力的关键点。① 诸如王阳明这样的伟大思想家，就特别强调了"理"是如何定义人的心理之"心"的，并成为人认同其他事物的根源，从而实现"万物一体"的②。

由于"理"的整合性的文化意义，以及它的学界先辈"天"的文化意义，所以，中华文明很少会像《圣经》以后的西方文化那样，试图在自然和人类社会领域之间产生一个严重分裂（请参阅第十五章）。西方对生态思想的突然"发现"，对传统的中国人来说，绝不可能是一种所谓的"发现"经验，即使有时，自然也会遭受到像中国人一样被人剥削的那种对待。但由于"理"概念的整合性，中华文明并没有在个体与社会、或身体与心灵、又或主体与客体之间出现那种分裂性的对立。

西方文化以这些导致了当下的很多困境的二分法所指涉的一切事物，都已"记录"在"理"的系统形而上学中了，只不过不是通过二分法来进行"记录"的。

---

① 参见成中英的著作《儒家与新儒家哲学的新向度》第三部分。
② 可参阅以下著作，例如，柯雄文《知行合一：王阳明的道德心理研究》和沃伦·弗里西纳《知行合一：走向一种非表征化的知识论》。

考虑一下这一主题,即给文明带来灾难性的困境的分裂事实与价值的这种二分法,这一问题一直困扰着西方科学文化;但是,"理"的形而上学则永远不会允许这种二分法。我稍后会对此展开更详细的讨论。西方现代科学所教导我们的是:所能知道的仅仅是事实,知识是关于事实的知识;人与环境都可以从事实的角度来认识,但不能从价值的角度来认识。因此,评价不能基于对事物中价值的认识,而是取决于人的主体性的一种作用。西方对这种价值评价的主体性的解释已经从纯粹的主观情感转向了权力意志;但是在这两种情况下,以及所有介于这两者之间的情况下,价值评价都被随意地置于事物之上,武断地作为对事物的主观投射。另一方面,事物本身在这种还原中没有了任何价值,因此,可以对它们做任何事情。这意味着环境除了被视为人类工程的资源之外,一无是处;这意味着有权力的人则可以根据自己的意志来对待人民;甚至人类这种充满好奇心的对科学的探索过程,正如许多后现代思想家所断言的那样,也可以只被看作是一场权力博弈而已。西方的虚无主义常常被追溯到这样一种信念,即对于事物而言,"任何事情都是被允许的",因为它们没有内在价值。尽管说主导上个世纪的战争暴行和环境恶化是事实与价值二分法所造成的恶果,这未免有些夸张,但毫无疑问,这种文化假设在很大程度上促成了这些灾难。

西方科学文明中事实与价值二分法的确切来源究竟是什么呢?当然,任何像这样的普遍发生的现象,都必须从成千上万个方向来加以解释。但是,有三个因素可以被单独挑出来,即科学语言,通常的科学解释的不对称性,以及对培养价值辨别力的教化的排斥。

第一种是当它的理想是数学时的科学语言。数学以某种关系表示事物,这种关系排除了对事物可能具有的价值的"记录"。诚然,从一种审美感觉上讲,数学关系通常是如此惊人的美丽,但它们并没有表达出其所解释的事物中的价值。对于西方的古人来说,天体有它们的"音乐",而现代人却根本听不到。当然,在某种恰当的还原意义上,科学所解释的事物之间的数学关系对事物来说是真实的。科学也已经用许多方式来"证明"了这一点,拒斥或否认这一点是愚蠢的,即使"生机论者"(vitalists)和其他一些人曾试图这么做,不过,这是愚蠢的。但是,科学语言恰恰忽略了它不能记录的那些东西,它是无法记录价值的。

对社会科学而言,发展一种数学语言的期望似乎还很遥远,社会科学发展了一些有关物体运行作用的理论,这些理论在实现作用的意义上可能是有价值的。但是,这一作用被认为只有在亚里士多德所谓的"动力因"方面才是可以被理解的,即从背后起作用的原因。现代科学谨慎地将"为了某种价值而行事"从其解释程序中排除。对此,特伦斯·迪肯(Terrence Deacon)有说服力地指出,这种情况下的错误在于认为,只有"完全的"东西,即完全实际的东西,才能解释某些正在实现的可能性①。但无论如何,总的来说,现代科学语言无法记录事物中的价值。当还原论本应

① 参见特伦斯·W. 迪肯(Terrence W. Deacon)著作《不完全的自然:心灵是如何从物质中突现出来的》第一章。

保持的谦逊被遗忘时,人们会认为由科学所理解的自然是没有价值的;当整个文明授予科学语言以支配性权威时,就会致使记录价值的语言被主观化看待。事实上,除了这些人类投射的语言,我们忘记了说任何有价值的语言。相比之下,"理"的宋明理学语言,则从不允许分隔价值评价与事实辨别。

事实与价值二分法的第二个来源是一种科学思维策略,即通过更"少"的复合物来解释更"多"的复合物。笛卡儿用一种极端形式对它进行了描述。他在《指导心灵的规则》中说,如果要理解一个事物,我们就应该把它分解成几个简单的部分,然后再来看看这些简单的部分是如何组合起来去构成复杂的主词事物的。他把简单的东西定义为自身可以被完全清楚和彻底理解的东西,而他的理想是一种数学关系或方程式。当然,这是假设"实在"是由简单部分及其复杂实在的合成组成的,不是由相互之间本质上有内在联系的事物构成的,而这些事物的轮廓则是一个视角的作用。但是,即使没有这个假设,科学中所使用的解释意义,仍然把基础语言(即那些明白的、不需要进一步解释的语言)当作是"简单的",并由此来建立起主词事物中的复杂关系。正如笛卡儿所说,一旦我们将现象分解为简单的东西,如何将它们重新组合起来以得到原初的复合体,就取决于我们自己在建构中的意志,并且我们可以理解我们的建构意志。这也就是在解释中使用"模型"的背后理念,即我们理解这个模型是因为我们建构了它,然后当我们展示现象如何与模型匹配时,我们就理解了这个现象。科学中普遍存在的假设是,理解是从底层(below)建立起来的,从被认为应该解释复杂事物如何运作的较简单的事物开始的。

但是，价值很可能是事物与他人的关系，以及与自身内在部分的关系的一个作用。这一观点将在稍后进行详细的辩护。现在要注意的一点是，当事物被还原为它们更简单的元素时，它们的价值就消失了。事物只有在它们的关系中才有价值，且往往是在它们不断变化的关系中。当事物被分解成其更简单的元素时，价值就遗失了。浪漫主义者们充分利用了这一点，声称科学是"解剖无异于谋杀"（"murders to dissect"）。也就是说，你不可能在不破坏整体和谐的情况下得到部分，而当这些部分被重新组合起来时，你能得到的最好结果则是科学怪人的怪物（Frankenstein's monster）而已。

有人可能会认为，这种用更"少"的复合物来解释更"多"的复合物，也是中国哲学的一个突出主题。例如，《道德经》、王弼以及周敦颐等，都以不同的方式去表明万物之源是"无"。这一点的哲学基础是，"无"是唯一不需要解释的"物"。即使是最无确定性的、孕育着气的阴阳运动的太极，也应该被理解为"存在于"没有任何性质的"事物"中。这一点也就是说，任何"秩序"都需要加以解释，而这与认为复杂事物是较简单事物的复合体这一点是不同的。对于中国传统而言，从各个方面来说，事物不仅仅是它的各部分的总和，而且更是与环境因素有关而具有各自的身份。根据中国人的感知能力而言，没有什么可以从它的环境和谐中完全孤立出来，而仅仅因自身具有一个身份或价值。但是，西方的笛卡儿主义、现代科学、分析假设策略确实断言事物应该被理解为其组成部分的复合体,这些部分反过来也被理解为复合体,而每一层次的合成都有其合适的还原性解释语言。

促成事实与价值二分法的现代科学文化的第三个因素是,科学探究的特权化取代并最终使教育文化实践丧失合法性,而这些教育文化实践有助于对事物中的价值进行规训式辨别(disciplined discernment)。东西方的古代文化都认识到,无论日常经验多么有价值,但常见的价值评价往往存在错误。我们需要教育以提高辨别力,去了解从错误的价值判断中可以找寻到什么,并养成欣赏的审美习惯,这种审美习惯则可以深入到使事物有价值的东西的深处。对此,我们会想到柏拉图在《理想国》中为辨别正义而精心设计的知识论,以及亚里士多德在《尼各马可伦理学》中基于习得的权衡轻重来作出判断的习惯的实践理性。同样,在中国古代,成为"君子"的教育也是广受讨论的话题,这一教育涉及适当的结合礼仪实践、慎思、学会不自私,又或如孟子著名的观点:要敞开自我,以让自己或多或少地从四德的"端(萌芽)"中自发成长,孔子则寄希望于 70 年的教育使他能够信任自己的一种直觉冲动。正如安靖如如此精彩地揭示出的那样,宋明理学将这种教化出来的辨别意识——即辨别应该做什么,并与世界上事物的价值相联系的能力——升华成了一种精英的圣人意识[1]。

然而,现代科学文化则致力于将所有价值的主体性投射到一个只有事实的世界,认为辨别世界上事物的价值的规训几乎没有

---

[1] 参见安靖如的著作《圣境:宋明理学的当代意义》。

任何用处。处处计算的自利也是可以的，但你需要学会如何对"事物本身的价值与自身之外的其他事物有关"保持感知能力。康德在他的《判断力批判》一书中，发展出一套精巧微妙的鉴赏理论，但它是一种关于心灵的主观结构的理论，该理论被认为是人作出先验价值判断的可能性的条件①。因此，对于大多数后现代西方科学文化来说，价值辨别的规训艺术萎靡不振，而且在很大程度上已然消失了。除了计算自我利益之外，如果价值不是以可以知道的方式居住于事物中，那么，我们又能了解到什么呢？对道德的研究便倾向于对偏好的研究，或对意志的自洽性（self-consistency）的研究。阿拉斯代尔·麦金太尔通过强调传统，激发起一种对抗辨别力规训日渐衰落的对策。的确，以一定的彻底性去采用一种传统，这是学习价值深度的一个关键部分。但是，麦金太尔的哲学被指责是一种相对主义，因为它没有解释是什么让事物变得真正有价值，以至于精细的传统能够辨别出它们。

对于那些熟悉中国哲学的人来说，学习辨别事物中的价值的这种教育，对每一个想要成为圣人的人而言，一直是首要和核心的内容。可以说，哲学，即使是道德和政治哲学，在中国传统中从来都不是一种纯粹的理论冒险活动。即使是做理论哲学，儒学也要求一种敏感于价值的个人和共同体修养，注重诚和礼以及许多其他事情。事实上，有时儒家传统仅仅被解读为道德哲学，这种解读既淡化了儒学传统的理论形而上学维度（不过，这里不是详

---

① 参见汉斯·格奥尔格·伽达默尔《真理与方法》第二部分第二章。

细探讨这一点的地方），但它也说明了这一点，即人们很容易看出中国传统并未让有关价值辨别的艺术从其哲学中流失掉。

本节的论证是为了得出一个这样的结论，即尽管西方现代科学文化在事实和价值之间制定了一个生硬且非常糟糕的二分法，但是，中国传统却一直谨慎地避免这样做。针对排除"记录"价值的语言的科学还原，"理"的文化系统形而上学起到了一种平衡作用。不过，中国文化是否能在不失去这种平衡的情况下容纳西方科学，这还有待观察，下一节将间接地回到这一点的讨论上来。相对于通过事物的成分来解释事物、仅仅将事物视为复合体的科学策略，中国传统则坚持认为事物只有与它们所处环境中的事物有内在联系，才有其身份和价值。中国传统一直在坚持培育一种作为认知形式和行动取向的辨别价值的深层艺术，并拒斥任何认为价值评价仅仅是主观投射的说法。

三、当代儒家的价值理论

假设如前所述，科学还原，即仅在与特定科学的理论、语言和程序相关的方面解释主词事物，而排除其余内容并常常忘记被排除的内容。假设情况是这样的，同样如前所述，这种情况下最令人震惊的情况是，把世界仅作为事实而不是有价值的这种科学表征，化约了世界的价值维度，然后导致现在这样一种根深蒂固的文化感知能力，即价值都是主观的。那么，如果假设中国哲学传统为世界观提供了另一种选择来展示事实与价值二分法，中国传统的这种做法又是否正确呢？又或者说，中国传统哲学根本就没有吸取现代科学的教训，即世界是一系列没有内在价值的事实，而价值评价实际上只是主观的投射、偏好、情感倾向、任意的品味？

最后一个问题的答案取决于一种可行的、当代的价值理论的发展，这种价值理论是儒家传统的真实延伸，其建立在"理"的系统形而上学基础之上，并且能够将恰当的现代科学还原论加以记录和合法化，使得这种现代科学还原论在这种价值理论内是有效的。宋明理学家无法利用现代科学来施展魔力，但当代儒家却可"近水楼台先得月"。本节将概述这样一种理论，以详细阐述在前两章曾讨论的相关内容。它主要由三个部分组成：首先是对宋明理学"理"的一套评析，以确立其传统根基；其次是形式价值论，用和谐的形式抽象地表述出来；最后是反思围绕其价值论建构的系统形而上学如何欣赏和记录我们的科学知识、价值欣赏以及知识。

"理"这一概念，通常被翻译为"principle"（原则），例如，陈荣捷在他那具有巨大影响力的《中国哲学文献选编》英文版一书中，便是如此翻译的；"理"可以说是从周敦颐到王阳明的宋明理学最核心的概念[①]，大多数其他重要概念都围绕它展开辩论。然而，"principle"并不是一个令人满意的甚至是清晰的翻译。它的优势在于它隐含了"理"是秩序与价值的本原（arche）或根源（source）这一内涵。但是，就"principle"的现代意涵而言，

①　参见陈荣捷《中国哲学文献选编》。

它指的是某种类似于法则(rule)、公式(equation)或解释性公理(explanatory axiom)的东西,其具有确定性,并可以解释其他事物。如此一来,"principle"这种翻译就并不完全符合"理"的内涵,因为,除了"理"的"分殊"之外,"理"自身并不是确定的事物。再者,"理"是事物内的价值之源,而"principle"这一翻译无法传递出这一信息。确切地说,当"理"在事物内显现时,正是它使得其他事物变得确定。当代汉学家,如安靖如和任博克则极为精妙地指出,类似"coherence"(融贯性)之类的词会是更好的对"理"的翻译,因为"理"在其"分殊"中所实现的就是使事物具有内在融贯性,且诸事物彼此之间也融贯在一起①。这种解释至少有两个优点:一方面,它肯定了"理"在其"分殊"中具有很大意义;另一方面,它引发了这一讨论,即我们应该如何在现实的许多层面上辨别这种融贯性,以便在每一个语境中,即从直接的道德到更普遍的政治,再到自然和宇宙的环境元素,都可以去探索"理"的存在。但是,"coherence"这一翻译并没有传递出以下这一含义,即"理是一,并且以某种方式处于它的'分殊'的背后、下面或深处"(即"理一分殊")之意。也就是说,形而上学或本体论的起源之意被遮蔽了。

然而,本章的目的并不是要着眼于翻译的精妙之处,而是要提出一种当代价值理论,这种理论"恰好"能够理解到"理"作为"一"以及在它的"分殊""多"中的意义。这种价值论始于由

---

① 参见安靖如的《圣境:宋明理学的当代意义》第二章,以及任博克的《一与异的反讽:中国早期思想中的融贯性——理学导论》。

"和谐"构成的形而上学的实在论。这种和谐理论与中国的"**和**"概念有着密切联系,通常翻译为"harmony"(和谐)①。但是,这是一个比人们通常理解的"和"要更基本的概念。理论上来说应是如此的②。

这个世界中的事物最抽象的表征,就是它们是确定的。成为确定的就是成为某种东西而不是其他东西,是这个而不是那个,以及成为某种东西而不是什么都不是。"成为确定的"这一理论是两种成分(即条件成分和基本成分)的一个和谐。"条件"成分是其他和谐对某事物起条件作用的方式,从而使该事物相对于它们是确定的;因果因素就是显而易见的例子,但绝不是唯一的例子。由于每个和谐都具有与相对于它所确定的事物有关的条件特征,因此,它也为与它相关的其他事物赋予了条件特征。"基本"成分则是那些赋予"和谐"自身存在(own-being)的成分,它们整合了各种条件成分。如果没有基本成分,一个和谐就没有实在性可以被其他事物所制约,因此也就没有条件成分。总之,一个和谐就是它的条件成分与基本成分的结合。"确定"这个概念是一个非常抽象的概念,事实上,也许是最抽象的概念,适用于任何事物的"是什么",而不是成为其他什么东西。和谐可以是大的,也可以是小的;可以是当下静态地结合在一起的,也可以是像一段音乐或一个人的生活一样,是随着时间的推移而表演出来的。

---

① 参见安靖如的《圣境:宋明理学的当代意义》第四章。
② 在我的著作《终极:哲学神学(卷一)》,特别是第三部分中,更广泛地论述了"作为和谐和始终负载价值的'确定'"这一理论。

　善一分殊:儒家论形而上学、道德、礼、制度与性别

一些和谐作为成分互相交织,进而作为外在条件作用的事物相互交织。一个和谐的成分当然是确定的,因此它们本身就是和谐(这一和谐的各个成分也一直是和谐)。

作为和谐,所有确定的事物都有四个先验特征:所有确定的事物都有和谐形式或模式;形式化的成分的多样性;借助于条件成分场域与其他和谐的存在关系;以及在相对于其他和谐的存在位置上,通过将这些成分与这种形式结合在一起所获得的价值。必须存在多元的和谐,因为一个确定的事物,本身必须相对于其他一些事物成为确定的,才能是完全得到了确定。此外,如果没有比它们的相互条件作用更深层的一个语境,即这种语境使它们通过基本成分——双方均处于对方的外部,又通过条件成分——关联起来;那么,就不可能有确定的事物的多元性。显然,这些理论上的主张都是极其复杂的,但此处的重点是形式和价值①。

根据这种形而上学假说,形式作为一种和谐,具有纯粹的统一性是其基本成分,而具有多样性的事物可以作为其条件成分而加以统一。如果没有多样性,那么,纯粹的统一性将是未得到确定的,因而不是任何事物的统一性。而如果存在着一种没有统一性的事物的多样性,那么,这些事物之间的关联就不足以成为确定的,因而就不可能是多样的。因此,形式是一种和谐,它既需要本质的统一性,也需要条件的多样性,才能赋予其确定的形状或

---

① 如果对此进行详细阐述,就会很明显地看出,有五个"事物"是任何具有确定的事物的世界存在的"终极条件",即形式、形式化的成分、与他者的实存关系(一事物就此得到确定)、通过一个和谐而实现的"价值身份",以及不同事物可以作为相互关联的事物而共存的基础本体论语境。(这正是《终极》一书的主题。)

模式。而在任何多样性的情况下，都必须有一种模式，在这种模式下，它们至少是统一的，以足以形成有关联的不同。

也许这一点在未来的可能性中，能够得到最好的理解。这些可能性的形式，必须有一个结构，这个结构要与需要一个未来场域（future locus）的已经存在的实际事物相关，未来的可能性通常具有包含可供选择的可能实现的形式，就像亚里士多德所言的"明天要么海战，要么不海战"。当可选选项被有选择地实现时，当下发生的事情会影响到日后的可能性结构。在一个实现可能性的时间历程的和谐场域中，在更近的可能性之间的选择或决策阵列决定了更远的可能性的不断变化的形式。而随着现实多样性的变化，统一它们的形式也会随之变化。当确定了具有实现可能性的可选形式的可能性时，则只有一个选择被实现，其他选择则被排除在外。因此，世界上的形式有三种不同的情态：可能包含多种选项的未来可能性，选择的现有（或当前）结构，以及在具体的事物中实现并随着现在时间的流逝不断添加。

我们现在有了一个关于"理"的基本表达。作为"一"，它是纯粹统一的基本成分；作为"多"，它是结构化的模式，通过这种模式，多样性得以被统一。有关"理"对一个外在多样性的依赖，这是宋明理学关于理气关系争论的核心所在。一方面，除非"气"也提供了要形成的事物的多样性和现有选择的时间性的能量，否则也就没有形式意义上的"理"。另一方面，"气"中的多样性皆是由已在事物及其持续过程中实现的"理"的可能性形成的。"理"作为形式，如果没有来自"气"的多样性以及构成现实世界承载形式

善一分殊：儒家论形而上学、道德、礼、制度与性别

的任何其他条件成分，"理"就没有规定性。

那么，价值何在？现在必须注意作为模式的形式的本质。假设作为一个不现实的简化模型，有五个和谐需要用一个形式来被统一。形式的最低层次将是纯粹的连接，尽管事物如何能够纯粹地连接起来并不是一件容易理解的事情。但是，进一步假设，将五种事物中的每一种与五种事物中的另一种组合在一起，以便从这种组合中产生新的和谐；那这种形式现在就至少包含十种事物。假设组合增加了，那么此时这个形式中就包含了更多不同的和谐。可以将这一形式想象成一个层次等级，在这种层次等级中，原初的多样性会在更高层次上被组合产生的新事物所补充。价值是通过对多样性的形式整合而实现的"存在的密度"。价值具有复杂性和简明性两个维度。复杂性标志着形式的层次等级所保留或实现的差异。简明性则标志着层次等级在（层次等级的）垂直线上保持鲜明对比的方式，从而使"顶部"具有鲜明的确定性①。价值的程度在于优化复杂性和简明性。但这可以通过很多不同的方式来实现，所以有许多种价值可以通过将原来的五个和谐联合成一个新的和谐的形式来体现。我们并不总是能够说出这些类型的价值的比较结果可能是什么。

任何有形式的东西都有其价值，即以形式呈现的方式将各成分组合在一起的价值。作为可能性，形式负载着可实现的不同选择的价值，尽管所有的选择都有一定的价值。当然，正如我们从

---

① "对比"（contrast）和"确定性"（definiteness）在怀特海的《过程与实在》的技术讨论中有其背景，而这在我的《宗教：哲学神学（卷三）》第九章中也有讨论。

人类生活中所了解到的那样,一些选择对其他事物具有可怕的、灾难性的价值。在目前的可选方案的选择过程中,形式的选择决定了选择过程的价值。在人类的选择中存在着某种自由选择的情况下,相对于那些被选择排除在外的选择,选择者所选择的"价值身份"决定了选择者的一种道德认同。只要人类对实现什么有一定的选择权和控制权,他们就负有义务,这是儒家的一个深刻观点。一旦可能性成为现实,它们的形式就是事物现实状况的价值所在。这个世界充满了具有不同价值的事物,因为这些事物实现了不同的形式(而其他形式被排除了——那些是"本来可以实现的")。

如果不讨论在人类价值评价中,价值是怎样被辨别的;那么,这种价值理论的理由就不可能具有说服力。在此处,我们不会试图去证明这一点,但是,本书的每一章几乎都会再提到这个问题。反思一下道德审思(moral deliberation)、艺术家的创作过程、良心在人类自我认知决策中的角色,以及我们评价社会事务和自然环境的多种方式,在所有这些方面,我们都注意到所考虑事物的复杂性和简明性,以具有想象性的方式改变它们并从审美角度对其进行欣赏。许多种类的价值评价都具有一种直接性,这种直接性有助于美学隐喻。但是,这种直接性是由以下方式在内部调节的,即价值评价意识到它们组合中的成分以及它们的可选选项。当我们开始欣赏我们以前没有辨别、察觉出的东西时,(过往的)价值评价就会被认为是错误的。

辨别力的规训对于所有古老的文化,特别是儒家传统,直到今天都非常重要。它是培养一种习得能力的途径，以使我们能够理解事物中的形式是如何负载它们的价值的，无论是作为可能性，还是作为决定一个人自己的品性的事情，或是在欣赏和了解在世界已经实现和正在变化的过程中该怎么做。关于未来，有接近层和距离层，每一层的正式模式可能都包含备选模式。关于一个人所参与的"接近层"的世界，在和谐中亦存在着密切的和谐和远处的和谐，它们以意想不到的方式交织在一起。一个圣人将学会辨别这些，寻找远处的条件以实现可能的和谐以及眼前的现实。正如王阳明所极力强调的那样：因为心的最内在的运动本身就是对多样性的协调，所以，通过习得的辨别力，就有可能看到并参照万物中最远处的和谐形式而采取行动。在任何层次上以任何方式辨别一种形式，都是将其作为一种"价值身份"来欣赏；而对形式的辨别程度则构成了它的价值被欣赏的程度。

尽管在事物中辨别价值具有复杂性，但请注意，价值本身是事物形式的作用，而不是辨别主体的作用。我们之所以如此重视，因为这在很大程度上取决于人类的学习和辨别习惯。但是，我们所重视的是存在于可能性、选择和现实事物中的形式中的存在密度，我们借此以纠正我们的错误评价。虽然，价值评价在某种意义上是主观的，但是，价值是存在于事物中的，而价值评价则是对事物的认识，无论这一认识多么容易出错。

本文选取了一些与价值有关的主题作为儒家系统形而上学的延伸加以论述。但因太多的内容被省略或间接提及，以至于这一论证稍微有点尴尬。但是，如果通过对宋明理学的广泛讨论来重新解读"和谐与价值"这一抽象理论,那么与这一抽象理论相关联的其他主题就会变得明显起来。

这里最后的反思是要指出,这个非常丰富的价值理论延伸到宇宙中的万物,包括文明生活的规划,在任何情况下都不能排除科学可以了解到的、关于事物结构或行为的内容。和谐与和谐的集合可以从其"价值身份"的角度进行分析,也可以从其形式和动力的其他方面进行分析。

一切具有质量和动能的事物,都可以部分地通过运动定律来理解。因果关系的进化线是可以辨别出来的。社会结构和心理结构是和谐的一些方面,社会结构和心理结构本身又构成了一种和谐,而这种和谐又可以作为其他和谐的一个成分发挥作用。通过一个系统形而上学,包括对经典的宋明理学的"理"的理论的当代阐述,我们既可以欣赏科学还原中的真理,同时又不会让这种还原蒙蔽了我们对现实所负载的多重价值维度的认识,而这种价值维度则应该能够去引导人类的生活方向。

第四章

中国哲学的新课题

本章的总论点是，当代中国哲学需要比现在更具创造性。本章提出了中国哲学需要具有创造性的八个新课题。但是，本章首先要问的是，"中国哲学"这个词在当前的哲学语境中究竟意味着什么？

　　对一些人而言，它意味着在中国本土内发展的这段哲学传统，即从古代周朝的经典文本、儒家、道家以及其他学派，经过漫长的发展，一直到西方思想在19世纪的中国产生巨大影响的这段历程①。这个概念还有一个附录，即那些在西方思想（和现代化）冲击之后，试图复兴历史悠久的中国学派的活力的努力，这是一个与许多新儒家相关联的课题②。"中国哲学"这一概念本身

① 这一观点体现在陈荣捷的《中国哲学文献选编》一书中，这是一部出色的对基本文献的选编译本，在其出版半个多世纪后仍是标准译本。
② 这场复兴中国哲学的运动在英语世界中的体现，也许最好的缩影就是《中国哲学学刊》（*Journal of Chinese Philosophy*），该学刊由夏威夷大学的成中英教授创办和担任主编，他还创办了国际中国哲学学会（International Society for The Study of Chinese Philosophy），同样致力于这一复兴。

具有局限性，也就是说，"在受到西方巨大影响之前"，中国哲学也是从来就没有被封闭起来、只局限于中国土生土长的那些哲学的。佛教只是中国众多"外来"哲学影响中最突出的一个而已。吐鲁番等丝绸之路中心则设有重要的穆斯林、基督教和琐罗亚斯德教（Zoroastrian）学习和修行的机构，这些机构也必然会对中国的智识生活有所影响，而西安自古以来就是一座包容多元文化的城市。因而，当我们放弃"儒家""道家"或"柏拉图主义""亚里士多德主义"等典型名称对哲学的预先定义时，我们将更能意识到哲学"传统"的兼容并蓄的本质，而这正是我们应该去做的工作。

但是，对另一些人而言，第一种准民族（quasi-ethnic）意义上的"中国哲学"，则是随着对中国哲学这一历史传统的学术和哲学研究得以扩张的，而这些研究并不一定只是由中国哲学家完成的①。实际上，实现这一"扩张"的人（我也是其中一员），包括所有研究中国哲学和其他哲学的哲学家。如今，大多数在中国接受教育的哲学家也精通西方哲学传统和当代运动。就本书而言，它不仅仅限于思想史，而且也采取批判性评论的形式，我们正在致力于把中国哲学传统作为一种值得每个人关注的哲学向更广泛的公众推广。

然而，关于中国哲学的第二种观念，还有一些不完备之处。

---

① 理雅各（Legge）是这些研究中国哲学的西方学生的伟大"导师"。虽然他是一个传教士，而不是一个哲学家，但他的批判性评论和翻译，把中国哲学带入了西方哲学世界。参见诺曼·J. 吉拉尔多（Norman J. Girardot）所著的关于理雅各和马克斯·缪勒（Max Mueller）的权威研究：《维多利亚时代的中国古代经典英译：理雅各的东方朝圣之旅》。

善一分殊：儒家论形而上学、道德、礼、制度与性别

任何形式的哲学都要处理第一阶哲学问题。一个哲学家可以从另一个哲学家那里学习，将另一个哲学家的哲学思想作为他语境化、构想和解决这些第一阶哲学问题的一个资源。从这个意义上说，"中国哲学"是指利用曾经或现在与中国关联的哲学传统作为解决当代一阶问题的那些资源。一些哲学传统习惯于使用对其他哲学家的注疏体裁来解决一阶问题，而这种形式在中国早已经存在了，特别是在宋明理学时期，西方的中世纪时期亦是如此。但注疏者并不是他们注疏对象的复读者，注释者提出了新问题，并提出了反映他们自己时代、而不是他们的注疏对象的时代的诠释学立场。当我们阅读《道德经》或者朱熹的著作时，作为历史学家，我们试图用他们自己的术语来说明他们所处理的问题，但是，我们对此所言说的内容则反映着我们自己的一阶问题。意识到这一点，并在诠释学界以中国传统来解决我们自己的一阶问题是极为重要的。这就引出了中国哲学需要开展的八个新课题。

一、创造性的一阶问题

我想敦促中国哲学的第一个课题，就是希冀中国哲学明确地承担起具有创造性地去解决我们这个时代的一阶哲学问题这一任务。在 20 世纪 80 年代中期，我和妻子曾前往重庆市参观了一所培养视觉艺术家（主要是画家）的学校。这所学校坐落在一个高高的悬崖上，似俯瞰着深邃的峡谷，在那里，三河汇合构成了长江，这是自然高度和深度的交融，一幅森林、薄雾和漩涡状水域的狂野而壮观的景象。然而，学生们只学习用大家很熟悉的风格来画宋代的山水,即以几千英里外的漓江河谷、温和的喀斯特山脉为原型,却没有人将视线投向窗外。

今天的中国哲学有点像那所艺术学校,它对摆在面前的一阶问题的关注很缓慢。当然,当代中国哲学家已经把目光投向了窗外的西方哲学传统,就像他们的前辈在 1 500 年前把目光投向南亚传统一样。事实上,20 世纪最重要的动态之一,就是中国本土所发生的排斥中国传统、转而吸收西方马克思主义哲学的这一变动。然而结果是,今天,许多当代中国哲学家又纷纷回归了中国古典传统,他们或为了证明它比西方传统更好,或为了重新讲述中国古典传统,以使它能够参加当代全球哲学讨论的竞争。的确,在很大程度上,这种历史恢复是必要的,以便使这些古典传统在经过一代人的忽视或更糟糕的对待之后能够被人们所接受。然而,现在是时候让中国哲学家去直接处理一阶问题,并展示中国传统在应对这些问题上的足智多谋了。问题不应该是,对于人类对自然环境的取向,孔子会说些什么?(生态学向我们提出了一系列新的、紧迫的哲学问题)相反,问题应该是,我们这些深谙儒家哲学的学者,应该如何看待人类对自然环境的取向?

为了提出并回答上述的第二类问题,中国哲学家需要很明确地具有创造性,认识到我们正在从事一些新工作,而不仅仅只是重复或应用中国传统。当然,当传统适应新环境时,它们本身就会具有创造性。孔子说他只是"述而不作",但现在大多数学者认为此话并不符合实情,实际上,孔子是在为他自己的时代"创造那些古老的传统"以作为权威。因此,我强调中国哲学的第一个新课题,就是它要明确地定位自己,为当代一阶哲学问题作出创造性贡献。

二、重整国故

中国哲学的第二个新课题,即自觉地重新整理自己的经典。这一课题在 20 世纪中期就已经由一些新儒家学者开始着手进行了,比如牟宗三,这些新儒家学者对朱熹和王阳明到底谁才是孟子一系儒学的真正传道者争论不休。近 20 年来,又产生了一场复兴被朱熹从"四书"中宣告开除的《荀子》的学术运动。玩味这两场学术运动的区别是极其吸引人的。第一个运动是有关如何根据 20 世纪的兴趣所在,特别是根据对德国唯心主义的兴趣来解释孟子;第二个则是关于荀子是如何阐述许多儒家思想的,这些思想在儒家传统历程中曾受到抑制,但对理解我们当代的问题却特别有帮助,尤其是荀子的自然主义、实在论、礼论以及对习俗的理解①。复兴荀子远比去争论朱熹和王阳明谁才是孟子的真正接续者更为重要,因为它是以当代问题的展开去引导着人们对过去的兴趣。可以说,复兴荀子为当代中国哲学家的创新提供了一条路径。

这一点可以通过以下观察得到概括,即建立一个"权威的过去"的企图,模糊和边缘化了许多哲学,但通过过去以寻找创造性进展的资源,则更有可能去创造且具有创造性。我们从后现代主

---

① 荀子的这些贡献在《礼与敬》的第三章,以及本书的第十一章和第十四章中都有讨论。

义那里学到了一课，即过去的各种各样的人物应该在他们各自的术语和语境中被研究，并尽可能免于一些给历史上的思想家分配角色的权威性叙述的笼罩。一旦我们以他们自己的术语理解了这一历史人物阵列，我们就可以承担起选择那些思想有助于创造性进展的人的责任。因此，我们应该放松对儒家、道家、佛教以及其他诸如此类的传统式维护的束缚，而投身于思想家各自的语境中去审视他们与这些或者许多其他影响有关的问题。如穆斯林哲学在中国的影响在哪里？或者西方哲学在唐朝基督教中的影响在哪里？在中国庞大的犹太共同体中，必然存在过的犹太哲学又在哪里？可以说，一种新的历史解读方式能够创造一套新的传统。进而，当我们期待这些思想家对中国哲学的当代经典所能作出的贡献时，他们可能会出现很大的不同。因此，中国哲学的第二个新课题是学会用一种新的眼光来解读其历史，而不是通过试图找到过去的权威镜片来过滤。总之，过去有其自身的整体性，而所有的立场都应该被尊重。过去的权威在于它对我们自己的问题所具有的价值，但随着问题的变化，这种权威也在发生着变化。

三、全球可移植性

中国哲学的第三个新课题，既建立在第二个课题的基础上，又有着对第二个课题的修正，即探讨中国过去的哪些哲学可以被移植到现在的哲学讨论中来。哲学现在是全球性的，参与者来自所有的哲学文化。但是，出于推动当代哲学对话的目的，我们不能简单地从这里拽出一个人物，从那里又拉出一个人物，因为，每个哲学家的思想都有属于他们自己的社会、文化和历史语境。那么，为了让每位哲学家的思想得到有益的繁荣，在当前哲学对话中，有多少语境需要被纳入对话中呢？当然，必然不是语境的所有部分，因为我们自己的语境也不可能宽容一切。但是，去确定哲学家的可移植性，特别是在这种情况下，讨论中国哲学家思想的可移植性，本身就是一个十分有趣的哲学问题。我认为这是中国哲学需要展开的第三个新课题[①]。

我为中国哲学所提议的前三个课题，即在这场新的哲学对话中变得具有明确的创造性、重新整理其哲学经典以适应当代需要，以及反思中国古典哲学在全球语境下的可移植性，以上这三个课题都是关于中国哲学本身的。这里看上去存在着一个有意识的讽刺意味，这是因为我致力于传递的主要信息是，中国哲学需要跳出自身向外看，去看看它能为当代哲学问题的讨论做些什么，而这些问题产生于一个比中国哲学早期阶段更大、更多元的语境中。所以，接下来我要提到的几个课题都是"向外看"的。

四、宇宙起源论

第四个新课题是中国哲学要参与当代有关宇宙起源论（Cosmogony）的讨论，即宇宙的产生问题[②]。今天对这一讨论的

---

① 在我的著作《波士顿儒学：晚期现代世界可移植的传统》中，详细讨论了中国古代哲学的"可移植性"问题。
② 我自己对宇宙起源论的主要贡献体现在《创造者上帝》与《终极：哲学神学（卷一）》著作中；我对中国宇宙起源论的更多讨论则聚集在《道与魔》一书第七章和《礼与敬》第四章。

结论是由物理学家对宇宙的描述设定的,即宇宙是从最初的大爆炸或者几次大爆炸膨胀而来的,这种观点尽管在南亚传统思潮中扮演了相当重要的角色,但在中国传统思潮中几乎没有扮演什么角色①。物理学家们没能解决的有关宇宙起源论的问题是,如何用他们的方程式来展示出为什么会有一个宇宙。在全球对话中,回答这个问题存在三种主要策略,几乎所有策略都可在一些主要的哲学和宗教文化中找到具有代表性的表达②。第一种关于宇宙起源的策略是说,无论科学如何描述宇宙,但宇宙是由上帝创造的,而从任何通常的意义上来讲,上帝都不是宇宙的一部分。这种策略在中国哲学讨论中几乎没有什么地位,因为早在周朝,对"上帝"的崇拜已经让位于对"天"和它的伙伴"地"的敬畏。然而,今天的许多中国哲学家对西方的过程哲学抱着一种友好的态度,但在西方过程哲学中,上帝在很大程度上是一个确定的存在,被认为是事物秩序的解释者,就像儒家的天道概念所要做的一样。但是,如果中国传统的"天道"概念是为了避免不得不去接受一个超验的、确定的上帝,那么,今天的许多中国哲学家对西方的过程哲学所抱的这种友好态度,则应该以"若烹小鲜"那样以极大的谨慎来"培养""这种友好态度"③。

---

① 例如,在哈朗亚格嘎,即金胎(the Golden Egg)的概念中。
② 这种分类,请参见我的《宗教实在论:一个实用主义者的视角》一书第十一章的详细阐述。
③ 对中国哲学与怀特海过程哲学之间的互助联系,所做的最彻底的发展是由白诗朗完成的,参见他的这三本著作:《普天之下:儒耶对话中的范式转化》《论创造性:朱熹、怀特海与南乐山之比较》以及《扩展过程:探索中西哲学与神学的转型》。他渴望成为一个没有有限过程上帝的过程哲学家,因为有限过程上帝不适合与中国的比较。

　善一分殊:儒家论形而上学、道德、礼、制度与性别

第二种关于宇宙起源的策略是说，宇宙起源于存在的某种原初充实性，其自身包含了所有的现实（actuality），也许是以无限形式存在的，用托马斯·阿奎那（Thomas Aquinas）的构想来说的话，则也许是以有限形式存在的。新柏拉图主义（Neo-Platonism）也有一个类似观点，这不仅影响了其他基督教传统，也影响了穆斯林传统。湿婆教的一些主要传统也表达了同样的观点，即世界是由湿婆的充实完满而产生，然后又融化回那无限的充实完满中。中国哲学在它的各种各样的太极概念中，已经承认存在的充实性；但是，在有关宇宙产生的讨论中，却并没有给予太极至高无上的地位。

第三种关于宇宙起源的策略则是说，宇宙是通过一种生成新事物的创造性，从"无"中产生出来的。这种策略以基督教、伊斯兰教和各种印度哲学的**"从无"**创造的传统为代表。在中国，这则是占主导地位的传统，从《道德经》的开篇，到王弼，再到宋明理学有关宇宙起源论的经典论述（即周敦颐的《太极图说》）以及在其他思想中都可以看出①。但追根究底，太极这个存在的充实性则是次于"无极"的，陈荣捷将"无极"翻译为"无的终极"（Ultimate of Non-being）；从字面上看，这意味着"没有'特性'或不'确定'"②。

---

① 译者注：只看此处，很容易认为南乐山将周敦颐的宇宙论简单理解为"无中生有"，实则不然，南乐山对中国哲学中的"创造性"的特殊性是有察觉的，对此，在《在上帝面具的背后——儒道与基督教》一书中，南乐山曾有一简洁明了的陈述："中国的创造并不像西方希伯来-柏拉图传统中的创造一样是一种从无中制造某种事物的活动，而是从充满萌芽的本源中建构新鲜事物的过程。随后，这一新建构的事物又重建自己与它的源泉之间的同一性。"（南乐山著，辛岩、李然译，北京：社会科学文献出版社，1999 年，第 58 页。）

② 参见陈荣捷《中国哲学文献选编》，第 463 页。

应该指出的是，由于宇宙效应中的所有事物都已经存在于上帝或充分的原则（plenitude principle）中了，因此，由一个确定的上帝或由存在的充分性所构成的宇宙起源论并不包含创造性；但源于"无"的这种宇宙起源论，就生成新的实在而言，则是完全充满创造性的。因而，在当代对宇宙起源的讨论中，我赞同关于"无"的宇宙起源论的发展，不仅因为它在一个本体论层面上的创造性的表达，也因为它对宇宙起源的解释方法。正如查尔斯·皮尔士所指出的，秩序本身是最需要解释的；混沌或"无"则并不需要解释。所有那些坚持认为宇宙的本体论起因，必须在其内部包含宇宙的所有现实和复杂的哲学策略（即对宇宙的理解来自对宇宙本源的理解），都不足以成为宇宙起源论的基础。因为，我们总是有必要要求对本源的充分性或复杂性的原点继续作出解释。所以，对宇宙起源论来说，只有"无"这一策略才是足够基础的。它的因果原理是通往新颖性的创造性，在中国哲学和其他地区的哲学中，这是一个强有力的主题，在当代宇宙起源的相关讨论中，这值得被加以详细阐述。

五、宇宙论

中国哲学的第五个新课题，则是关于哲学宇宙论。鉴于科学正在以富有成效的科学还原论方法向我们展示的内容，我们又应该如何从哲学的角度来理解自然呢？在中国传统思潮里，几乎所有学派都为这一讨论带来了两个重要主题。首先，自近代以来，大多数西方哲学宇宙论都接受了将价值从自然中分离出去的那种哲学还原①。怀特海则对此予以反对,他发展了一种在科学上复杂而巧妙的宇宙论,这种宇宙论将价值表达为任何自然事物的一种先验特性②。中国传统思潮则从来就没有如此过分地玩弄过自然的概念,即把自然还原为没有价值的事实。因此,中国哲学可以"拥抱"如怀特海和实用主义者的概念背后的宇宙论讨论,并发展中国哲学自己的自然和价值概念。

中国哲学的第二个重要的宇宙论主题,则是将人类社会视为自然的一部分,并将自然看作是与人类社会相连续的。有人会强调儒学的伦理取向,这种强调当然是有道理的。但是,与许多其他传统中的伦理传统不同,儒学总是将伦理问题置于一个更广泛的自然宇宙论中去讨论。当然,它之所以能够做到这一点,这是因为儒学主张从人到自然事物的价值连续性。在我们这个时代,正如托马斯·贝里(Thomas Berry)所提醒我们的那样,我们应该参照中国哲学,即必须将人类事务理解为自然事务的调和因素,并据此行事③。

发展一种哲学的宇宙论,这是我们这个时代最重要的哲学任务之一。没有它,我们就无法理解那些本身倾向于告诉我们自然是没有内在价值的自然科学;没有它,我们就无法将自然理解为人类生活和社会的构成部分,我们因而就很可能会继续高估人类历史及其与我们内心深处自然的冲突;没有它,我们就无法理解

---

① 参见我在著作《思维重建》第一部分的分析。
② 《过程与实在》一书则阐述了一种详细的宇宙论。关于价值的观点则在《科学与现代世界》《观念的冒险》和《思维方式》中阐述得更为巧妙。
③ 参见托马斯·贝里的著作:《伟大的事业:人类未来之路》与《佛教》。

人类居民在宇宙自然演化中的作用,因为地球的大部分区域都是受人类影响的;没有它,我们将无法以比人类希图的投射更大的视角来理解人类生活的意义,也就无法理解人类希图在人类利益范围之外的真正含义。

康德曾错误且灾难性地教导我们,哲学宇宙论是不可能的,而唯一可行的选择是"科学的哲学",这是一项只属于认识论的事业。由此而产生的科学宇宙论,它便将还原进行到了极端程度,尤其是在价值方面。但与宗教和文化传统相关联的较旧的传统宇宙论,对科学则又是无知的,并且这种旧的传统宇宙论已公然地不适用于我们通过科学已然所知晓的这个宇宙了。中国传统宇宙论亦是如此,如果不将其转化为可以用非还原(nonreductive)方式表现的科学知识内容,我们今天单单引用理与气则是根本无济于事的。实用主义与过程哲学似乎是今天哲学宇宙论中唯一重要的事业,因为它们理解科学,并致力于在不使用科学还原论的情况下表现科学的那种发现。我们相信,中国哲学家的参与将极大地加深实用主义与过程哲学对哲学宇宙论的理解,因为中国哲学家将带来构想人类生活和社会的一种深层利益,并以自然的、负载价值的宇宙术语来充实道德分析。

六、礼的研究

我敦促中国哲学家的第六个新课题是,将中国人对礼的丰富理解带入到有关人类起源的研究中去,尤其是那些源于荀子的对礼的理解,那也是通过千百年来与人类生活所出现的问题的交融而发展起来的理解。儒家关于礼的理论可以毫不费力地被转化为实用符号学理论的语言，即任何在符码中定义的具有模糊而有意义特征的习惯，都是一种习得性礼仪。进化生物学家现在正通过指称性符号形式的发展来理解人类文化和语言的原点，即运用象征符号模式，而不仅仅是指向性的因果指称①。但是，目前的进化理论只着眼于进化适应性，以此来理解人类那些有意义的行为的增长，而忽略或淡化了礼仪行为以其自身的方式自我纠正和扩展的意义。如果说信念之所以被持有，仅仅是因为那些持有信念的人更成功地传递了他们的基因，那么，就没有理由去相信这些信念是正确的还是错误的。

　　没有中国人对礼之微妙性的理解的贡献，以及类似的考虑，对人类起源的理解就仍然有可能会保持一种彻底唯物论的理解，这是一种荒谬的立场，因为一种彻底的唯物论，根本无法解释为什么人类的思想会进化出对真实的、经过批判性检验的理论的诠释。然而，在那些自认为是中国哲学家的圈子里，大多数讨论都与关于人类起源的科学讨论没有什么关联。但是，科学语言需要被带入中国哲学的讨论之中。

七、礼与文化

　　中国哲学的第七个新课题也与礼相关联。在我们这个时代，

---

① 例如，请参见特伦斯·W. 迪肯的《符号物种：语言与脑的双重进化》和《不完全的自然：心灵是如何从物质中突现出来的》。要了解这方面的重要进展，请参阅帕特里克·麦克纳马拉（Patrick McNamara）主编的《上帝与科学的交汇处：进化，基因和宗教头脑》。

任何哲学中最重要的议题之一，就是用各自的哲学去理解不同的世界文化，这些哲学既明示于文本传统中，也隐含于这种文化去构思世界的方式以及其中被认为重要的事物中。那种认为"只有西方哲学才是真正的哲学"的那个时代已然成为过去式了，就像早些时候，中国人认为"中国哲学才是唯一的真正的哲学"的时代也已经成为过去式。也就是说，多种文化传统的代表需要学着去与彼此交互。这就意味着对任何人来说，哲学教育现在需要被注入一个大量的比较哲学的剂量。所有的哲学家则都需要了解世界文化的核心文本与母题，就像西方过去认为所有哲学家都需要去了解柏拉图和亚里士多德一样。尽管，近年来在将这些核心文本翻译成英语和中文等全球性语言方面已经取得了巨大进展，使得世界比较哲学得以大规模地开展，但是，大多数哲学家仍然发现自己处在由熟悉与陌生相对立所界定的情境中。在这种由熟悉与陌生相对立的区别所界定的情境中，我们究竟应该如何行动呢？

要理解中国人的礼概念，其中最重要的是要理解礼的一个意义，即大规模的社会礼仪是为了让文化、阶级和实际利益迥异的人，仍然能够以生成性的方式彼此交互作用而设计的。古代中国人拒斥对社会混沌的这类应对方式，即某个铁腕人物必须强加命令，抹杀除他自己之外的所有文化、阶级和个人利益，即使有时强加秩序可能会暂时有所成效。相反，唯一的一种尊重文化、阶级和利益之间真正差异的应对方式，就是去致力于发展允许相互竞争的群体和个体能够在一起共舞的礼。

在当前的哲学境遇下，我们不能让任何一个传统来规定什么

　　　　善一分殊：儒家论形而上学、道德、礼、制度与性别

才是能够被称为哲学或文化批评的根本规则,相反,每一种立场都需要有足够的空间用来证明他们自己的观点。因此,我们需要去发展跨文化的哲学交融之礼。这种礼已经在美国的许多致力于中西比较的协会的扩展研究工作中发展着。然而,要重塑美国乃至全世界的学院哲学(academic philosophy)之礼,以创造不同哲学文化可以彼此交互的语境,显然,还有更多的工作需要我们去做。其中重要的交融则是共同应对宇宙起源论、宇宙论和人类起源研究。

八、礼与政治

中国哲学的第八个也是可被视为"决赛"的新课题,即要将礼的理论带入对全球道德和政治问题的分析中。这里的分析语境不是一种学院哲学,而是有关道德和政治中的真正的参与者的精神生活。我刚才给出的关于礼的作用的分析,即使得具有不同和相互竞争的文化、阶级和利益的人们能够生成性的合作共事,而在全球政治冲突和道德冲突的领域中,礼的这一作用也是绝对适用的。这个新课题包括三个部分:第一部分,促进对围绕不同文化进行彼此交融的社会习惯的一种礼仪分析,特别是对那些涉及冲突的社会习惯。西方的道德分析往往倾向于关注行为本身,但是,通过理解行为发生的礼仪语境,我们则可以学到更多,因为这些礼仪语境能够提供隐藏在行为背后的符号意义与价值。如果没有赋予意义的礼仪结构,有意义的行动则是不可能的,中国哲学家则是有能力可以逐一指出这一点的。

新课题的第二部分，即批判考察那些当下正在运作的礼，去展示它们的好坏，并在适当的情况下发明新礼。尽管孔子声称自己很传统，但他是有史以来最具创造性、革新精神的哲学家之一。新课题的第三部分，即提请人们注意全球政治与道德交互之礼的必要性，这些礼为合作以及分歧提供或留出空间，并使得解决问题的努力，即使是在双方目的相互矛盾的情况下，就彼此而言也是有意义的。

很久之前，继徐颂鹏（Hsu Sung-peng）之后，我曾提出这种在时间过程中的创造性，根据道家的说法，这是引入了真正的新颖性，其作为一种"阳的扩展"（yang-extension），只要这种新颖性能够与之前所发生的事物相协调，这就是一种"阴的巩固"（yin-consolidation）①，就应该受到称赞②。这也许是与道家相关的一

---

① 译者注：对此的理解，可参考南乐山《在上帝面具的背后：儒道与基督教》中的一段表述加以理解："对创造性的另一种不同的理解来自中国传统。中国传统和西方人所熟悉的传统不一样，但它对西方文化的问题并不比西方传统回答得少。当然中国传统中的起始点是对变化的理解，它把变化理解为一个阴阳交替的复杂过程。虽然这种阴和阳的区分现在已为西方所熟知，但我要强调的是这并不仅仅意味着对立特性的交替。一个更基本的意义是，阴是一种女性的状态，这是一个事物可由之产生，又可向之复归以求补充的地方。阳在另一方面是表达，是从根据地向外出动，是从女性状态向外延伸——在这一状态中每一事物都互相加强——特别是某种新事物的创造，这种新事物发自阴这一源泉。这样变化就是一系列的冒险活动，这些活动必须回归到它们的源泉或来源，以重新加强它们自己的力量……中国文化因喜爱罗列类比，经常把各种状态类比成阳性的扩展和阴性的向源泉的收缩。而基本的区分是在基本宇宙论上的区分，即变化，或者我们可以说创造，包括一种从给定的源泉的搏动和一种向源泉的回归。阳可以是新鲜事物的生产，但它的本质则是源生于阴，并在向阴的回归中完善自身。中国的创造并不像西方希伯来-柏拉图传统中的创造一样是一种从无中制造某种事物的活动，而是从充满萌芽的本源中建构新鲜事物的过程。随后，这一新建构的事物又重建自己与它的源泉之间的同一性。"（南乐山著，辛岩、李然译，北京：社会科学文献出版社，1999年，第58页。）
② 参见我的著作《道与魔》，第136—139页。

善一分殊：儒家论形而上学、道德、礼、制度与性别

个好观点，尽管这一观点也是存在一定片面性的。但是，现在，我怀疑是否应该将创造性的合法性限定在一定要与过去的内容相协调的这种范围内。以上，我已经建议了八个关于中国哲学的新课题，这些课题要求中国哲学家们要在中国哲学的一些传统之外去展开足够远的冒险，而这些冒险可能使得他们无法再回到过去。例如，当中国哲学与当代自然科学互动时，它是否必须从其经典概念中延伸得够远，以将这些概念中的那些重要内容带入到新的对话中？这是中国哲学传统可移植性要面对的一个问题，但答案尚不明确。据我所知，尽管我希望是由于我没能了解清楚，但是在中国，当代科学实践似乎的确与中国较古老的中国哲学传统并没有生发太大的关联。因此，我将其作为一个开放问题，以待大家来讨论。

关于中国哲学的后五个课题，我想说的重点是，当前全球哲学境遇，需要来自中国哲学家的贡献。当代宇宙起源论，需要中国人强调的那种具有新颖性的创造性，以及强调从单一或未确定的到复杂或确定的那种理解；当代宇宙论需要中国人对自然中的价值的这种强调，以及对将人类社会作为自然的一部分进行理解的这种强调；当代对人性起源的理解，需要中国人强调符号学中的礼，这样我们才能把人类的进化理解为一种学习以及成功传递基因的过程；世界哲学的当代实践，需要中国人对礼的理解，以便将这些不相称的文化交融在一起；当代政治和道德状况，也需要对其中的冲突进行一种中国式的分析，即从礼的作用的充分与否来分析这些冲突，并且随着发明更文明的礼，使得在冲突中的生活成为可以被接受的。以上，这些都是紧迫的哲学需求，只是在某种程度上，这些需求的紧迫性是不同的。

为了使中国哲学能够满足以上这些以及其他需求，它将不得不自己审视自己，以意识到将其传统移植到那些当代对话中所面临的困难和风险，这也是我提出的第三个课题的意旨所在。要做到这一点，它将不得不重新整理它的那些经典，以确定哪些元素有望实现其当代贡献，这正是我提出第二个课题的意旨所在。这两个课题本身在中国哲学中都有着悠久的历史。然而，在当代境遇下，面对近来对中国哲学的敌意，许多中国哲学家最关切的则是去恢复他们"自己的"传统，但我想说的则是，这些课题需要一个大转身，即一个向外的转身。正是从这个意义上来讲，中国哲学被呼吁要明确地去创造（to be creative），要冒险涉入新颖性，这正是我所展开的新课题。

善一分殊：儒家论形而上学、道德、礼、制度与性别

第五章

论哲学的"交融"与
"距离"之争——儒
家的解决之道

一、哲学与轴心时代

哲学是在东亚、南亚和西亚文明的轴心时代（Axial Age）通过一系列根本性的认知转变而发明出来的，此处，我将列举其中的四个认知转变①。首先，在所有这些文明中，至少有一些个体开始将自己视为最重要的人类。另一种选择则是认同自己的部落或亲属群体是最重要的事物。在某些前轴心时代的社会中，"人"这个词就是他们部落的名字，这样，那些在这个内群体（in-group）之外的人就被认为是某种程度上的次等人。轴心时代的文明以不同的有趣方式定义了人性，尽管从我们今时今日的角度来看，觉得它们都相当接近。哲学的观点是所有的人都应该被看

---

① 有关轴心时代的权威研究，请参阅罗伯特·贝拉（Robert N. Bellah）的《人类进化中的宗教：从旧石器时代到轴心时代》。

作是人,不管人性是如何定义的,因为人性是普遍的。当然,出于实际目的,个体在亲属群体中的位置在该内群体中,具有不适用于外群体(out-group)的人的特定责任,这些责任对于自我同一性(self-identity)往往比仅仅作为"人"更为重要。尽管如此,早期的哲学家还是找到了一些方法,来说明生命中最重要的事情与实现一个人的人性有关,而不仅仅是与内群体的成功有关。

第二个根本性的认知转变,也是第一个转变的必然结果,即人类开始构想同情与正义应该给予所有人,而不是仅仅给予自己内群体的人。在前轴心时代,人们所普遍接受的智慧是:要以仁爱正义之心对待朋友,而对敌人则是可以实施伤害与欺骗的。柏拉图《理想国》第一卷就包含了一个经典讨论,即为什么正义和关怀应该是普遍的,而不是局限于一个人所在的内群体里。耶稣关于好心的撒玛利亚人的寓言也表达了类似观点。当然,一个人的确与自己所在的内群体的人有着特殊关系,所以,在与不同群体的关联语境中,爱与正义意味着不同的事情。儒、墨之间关于"普遍之爱"的本质的古老辩论,正展示了对每个人正义与同情的概念日益增长的复杂性。南亚文明则拓宽了值得爱与关怀的共同体,包括了一切有情众生,而不仅仅是人类;这极大地扩展了我们所属的共同体,将昆虫、魔鬼和诸神也纳入了这一共同体内;但南亚文明却将有情共同体与无意识的自然截然分开,这种分离在东亚和西亚文明中则从未以如此强烈的方式呈现过。轴心时代并没有消除对内群体与外群体的区别意识,这种区别意识在今天仍然很强烈。但是,在许多方面,普遍同情与普遍正义的理想仍然比习惯性行为更受人们的尊重。总之,哲学在某种程度上,就是通过对这些问题进行思考而发明自身的。

第三个根本性的认知转变,即整个轴心时代文明发展了一种将整个世界作为一个整体来看待的那种概念。这些概念或者说图像,彼此之间有着惊人的不同。此外,对天下万物的分类则是以一种令人赏心悦目的多样化来呈现的,这亦展示了人类的令人惊讶的想象力。但是,这里最令人惊讶的一点是,人们努力将世界作为一个整体来构想,而不仅仅是人的山谷、人的森林以及人的岛屿。一旦人们能够构想出"一切",而不仅仅是这个、那个和其他的,哲学就应运而生了。而庄子则是如此微妙,以至于能够以相对化使"一切"的概念具有讽刺意味。

第四个根本性的认知转变则是,设想天下万物都以某种无条件的条件为条件,即以一种或几种基本"原因"为基础。如西亚文明倾向于人创生的隐喻,或与人创生相关的理性原则。南亚文明则偏爱于意识的基本隐喻。东亚文明则倾向于自发生成的隐喻,例如无法被命名的"道"。这种由无条件的条件所创造的基本条件,通常被认为是某种和谐,例如形式与物质、意识与运动物体(也就是真我"*Purusha*"与自然"*Prakriti*")或天与地、阴与阳的和谐。哲学是随着思想家们发展出从这些基本力量、创造性行为或原则来理解这个世界多样性的方式,从而发明其自身的。哲学产生出许多不同且相互矛盾的解释观念,但是,它们都有一个共同目标,即从更简单的东西出发去理解更复杂的东西。尽管,世界轴心时代文明的文化观念具有差异性,但是,它们几乎是在同一时间都发展出了我们视为哲学的东西。毫无疑问，在全球范围内，哲学的发明涉及许多社会条件。例如，在轴心时代，所有地方都正处于一个伟大帝国的时代，当时，许多具有地方语言的地方文化被强迫以某种松散的统一性以及一种共同语言（例如汉语、古印度语或希腊语）将它们统一了起来。帝国使得人们（尤其是精英阶层）可四处迁徙，从而打破了对氏族墓地的原初性认同。氏族间的战争在帝国内部是不适用的。另一个因素是所有这些地区的精英阶层识字率都在上升。写作能让人与自己的直接的或当下的情感、行动与想法保持距离。然而，并非所有的创始哲学家本身都是写作者。例如，苏格拉底就是柏拉图的哲学创造。我们能看到载有佛陀和孔子思想的经文与文本，也要归功于他们弟子的记录。但是，与这些创始哲学家关联的思想的确是以书面形式来表达的。轴心时代哲学兴起的另一个因素是世界上伟大的文明与远道而来的（带着思想和哲学行为的）旅行者之间引人注目的互动。

二、哲学即距离

我认为，哲学是通过与其客体拉开距离而发明了自己。"距离"，意味着要有一种在时间上长远、在空间上广阔的视阈，一种能让许多事物一起被看到的视角。希腊词"theoria"（静思）的词根的原意是一个检阅台，国王可以从那里观察他的军队的集结或列队经过。哲学距离有两个关联条件前面已经提到过。一方面，一种去超越对世界的直接或当下感知和情感反应的能力。当然,实践行动总是要能够直接互动。但是,正如埃里克·哈夫洛克(Eric Havelock)等人在半个世纪前所展示的那样,轴心时代前的古希腊文化是以口语或听觉交流为中心的,例如,在这种交流中,人们在人群面前朗诵《伊利亚特》(*Iliad*)和《奥德赛》(*Odyssey*),他们通过模仿书中人物的情感来理解它们。这种文化被柏拉图所讥讽,柏拉图则教导人们在以情感和行动作出反应之前,要对事物进行评判性的三思而后行,这种批判性的反思,则只有在记忆中被牢记且很可能是在写下来的对话中才有可能展开①。早期中国哲学在许多方面都与柏拉图的对话体相似,因为对话是由"被记住的"对话组成,无论对话的长短,之后都可以展开后续的分析和辩论,例如,《论语》或《庄子》便是如此。哲学内在的这种"距离"条件,像是随着参与沟通的媒介而习得的一种思维习惯。

距离的第二个条件则是开发了概念工具,这种工具使得一种综览视角(synoptic view)得以成为可能。在西方哲学中,关于距离的概念工具,其早期类型是普遍范畴,在这些范畴下,诸特殊可以被归类。这些范畴可以被彼此定义,这样,它们就可以相互联系,提供一种方式来共同观察它们所包含的内容。今天,无视其他哲学传统的西方哲学家,有时认为这是唯一一种哲学上的概念性距离(conceptual distance),因而,他们把哲学限制为可以在逻辑上或者数学上处理的东西,逻辑与数学成为普遍范畴的重要范

---

① 参见哈夫洛克的著作《柏拉图导论》。

例。南亚早期哲学思维的运作样式则有所不同。他们没有寻求更高的普遍范畴，而是通过寻找像基质等基本条件来回应多元性；在多元的自我的深处有阿特曼（*atman*），而在阿特曼的诸体现（或"分殊"）之下则有梵（Brahman）。东亚早期哲学思维样式在拉开距离的方式上也有所不同。例如，在中国早期哲学中，天、地与道起着基本范畴的作用。但是，它们既像共相，又像殊相，或者更妙一点来说，它们是伟大的宇宙元素，它们之间的交互作用对自然和人类经验的多种多样的运作方式给出了解释或提供了视角。例如，当宋明理学说原则（principle，"理"）是"一"，它的表现形式是"多"的时候（也即"理一分殊"）时，这并不是意味着原则是普遍的（就像善的形式一样），原则的表现形式是原则的特殊例子；相反，这个原则作用于过程的多样性，使它们成为多种形式的统一。在早期中国哲学中，哲学需要距离的潜在意义，不是过程中的事物，如希腊哲学，或没有连续事物的过程，如南亚思维，而是通过模式的具体过程，如《易经》中想象的那样。中国哲学通过发明"地"或"气"中的具体运动与"天"或"理"中的模式或融贯性之源之间的辩证关系，实现了一种概念性距离。但是，由于这种共相与殊相的区分，与中国早期整体思想并不十分相合，这种基本辩证法很少被表达为一种范畴论。相反，这些"具体"元素被讨论的方式使它们具有一个普遍性或距离，可以保持其具体隐喻基础。有时候，这取决于一个沉重的反讽戏剧，例如《庄子》甚至《老子》中所展示的那样。但它几乎总是意味着仔细控制隐喻的使用。这些隐喻在实现距离方面的作用，就像被视为具有逻辑结构的共相的范畴一样有效。

这些距离感对哲学来说是必不可少的。它们使我们能够从作为一个整体的世界的角度来构想事物，认为这些事物是由一些基本事物所引起或以之为条件的；并且即使我们认识到人类身处其中的语境的差异，我们也可以以适用于每个人的方式来思考人性和人的境况。从此出发，我们可以继续探究我们现在所说的形而上学、认识论、伦理学、政治学、社会学、科学哲学、教育哲学、宗教哲学以及哲学人类学。由于这些哲学上的距离，我们可以重新参与范围较小又或是距离较远的范围的研究。

三、哲学即交融

然而，距离的实现并不是哲学得以发明的唯一必要条件。拉开距离的动机是渴望找到使生活更好所必需的视角。尽管这听起来可能很矛盾，但哲学距离应该去加强对生活中最重要问题的哲学交融。在很多方面，距离和交融的正确结合才构成智慧。这一点是模糊的，在哲学史上有不同的解释方式，而其中许多是相互矛盾的。例如，在古希腊哲学中，亚里士多德认为伦理学与实践哲学为一种稳定且稳固的生活铺平了道路，在这种生活中，最高的成就在于思考永恒的理论真理，这也是他认为人类最接近神的东西。与此相反，柏拉图在《理想国》中则说，包括数学与哲学辩证法在内的理论科学，都是为了对生活予以实践指导而做的准备：既为追求正义的公共生活，也为追求正义的个体生活。而在中国传统中，哲学的实践取向从未受到过质疑。反思性距离旨在给予道家的感知能力一种产生力量的圆满的和谐。反思性距离服务于儒家的感知能力时，关切的是获得圣人那样的辨别力与行动技巧，从而正如《大学》所说，体现出"在明明德，在亲民，在止于至善"。法家和墨家在哲学视角的运用上则更为直接实用，尽管在我看来，他们没有我们所知的儒家和道家所保存与培养的一种复杂性与微妙性。

今天，我们的世界已经不同于轴心时代与那时的哲学发明。西方的哲学催生了科学，或者至少是辅助和促进了科学的发展。它已经介入了有组织的宗教（特别是基督教和伊斯兰教）的概念，后来又为客观化自然和人、主观化经验和道德的科学世界观提供了直接的概念性支持。这种保持距离与交融相结合的哲学，引发了一种浪漫主义反应，如今这种反应以后现代主义的形式出现了。中国的哲学与宗教发展了密切关系，包括其自身的各种宗教形式，尤其是在与佛教的交互中。但与西方相比，中国哲学更多的是在政府的朝堂中发展起来的，就道教而言，则是在军事中发展起来的。就儒学而言，哲学以各种复杂形式成为一种生活方式，尤其是在家庭中表现出来，特别是在那些有识字能力的家庭。即使在今天，我们也可以说：这是有意义的，即儒学以其礼的安排和经典文本（即使一个人还不能理解这些经典文本时，也要以一种背诵的方式记住这些经典文本）的意义，为中国、韩国和日本的许多人提供了一种背景文化，否则他们会认为自己是世俗论者，或是马克思主义者，又或是基督徒。但美国的家庭文化永远不会被认为是柏拉图式的或亚里士多德式的，尽管它可能会被认为是基督教或犹太—基督教的,因为《圣经》经文在人们的脑海中流淌着。(顺便说一句,儒学在东亚家庭文化中的流行,与围绕《圣经》而建立的宗教在欧美家庭文化中的流行的某种可类比性,这可以为认可儒学是一种宗教提供一个有力论据。)

四、学院中的哲学

然而,在我们这个时代,东亚、南亚以及包括美洲、澳大利亚与新西兰在内的西方的哲学传统的命运已经变成了学术性的。哲学之家不在政府、宗教、科学或商业领域中,而是在学院与大学的哲学系(有时则是宗教研究系所)里。这是一个全球性的现象,除了伊斯兰教哲学的所处地之外。

从某种意义上说,这种学术上的哲学典范是一项非凡成就。哲学并没有被认为是与现实世界脱节的疯子们的咆哮而被不屑一顾。相反,哲学被学科群体所承认与接纳,其中大多数文化现在都认为他们的精英应该接受哲学教育。尽管,的确存在着一些疯狂的哲学家,他们中的许多人给我们发电子邮件来恳求我们的关注;但是,我们中的大多数人享受有组织的同事群体,有严格的同行评议的期刊,以及我们见面交流意见并从彼此的批判中有所获益的协会。当然,我们的学术专业自然是在不断变化发展的,但是,通常都存在经过一些专业所认可的良好理由来解释这些变化。也许最重要的是,就哲学而言,它有着许多来自不同文化的传统,它们共存于一个学术环境中,在这个环境中,这些传统可以通过一种规训性的对比、复杂的文本语言对照以及文化翻译而结合在一起,随着时间的推移,而交流发展出一个话语的历史,并与学派带头人物和注定要超越他们的弟子们展开一种鲜活的对话。无论是从距离视角来看,还是从参与的具体工程的视角来看,学院哲学都有其自身的具有规训性的易感性。

但哲学的学术成就的消极一面则是这种非常同类的专业化。一门专业通常被定义为一门学科,在该学科中,从业人员对专业内的同行负责,而不是对他们可能服务的人负责。医学是一门专业,因为只有其他医生才能判断某医生的治疗是否恰当,即便某医生的病人在治疗中死掉了;法律是一门专业,因为只有其他律师才能判断某律师是否为委托人提供了最好的辩护。但烹饪则不是一门专业,因为正如亚里士多德所说,"对于一席菜肴,最适当的评判者不是那位厨师,而是食客"。

学院哲学就是这个意义上的专业,哲学的评判者是其他哲学家。在有关我们的晋升与申请终身教职的学术审查过程中,我们尝试基于专业上与候选人有着密切接近的外部评审人的建议来作出判断。当然,大多数高校都有行政官员和包括非哲学家在内的高级评审委员会,但除了评判教学外,评审过程中的那些较高阶段通常仅限于相互竞争的专业哲学审查中作出裁定。大型机构通常甚至试图确保分析哲学家审查分析哲学候选人,欧陆哲学家审查欧陆哲学候选人,以及中国哲学研究领域的专家审查中国哲学候选人。至少,审查权的优势通常被授予那些在该领域与候选人最密切的那些人。哲学中的每一个领域都像一条具有自己标准的通道。它对于进步和良好判断力的规训要求遵守相关标

善一分殊:儒家论形而上学、道德、礼、制度与性别

准。另一种表述哲学的这种学术体现的方式是哲学的公众,即它所面向并负责的公众是其他哲学家。

这就给哲学带来了认知失调的巨大压力,因为哲学这一交融与距离的规训,本应在面向世界的智慧中迸发。在这方面,哲学更像是烹饪,而不是医学或法律。我们想象在过去美好的时光里,每个受过通识教育的人都有能力阅读与学习具有规训性的哲学,即使他们自身缺乏专业规训。但是如今,通识教育正在衰落,科学专门化与职业专门化正在挤压一般哲学素养的空间与时间。我们还想象在过去的美好时光中,哲学家对一个更广泛的精英群体负责,并且知道如何应对该群体甚至公众群体。然而如今,许多非哲学家的大众不太可能从专业哲学家那里寻找明智的性命取向。此外,在学院里也很少有其他学科会认为,从哲学家可能提供给他们的广泛指导中去学习,对他们自己的工作会很重要。尽管我们作为一个具有专业严谨通道的哲学专家而在学院中被人们所认可,但是,正是由于我们的通道壁垒,我们的哲学家已经变得不再受重视也不再被需要:无所作为亦无用。如果我们从那个有利的视角所看到的东西,与我们在学术专业之外可能从事的任何事情都不相关,那么,为什么还要从距离的角度来看待事物呢?柏拉图为发展哲学距离与交融而创立的机构,即柏拉图学园(Plato Academy),现在,这个名字本身已成为人们常用的一种对纯粹哲学的悲哀的讽刺性贬低。说某事仅仅是学园的(或学院的),即意味着是说那是无关紧要的。同样具有讽刺意味的是,我之前引用过的中国经典著作的书名,作为世界智慧交融的典范——《大学》，它现在却成为中国当代"university"的代名词；但是，中国当代大学和西方大学一样，被划分为各种学术专业，哲学则同样待在它自己的那个通道里。

在古代，哲学在交融与距离之间的缠斗，是为了打破直接性给交融所带来的束缚，以便一种距离视角可以提供某种更明智的交融；在今天，哲学在其学术体现中的缠斗，则是为了既能够去参与到专业哲学之外的事情中去，又同时保持其经过精心磨炼的距离规训。仅仅面向哲学家群体而写的哲学并不是哲学：它不能为那种应该来自与哲学思考有着内在的距离的生活提供明智的方向。接下来，我将就此提出三点儒学对当代形势可能作出的贡献。

五、学院中的儒家：士大夫

第一点，对于我们这些对中国人具有丰富的感知能力的学院哲学家来说，承担起传统儒家士大夫（scholar-official）模式的这种角色是明智之举。该角色的"士"（scholar）部分承担的是我们已经习得并不断扩展的哲学规训，"士"有着深厚的历史学习，有着在构筑视角以平衡和整合生活的各个方面的想象力，以及有着考察"理"的"分殊"是如何多样以及在哪里出现的这种分析境遇的技巧。士大夫角色的"大夫"（official）的部分，则是要有意识地去服务于围绕我们的生活制度。儒家很早就意识到，个体之间的道德关系是以我们所生活于其中的制度为媒介的，实际上，在很大程度上是由制度构成的。儒学看不惯那些不注意人们交互的制度化或礼仪化场所的道德行为。作为学院派哲学家，我们生活在学院和周围支持和威胁它的社会的嵌套式制度结构中，我们彼此深深地交织在一起；我们的薪水使得我们能够住在有房子、有家人、有朋友的社区，这些地方拥有艺术、体育和其他高度文明元素。作为士大夫，我们则应该尽可能多地参与对这些制度的关切和培养。尽管，这并不是解决——我们没有多大意愿与专业以外的人交谈，而专业以外的其他人也不愿听取我们可能说（如果我们能说）的话——这一两难境地的捷径；但是，如果作为一个决心参与制度部门的士大夫，我们则可以使我们的决议产生积极的影响。这种参与可以训练我们超越专业去交谈，我们的参与式存在（participatory presence）则也能帮助其他人去理解哲学，只要我们将自己的哲学融入参与中即可。

现在，我敢肯定，每位阅读此书的读者，都肯定早已认为我们已经有着太多的委员会了！我们如何才能与所有这些院系和大学委员会一起产生我们所期望的专业奖学金呢？我们又如何能够以学院对我们的所有要求认真参与到更大的共同体中去呢？犬儒主义是很难避免的。然而，这恰恰是儒家强调士大夫角色的这种哲学立场的关注所在。承担"士大夫"这种角色，这正是一个在我们这个时代与学术场所培养真正哲学生活的机会。行政管理角色并不仅仅是必须由别人来完成的工作，而应是我们轮流担任来完成的工作（我们在轮到我们要承担这种角色时总会表达很多抗议）。再者，尽管在某些情况下，行政角色显然是改善我们制度的机会，但是，行政角色并不只是改善制度的机会，在某些其他情况下,承担这些角色是缓解每况愈下的情况恶化的一种机会。然而,儒家的观点是,作为一名士大夫的这种参与,是成为一个更好的哲学家的机会。

用宋明理学的话来讲,也就是"理一分殊"。哲学距离的一个衡量尺度是理解"理"或"融贯"或"和谐"。但是,哲学交融的衡量尺度则是,能够在一个情境的层层叠叠中对理进行识别,识别其在场与不在场的地方,辨别某种融贯使其他类型的融贯变得不可能的地方,以及有价值的融贯过程与结构取决于更深层次的背景融贯的地方。对融贯的距离性反思本身,将永远不会提供将其置于具体情况的多维现实,而只有实践本身才能做到。因此,为了理解诸"分殊"中的"理"(或诸表现形式中的原则),我们需要成为一个参与其中的士大夫。

但是,更重要的是,真正的哲学交融能够对一个人理解具体复杂性有所助益。在这里,士大夫角色的"大夫"部分的培养是"学"的实质所在。儒家意识到,在世界上仅仅学习如何行动的日常经验,特别是与他人联合行动以一次完成多重目标的日常经验,这是远远不够的。但是,我们应该认真熟练地掌握它。儒家传统强调终生都要在行动中去实现圣贤,这就需要从行动的机会中去"学"。再者,我们意识到,对融贯性(或"理")如何在社会和自然环境的深层,以及在我们自己的心理(psyches)中起作用的大多数分析,真正的考验是我们能否与之合作。也就是说,细致的观察依赖于细致的交互。不是说我们要先理解,然后才行动(或知先行后)。相反,正如王阳明等人所教导的那样,这是"知行

善一分殊:儒家论形而上学、道德、礼、制度与性别

合一"的,因而,我们可以学会通过尽可能多的"行"来"思",反之亦然。因此,我敦促我们下定决心去扮演的士大夫角色,这是一系列使我们能够去学习如何以哲学的方式"思"与"行"的机会,即使在学术环境与学者的社会活动中,也能将距离与交融结合在一起。这是我的第一点看法。

第二点看法是,儒家士大夫角色有一个附加维度,即期望有一种参与和退出的"阳—阴"节奏。也就是说,一个人不必一直全身心地投入于一个特定的士大夫角色中。对于有些人来说,他们的确认为,如果他们松懈的话,世界就会分崩离析,因此似乎总是绷紧了弦。然而,始终保持充分交融,这是很可能导致倦怠或犬儒主义的。也许这种保持"参与和退出"的感知能力的背景是一种古老的理想,但或许在某些情况下也是真实的历史实践,如在父母去世后暂时退出公共生活。我们从中学到的一课是,士大夫的公共生活并不是生活的全部。有时,战略性撤退是很重要的。当委员会工作变得过于煎熬时,何不更换委员会呢。当然,更好的办法则是利用学术休假制度,尽管在今天这个时代这可能很困难。有时候,一个地方性共同体的政治斗争,或者对某些人来说,更大的共同体的政治斗争,最好的推进方式则是通过撤退与长征来展开的。从一种绝对意义上来看,这似乎像是从公共生活中退出了。但事实上,一种掌握了恰当时机的交融与撤退,比单方面的不懈努力更能构成一种更丰富且更微妙的持续参与的形式。因此,这种士大夫的角色为自我创造的修身的新维度提供了一种机会,这与擅长进入与离开公共生活的品性有关。

　　与儒家文化相比，西方哲学文化倾向于在公共生活和私人生活之间作出更清晰的区分。的确，有时候，人们会说儒学根本不喜欢讲"隐私"，而是要求有一种澄澈而透明的"诚"，让内心深处的世界公之于众。但是，我更倾向于认为儒学所认为的圣人的公共生活就像一场管弦乐，它是由前进与后退的节奏所协调而成的。这种节奏之所以如此难学，尤其是对于年轻人来说，原因之一就是积极扮演"大夫"角色存在着一项与之相关的荣耀。尽管认为学术委员会的工作是一种荣耀，这种说法似乎有些过头，但是事实上，人们因他们所担任的公职而受到尊敬，而且当一个人在工作上日趋成熟时，就愈有荣誉感去扮演更重要的角色。我们中的许多人都意识到，或许现状也的确是这样，年轻的学者们寻求院系和学院的行政职位，并将得到这种荣誉身份所带来的即时性反馈；但是，这有损于他们对研究的投入，而这种对研究的投入只有在长期才会得到认可，但也有可能永远不会得到认可。成熟的学者有时也会感到，如果退出给他们带来荣誉的职位，他们将会茫然；而事实上，他们也的确感到了这种茫然。人的记忆力是短暂的，事实上，当一个人辞去公职时，公共荣誉感的确会随之烟消云散。然而，对儒者们来说，学会在没有荣誉的情况下生活，这是一堂意义深刻的人生课，这可谓是儒家版的苏格拉底格言，即"学习如何死亡就是学习如何生活的方式"（learn how to die is the way to learn how to live）。"生"并不总是一种在场的压力，"死"也不总是一种走向缺席的退却，当我们学着成为士大夫时，我们可以掌握这两者的节奏①。

关于交融与距离的当代哲学问题,我的第三点也是最后一点,即要引起人们关注礼的重要性。人类生活中所有有意义的事物都涉及我们用来解释自然和人类事务的符号。正如实用主义者查尔斯·皮尔士所说,符号是一种习得的行为习惯,通过这种习惯,我们可以与生活中所涉及的事物建立有意义的联系。然而,当代符号学在认识符号意向性的具体化方面,并没有像荀子以来的儒家传统那样明智。西方符号学的基本隐喻、文本解释和进行受控实验,并不像礼的隐喻那样朴实。学习宫廷礼仪或庙宇礼仪中的步骤,就像学习一种舞蹈,许多人在其中共舞以完成某些事情。礼的隐喻延伸到商业、经济和政治中的礼仪化行为,到用某种语言或其他语言说话的礼仪,再到用肢体语言进行信息传达的手势礼仪,再到习得的移动和站立方式的基本礼仪。

---

① 我想从我的个人经历出发来谈一谈,从 1966 年到 2009 年(也就是我 70 岁那年),我一直担任我所在的每个学术单位的主席、院长或主任,这也是我参与学术生活的方式之一。我还积极参与了许多专业和学会组织的领导工作,包括这个学会(国际中国哲学学会)。我的学术休假很少,我总是非常享受我的工作! 70 岁那年,我意识到我离孔子的理想还差得很远,即"随心所欲不逾矩",我下定决心真正从我可能过于沉迷参与的学院生活中彻底退出来。我放弃了所有正式的行政职责,并尽可能地请求不要让我参与委员会的工作,而只承担部分职责(即如果让年轻学者去承担的话,他的职业生涯可能会受到影响,而我自己却不会被影响的那些职责,这些职责就让我来承担吧)。至此,我变成了一名专职教师,比以前拥有很多自由,当然,我依然很喜欢参加由其他人组织的这样的会议。但是,对我来说,是时候给别人让路了,是时候让我学会只满足于做主讲人的荣誉了。很快,即使这样的情况也不会发生太多了。我觉得很幸运的是我出版了一些在图书馆里可以保存更长时间的书籍,而不是放在孙子们家壁橱里的一个家用平板电脑,书籍比电子出版物的"寿命"更长;而且我也很幸运能成为我这一代人中的一员,即生活在一个在无酸纸之后,但又在依赖"云端"之前的时代里。因为我一直按照参与(engagement)和退出(withdrawal)的节奏在工作,所以,现在我正在学习如何预见一个将没有我的世界,这也是一位士大夫的最后行动之一。

早先我曾写过一篇文章,关于明智的士大夫,学习如何在一个结构复杂的自然和社会环境中,去辨别融贯或不融贯的"分殊";但是,其中许多内容可以被重申为:学会识别礼并在该环境的礼的结构中发挥作用。儒家传统以及道家,一直以来都将人类视为社会中的一员,并将社会视为更广泛自然界中的一员。因此,如前所述,荀子的有关天、地、人关系的思想认为,天和地是自然的,其中有些元素并不涉及礼仪习俗。这一口号也将人与天地联系在一起,认识到人类不能仅仅靠天、地来实现人性,还必须从幼年开始通过礼仪化来学习意义。因此,这种辨别环境中的融贯和不融贯的任务也可以被理解为,这是去了解在我们与自然和彼此相关的制度中,什么样的礼是有效的。

　　我在本章开篇对哲学如何发明其自身的讨论,可以被重新表述为对融贯性的各种变化的探索,这是哲学距离和哲学参与的特殊融贯所必需的。帝国是必需的,因为它能让人们摒弃绝对的地方主义,从整个世界的角度来进行思考,从人类的角度来进行思考,而不是仅仅从他们亲属的角度来进行思考,并以超越被解释的事物的终极解释条件来进行思考。读写能力也是必需的,它能让人们放弃行动的直接性,而创造一种会三思而后行的认知机制。现在,我们则可以在对礼的理解上来重申这一点。帝国中的生活与部落中的生活是不同的礼仪基体(ritual matrix),读写礼仪与口头或听觉文化的礼仪也不同;哲学作为一种新的礼仪基体而兴起,它是一种以明智的视角来与世界交融的礼,而它依赖于帝国的形成和读写礼仪。

在当代哲学主要局限于学院场所的情况下,这对一个具有中国人的感知能力的士大夫来说,去了解这一场所运作着什么样的礼,它们使什么成为可能、它们又阻止了什么,以及应该如何改变它们,这才是真正重要且自然的事情。正如我前文曾提到过的,当代学术主要由一系列的专业化通道组成。根据通道的标准,它们各自都有其卓越之处,这也包括存在了几种样式的哲学。我们应当以能够使其动态发展并确定界限的礼来理解这些通道。在当今的许多自然科学中,各种各样的通道专业正在相互碰撞。当一条通道通向另一条通道,则需要新礼以使它们的合作与整合成为可能。而旧的通道则走进了死胡同。教师被他们的通道专业而界定,越来越多的学生被迫迅速进入一个或另一个通道,并将其他通道(与他者)排除在外,这就是所谓的专业化。哲学需要从导致这种情况的那种孤立性礼仪的角度,来理解哲学面对公众时的孤立性与挫败感,因为公众对哲学追求智慧是至关重要的。再者,哲学需要去发明新礼,使哲学能够参与其他学术专业以及学院以外世界上更广泛的生活事务。这个问题不仅仅是关于创造整合事物的范畴的认知问题。的确,一组哲学范畴的表述,无论多么出色,都可能被视为无关紧要的形而上学而不予考虑。问题在于要发明一种习得性行为,这些行为允许通道以他们的方式继续前进,但是,同时又能使这些领域在更大视野中的交融成为可能。曾几何时,在美国,宗教,即盎格鲁-撒克逊新教(Anglo-Saxon Protestant religion),曾一度表现出将距离视角之礼与交融之礼整合起来,但仅此"一度"而已。这种宗教和所有其他宗教都已经变成了私人通道,因为它们在公众面前根本已没有任何生命可言。现在是哲学重建通识教育礼仪的时候了,而我已经提出了采用士大夫角色在这项重建任务中的一些优势。

六、哲学修养

最后,我将回到哲学修养(philosophical cultivation)的主题上来。我们每个人都在一个密集的礼仪基体,也就是一个又一个礼仪基体中,与许多他者扮演着角色,其中许多礼在发生着变化;但是,所有这些共同构成"理一"的生活结构,其"分殊"则是多种多样的。每种礼都像一种舞蹈,具有可供学习的各种各样的正式舞步。当舞蹈被表演时,它所构成的社会现实是真实的。然而,在舞蹈步骤的大致框架内,我们每个人都需要学习如何个体化我们所采取的这些现实步骤。通过步骤,幼儿期学会摇摇晃晃地站起来;青春期学会对待父母的礼节的基本规则。但是,成熟期涉及个体性。随着个体化我们扮演角色的方式,我们成为个体。对儒家礼的方法持批评态度的人有时会说,人类被认为是由他们生活中的礼来定义的,这是一种消耗生命的形式主义。但其实相反,定义我们的不是礼本身,而是我们如何参与(play)礼。也就是说,我们是如何个体化我们生活的礼,包括我们如何个体化我们对礼的辨别与修正。当我们在这些舞蹈中遇到其他个体时,我们不仅可以通过他们正在采取的舞步来识别他们,还可以通过他们采取舞步的方式来识别他们。这正体现着对形式之上的礼中的仁的认可。

因此，我建议，我们应该专注于如何个体化与我们的交融相关的礼，在这些礼上我们有着哲学上的距离。哲学生活不仅仅是识别那些构成面向智慧的探求的礼，更是要学会如何很好地表演它们，包括以士大夫身份认同去进入和离开公共生活的那些礼。学会表演这些礼当然需要实践，应该提醒我们的是，哲学不仅仅是认知层面上的，更是一种在处理交融与距离之间的缠斗中所培养出来的智慧。

第六章

**威廉·欧内斯特·
霍金**——第一位
波士顿儒家

威廉·欧内斯特·霍金(William Ernest Hocking)(1873—1966)因其丰富多彩且不同寻常的事情而被人们所铭记。其中大多数都在他漫长、多产且杰出的职业生涯中就获得了认可。但是,没有人能在他有生之年预见到,他也将会作为第一位波士顿儒家被我们所铭记。

一、霍金:波士顿儒家

波士顿儒家,何许人也? 读者可能会有此疑问。霍金可能了解波士顿婆罗门,但他不可能了解波士顿儒家。因为据我所知,事实上,"波士顿儒家"这一称谓,直到 20 世纪 90 年代才开始被使用。以下是波士顿儒家学派的三个特征[①]。

---

① "波士顿儒家"这个名称,首次使用于 1991 年在加州伯克利举办的一场"儒家与基督教对话会议"上。它被用来描述四名来自波士顿的参会者,他们都认同(转下页)

首先,这一学派主张儒学是一种那些不懂中文,也不是汉学家的非东亚人也可以理解的哲学。这一主张之所以意义重大,则是因为有许多人认为儒学只是一种民族哲学,它深深扎根于中国(以及其他东亚国家)的文化认同与家庭结构中,以至于非东亚人很难同情地理解它,更不用说采纳它了。并且,西方非华语读者能否接触到儒学,也取决于儒学的相关文本是否已经被翻译为欧洲语言,以及是否拥有学术访问与交流机会,这些访问与交流使得非东亚人能够有机会接触到中国、韩国以及日本的那些鲜活的儒家代表。在以上这些方面,现在的情况比霍金时代要丰富得多;然而,我将证明霍金拥有足够的资源以扎实地掌握儒学。

波士顿儒家的第二个特征,即它是一种将儒家传统与西方哲学交融整合的解读实践,所有的立场都被解读为从对一种新兴的世界哲学传统的贡献出发。中国哲学的其他传统,以及印度与其他地方的传统,也都被以同样的方式来理解。从表面上来看,这像是属于比较哲学。但是,我们会说研究休谟与康德,这是在比

(接上页)本文中所描述的波士顿儒家的特征。随后,我向美国艺术与科学学院提交了一篇题为《波士顿儒家的短暂幸福生活》的论文,以及一本名为《波士顿儒家》的书。现在,除了认同具有上述描述的特征的儒家之外,波士顿还有一个儒家学者工作组,他们也接受波士顿儒家这一称号。这一称号中,"波士顿(的)"这一限定则来源于一个玩笑——实际上,该学派包括任何持相同认同的人,即将儒学视为解决东亚范围以外的文化,特别是现代西方城市文化(如波士顿的城市文化)的哲学问题的一种重要资源——玩笑则是指许多波士顿人认为自己生活在世界中心的"中心",当然,这是波士顿婆罗门的信条。有关波士顿婆罗门以及作为其中最杰出的人物之一的霍金的讨论,请参阅 C. T. K. Chari 的《东西方视角下的人格》一文,此文收录于雷洛伊·鲁纳(Leroy Rouner)主编的《哲学、宗教与未来的世界文明:纪念威廉·欧内斯特·霍金论文集》中。

较苏格兰哲学与德国哲学吗？一些西方哲学家会说，西方是"他们的"传统，把中国哲学家与西方哲学家联系起来，就是把外来的东西带入了熟悉的地方。但是，西方的传统只有在他们这样做的情况下，才是所谓的"他们的"。事实上，引用柏拉图与亚里士多德的西方哲学家中，也只有少数人能用原初希腊语阅读；同样的，大多数讨论康德伦理学的美国哲学家，除了专家学者外，他们阅读的都是英文译本而非德文原著。如果说"西方人"把孔孟的传统与柏拉图、亚里士多德的传统一视同仁为"他们的"，那么，这种传统实际上也就是他们的传统了。波士顿儒家自觉地继承了西方和东亚的古代资源，并将它们整合成一个共同的传统。

波士顿儒家的第三个特征，即它是当代哲学实践的一种形式，它并非一种纯粹或甚至本质上仅是关于儒家传统的学术传统。当代哲学问题主要集中在伦理学、政治学、美学、宗教哲学、科学、教育、形而上学以及灵性问题等领域，儒学在这些领域则都有其重要贡献。当然，历史资源需要"被理解"才能"被使用"，这是一个复杂的诠释过程。但是，从哲学家的角度来看，历史资源也需要"被使用"才能"被理解"：它们的含义只有在被恰当地应用到使用中后，才能充分显现出来。波士顿儒家是一种当代哲学，其特征在于它赋予某种传统资源以重要性；三个世纪前的剑桥柏拉图主义也是如此，与其说剑桥柏拉图主义是关于柏拉图的，不如说它是关于英格兰和/或天堂的。

威廉·欧内斯特·霍金是波士顿人，他在 1930 年代撰写的哲学作品展现了波士顿儒家的这三个特征①。我猜测他会声称自己更像是一个儒家，而不是一个柏拉图主义者；不过，现在的一些波士顿儒家还有其他的关注。霍金对儒家，特别是对朱熹有着一定的理解，这在当时是非常了不起的，在现在也是完全值得我们尊敬的。他把朱熹视为与康德、费希特和柏格森并驾齐驱的哲学家，更在关键方面对他们进行了改进；并且，他认为朱熹可在民主和科学问题上作出重要贡献，民主和科学的问题在我们这个时代和霍金那个时代一样的重要，当然，无论是在波士顿、北京还是任何其他地方。

霍金以其对世界文明的同情和他的世界文明哲学而闻名，这一点集中体现在他 1956 年出版的《即将到来的世界文明》一书中。而我想重点谈谈他的思想中关于世界哲学的一个重要例子，即他 1936 年发表的一篇名为《朱熹的知识论》的论文。但是，在展开这一讨论之前，我想先谈谈他的中国哲学背景。

当然，霍金被公认为是西方哲学传统中最后一批伟大的系统哲学家之一，并因在实践领域将其系统概念主题化而闻名。他不仅为学院哲学家写作，也为那些对更大问题感兴趣的人写

① 尽管霍金的大部分学术生涯都是在哈佛大学度过的，从 1914 年开始，他很快成为罗伊斯（Royce）的继任者，担任自然宗教的阿尔福德讲席教授，这当然是哈佛波士顿婆罗门学会的一部分；但是，事实上，他是在美国中西部长大的。他出生在克利夫兰，在伊利诺伊州的乔利埃特读高中，在艾奥瓦州开始上大学，最后则在哈佛大学完成学业。他的第一份学术教学工作（之前是小学校长）是在安德沃牛顿神学院（1904—1906 年）从事比较宗教研究，然后在伯克利加利福尼亚大学（1906—1908 年）从事哲学研究，接着是前往耶鲁大学（1908—1914 年），并在那里出版了他的第一本重要著作《上帝在人类经验中的意义》（1912 年）。

善一分殊：儒家论形而上学、道德、礼、制度与性别

作①。他的两个主要的系统主题是宗教与人类生活的社会性，在这两个语境下，他都有机会研究和评论古代和当代的中国文明②。再者，他是那一代的哲学家，或者我们现在所说的"公共知识分子"，他开启了东西方的伟大对话，其中包括与20世纪20年代访问哈佛的胡适展开的对话。他还与查尔斯·摩尔（Charles Moore）一起参加了在夏威夷举行的早期东西方会议，他把负责任地理解朋友和其他哲学家伙伴的文化，作为他哲学生活的一部分③。

在他关于世界宗教的讨论中，他花在印度宗教上的时间比花在中国宗教上的时间要更多，包括印度教和佛教。他只写了一篇是明确关于一位中国哲学家的论文，也就是我即将分析的这篇论文：《朱熹的知识论》，再加一篇他与儿子理查德（Richard）合著的评论文章，评论对象则是陈荣捷1953年出版的一本关于中国当代文化的书④。因此，他对中国传统的掌握，尤其是对思想复杂且深邃的哲学家朱熹的掌握，他把朱熹与西方哲学家进行密切对照的能力，以及他巧妙地运用朱熹来达成自己的哲学目的，这一切就都显得格外引人注目了。

---

① 霍金在《重新审视海外传教活动》一书中的作品是，他负责编辑的一个研究基督教在中国、日本和印度—缅甸传教影响的委员会的报告，实际上，该报告的大部分内容是他撰写的。但这一报告不是为教会当权者准备的，而是为教堂里的平信徒准备的，这些人一直在支持霍金所怀疑的传教活动。

② 他在宗教方面最重要的著作是《上帝在人类经验中的意义》。他在政治哲学方面最系统的论著是《人与国家》。在许多方面，他的《人性及其改造》将宗教和政治利益结合在一起，但是，这是通过将两者都置于自然的进化语境中来实现的。

③ 参见霍金的《哲学比较研究的价值》，这是1939年夏威夷会议的论文集，尽管他的文章介绍到了这场会议，但实际上他本人并未出席这场会议。

④ 参见陈荣捷的著作：《论现代中国的宗教趋势》。

二、朱熹、科学与世界哲学

在《论朱熹的知识论》这篇论文中,他自己的哲学目的则是要考察:在民主社会中,科学应该如何被构想。这是他对世界文明发展感兴趣的一个方面。霍金认为科学对民主很重要,这不仅是因为科学的技术后果,使得以民主所需的方式进行交流成为可能,而且还因为科学理解对任何人都是开放的,这种人人都可理解的自然是民主的[①]。他认为在一个科学进步的世界里,几乎每个人都会有机会。他认为现代科学也许是起源于西方,但是,即使在 20 世纪 30 年代,它就已经被世界各地的文化所利用,而这些文化也正以自己本土化的方式发展着现代科学。特别是那时的中国,已经摆脱了与晚清儒家保守文化相关联的反科学、排外态度,积极进入了现代科学世界。那些也许是通过西方帝国主义而进入中国的东西,已经被中国化了,可以说,中国人可以以其民主之姿而进入现代世界。

但是,科学需要一种特殊的认知。事实上,霍金在这篇文章一开篇就提出了这样一个观点,即"认知方式必须随所认知客体的性质而变化。"[②]科学认知客体是基于这样一个假设,即客体中没有心灵、没有目的论。当然,霍金这个唯心主义者,对于上述问题,即使也许没有太多兴趣,也会对心灵与目的论方面的认知感兴趣。但是就科学而言,它完全适宜在某些假设下去认知自然,

---

① 关于科学的更广泛的讨论,参见霍金的著作《科学与上帝观念》。
② 参见霍金的著作《哲学比较研究的价值》,第 109 页。

并且其技术效益是巨大的。而只有当科学被视为唯一的认知形式时，它才会成为唯科学主义[1]。

至于现代西方意义上的科学本身，霍金在《论朱熹的知识论》的那篇文章中，将其定性为经验主义与理性主义的兼而有之。科学的经验主义是对事物知识的一种热爱，不是热爱认知者而是热爱待知事物。经验主义是一种对自我及其利益的否定，对自然的虔诚支持。霍金尖锐地抨击了他所谓的"热情的19世纪实用主义"，认为其在这一问题上完全模糊其词（但我并不完全赞同这一判断）。而科学的理性主义，则在于它想要将知识整合为一个整体，以了解全部真相。这就将科学引向了更普遍与更全面的原则。众所周知，现代科学具有统一的数学语言。

但是，事实上，现代科学无法认识霍金认为的如此重要的世界道德、目的论与心灵层面。他遵循柏格森对科学的批判，认为科学无法包括完全凭经验与理性直觉可以告诉我们的内容。霍金认为，科学的世界图像是一种机械主义（mechanism），而"实在"却更像是一种机体（organism）。然而，他拒绝像怀特海那样宣称世界是一个机体，或者至少拒绝用怀特海所谓的"机体哲学"的隐喻来理解世界。霍金对宇宙的描述是值得在此处一引的，这不仅是为了理解他与怀特海的关系，更是因为它与中国人的过程观非常相似：

---

[1] 在《科学与上帝观念》第四章中，霍金讨论了科学，特别是物理学与天文学，他认为它们是忽略了目的与价值的抽象观念。

世界各部分之间有着更多的松散、更多的荒地、更广阔的空旷海洋、更多的相对独立，而不是机体统一的相容。内在节奏与变化也并不是机体过程的成比例的或匀速运动。宇宙似乎呈现的是一个相互依存的运动的真实系统，在这个系统中，机体群体发生并运行着它们的生命历程——整体呈现出活生生的碎片的单一环境（single environment）的特征，而不是一个没有环境的整体有机体。我们感兴趣的不是一切都应该是有生命的、是心灵上的，而是宇宙应该把自己作为一个追求生命和目的的竞技场，一个野性、荒芜、广阔、有漫无边际的距离的竞技场，为一种不断增长的精神去提供无限的激励。从这个角度看，这个世界无目的的方面是有目的的；属人的为非属人的存在找到了用途，生活的为机械的找到了用途，热情的意识焦点为无限扩张的无意识的质量和能量场找到了用途。①

　　那么，我们如何才能获得另一种与现代科学一样经验、同样理性，但又对心灵敏感的科学概念呢？为此，霍金将求助的目光投向了朱熹。

三、朱熹的形而上学

　　朱熹（1130—1200）被大多数中国学者视为宋代最伟大的理

---

① 参见霍金《哲学比较研究的价值》，第108页。

学家。他综合了前人的变革思想，即他们所有人对佛教和道教对儒学的挑战所做出的回应。朱熹的体系为儒家经典文本提供了一种解释，直到 20 世纪，这种解释仍然是中国科举考试的基础[1]。他的体系所确认的既是形而上学的，也是道德的。霍金对朱熹所谓的二元论作了一个简洁而准确的总结，指出对朱熹哲学作二元论的表征是不恰当的。朱熹发展的是两个宇宙论范畴：气与理。

气通常被翻译为"ether"（以太）或"material force"（物质力量）。霍金的概括性表征是准确的，"一种精微的、无处不在的准物质实有（quasi-material entity）能够局部变化，具有不同密度程度以及能够抵抗精神原则"理"的完全控制。"[2]"气"是或者说应该是，由"理"所组织或赋予的结构。但是，"理"则是一个很难理解的范畴。朱熹文本的译者卜道成（J. P. Bruce）将"理"译为"law"（规律或法则），如果要描述一个在"law"支配下运作的科学的物质世界，这一翻译将是很简洁的。但是，正如霍金所说，

> "理"的谱系可能会使这一翻译（即"law"）丧失这一资格。"理"必须被理解为终极存在的四种体现之一，这四种体现应以降序排列。它们依次是：天、命（天命，同时也是被造

---

① 霍金使用了朱熹著作的 1922 年译本（卜道成译本），他也知道卜道成（在 1923 年）的后续评论（译者注：卜道成在 1923 年又出版了《朱熹和他的前辈们：朱熹与宋代新儒学导论》一书）。而霍金的朋友陈荣捷，则在他的《中国哲学文献选编》和其他著作中提供了朱熹文本的更新版翻译。

② 参见《朱熹的知识论》，第 113 页。

物的天职、使命)、性(物的本质)、理(本质的个体化体现,即个体存在的生命宪章)。其中,天与命可以被看作是主动的传递功能;性与理则是作为接受功能。这些功能是同一连续活动的两个方面,因为"天命之谓性,率性之谓道":天总是在参与命之定;物则总是表现出一种深刻的法则符号,即包含在个体的理或生命规则中的物种的性。这种活动与这种接受性一起构成了我们所谓的"天命"或"道的显现",即世界的终极秩序,对朱熹来说,这是一种道德秩序。[①]

霍金的叙述非常清晰,但是,他并没有完全领会朱熹"理"概念的形而上的力量。对朱熹来说,"道"并不仅仅是世界的终极**秩序**,就好像它是站在与气相对立的"理"的那边。相反,道是世界的终极实在,它的过程是要作为一个整体来看的。"理"则是朱熹意指秩序方面的最终极的用语,它有时也被称为"天理"。宋明理学对"理"与"气"的区分,这是他们对古代儒家(与道家)的形而上术语的一个发展,古代儒家(和道家)将实在划分为"天""地"以及"天地之合",这是可在《易经》中发现的一套区分。"理"则是在每一个有限物中可发现的相同的形而上原则,并赋予有限物秩序。但最特别的则是"理"是和谐原则,根据这一原则,每一个具体事物都可以在其流动(ongoing)过程的环境中协调自身,以履行自身的独特使命。因此,霍金强调天的整体秩序原则,同时,这个单

---

① 参见《朱熹的知识论》,第113页。

一的原则在每个人身上以独特的方式表现出来。这都是正确的。他的"生命宪章"(life-charter)一词,很适合用来描述"理"在每一有限物中的作用。霍金清楚地意识到这样一个事实,即中国人并不相信有限物是内在建构的实体,中国人更相信有限物是更大的过程的具体化,它们彼此交互作用,并在这种交互作用中实现它们的统一或和谐。之前引用的他对世界的描述,以及拒绝成为机体主义的哲学家,可视为是对我在本书从第一章开始试图展开的中国人的观点的简洁陈述。

霍金认为朱熹具有很强的现代科学的气质,即朱熹既是经验主义者,又是理性主义者。因为"理"在气中总是个体化的,所以有必要从物质的独特性来看待事物。但朱熹对控制实验之类的现代科学方法没有任何概念,不过,朱熹的确将科学引向了向外观察。同时,朱熹也强调我们在事物中所发现的是它们的理,这就又将诸事物联系起来了。也就是说,"理"使得事物彼此之间以及与整体之间建立了联系。

现在,让霍金感兴趣的是作为原则的"理"的性质,因为"理"的意义在霍金看来是"精神的"。理,即**将**某一给定的事物或情境的成分协调融贯,因此它是目的论的。中国人不相信亚里士多德的目的论,即一种实体包含着它所驱动的目的、实现或完成。但是,他们确实认为,过程需要协调融贯,任何事物或情境都可以从将、本将会或应该协调原本混沌的或独立进行的过程的方面来理解。对于人类生活而言,理解一个人的"理",总是采取这样的形式,即识别正在进行的过程,并发现如何使过程和谐起来。因为我们生活在一个更广阔的世界里,我们自己的和谐过程需要与自然与社会的和谐相协调;朱熹以及其他宋明理学家把这解释为"天命",即在宇宙的过程中找到自己的位置或过程。

　　人类如此,其他动物亦是如此,更广泛地说,自然亦是如此。"理"提供了从人类日常的道德关切到动物间的竞争再到更大的自然和谐过程的连续性。根据朱熹与其他宋明理学家的说法,这即"自家心便是鸟兽草木之心"。因而,强调"致知"(朱熹对科学的一种表达)就是要将这一"鸟兽草木之心"纳入"自家心"中,列出连接之理,并创造一种个体与道的道德连续性。为了阐明这一理论,霍金引用了朱熹的精彩语录:

> 气相近,如知寒暖,识饥饱,好生恶死,趋利避害,人与物都一般。理不同,如蜂蚁之君臣,只是他义上有一点子明;虎狼之父子,只是他仁上有一点子明;其他更推不去……天地间非特人为至灵,自家心便是鸟兽草木之心,但人受天地之中而生耳。(《朱子语类》"人物之性气质之性")[1]

　　霍金指出,朱熹的这节文本不仅确认了万物在生物学上的连续性,而且也确认了"人的特殊性",即"存在于人的本能倾向间的'中或平衡',这种'中或平衡'使得他能够犹豫与反思,从而使'知'对他的'行'产生影响。"[2]

---

[1] 参见《朱熹的知识论》,第111—112页。
[2] 参见《朱熹的知识论》,第112页。

四、朱熹与佛教之比较

霍金关于朱熹的论述最有趣的地方在于,这是以一种与佛教相比较的方式展开这一讨论的。他是以对护法(Dharmapala)解释变化的简要讨论开始他的那篇论文。

护法(439—507)是一位印度佛教徒,他对世亲(Vasubandhu)的佛教"唯识宗"的创始文本作了重要注释,玄奘则使用了护法的著作,因而该注释经玄奘在中国普及开来。所有的佛教徒都关心变化的性质和变化在救赎论上的负面影响,以及变化背后的任何统一性。当然,佛教否认任何实体的潜在统一的现实,但是,佛教又确实必须理解与说明时间究竟是如何流动的。霍金描述了护法对一个理想存在的解释:

> 对如来佛祖来说,这种统一性是显而易见的。如来不受"变"的干扰,他明白变的法则。他了解世界上的许多事物,并认识到它们具有吸引人的特质,但是,他也知道它们终将死亡,因此,他没有被诱惑以至于抓住它们中的任何一个以之作为自己的好处,他就像莲花一样,没有被分离,没有被流水席卷而走;但是,另一方面,他亦不被世界迷惑住,不生幻觉,不被世界污染:他通过领悟世界而战胜了世界。[①]

---

① 参见《朱熹的知识论》,第110页。

在另一精彩段落中，霍金用现代术语对这一佛教立场予以如下解释：

> 物（things）与事（events）不只是构成世界的加法项目，科学将它们揭示为一个单一系统（即自然）的部分。现在，"自然"是希望的术语，而不是科学成就的术语；变化法则的最终综合是永远无法达到的。在我们达到这种难以捉摸的物理统一性之前，这个问题又重现了，在西方思想中我们本以为我们已经摒弃了这个问题——也许事物的终极秩序与其说是一种事实秩序，不如说是一种意义或价值秩序！作为完成我们科学工作的一个条件，我们似乎被驱使去假定事物的一个目的论结构，佛教则从来没有完全屈服于拟人论，而是通过援引一个准人格化的存在，来作为事物最终融贯性的本质的一种象征，从而提供了这种目的论元素，并进而发展出佛教的知识论中的一个特殊分支用于感知这种存在。①

到目前为止，佛教与朱熹至少在全面认识世界的这一理想上是一致的；不过，朱熹的范畴可能更可取。但是，他显然是对佛教有所借鉴的。然而，朱熹也对佛教持有极端的批判态度，霍金则引出了其中最关键的部分。正如朱熹所解释的那样，对佛教而言，认识的目的是找到自我的中心并从世界中全其身而退。朱熹指出，这与佛教所宣称的"无我"截然相反，这实际上是一种"自私

---

① 参见《朱熹的知识论》，第110页。

其身"的宗教,即将人们封闭起来转身向己,远离世界,远离他们对彼此、家庭和社会的责任(译者注:"是以叛君亲,弃妻子,入山林,捐躯命,以求其所谓空无寂灭之地而逃焉"①)。然而,一些佛教徒,尤其是那些信奉菩萨(Bodhisattva)誓愿生生世世要继续工作以开悟(enlighten)有情众生的佛教徒,可能会反驳这一有关自私的指控。但是,开明众生的事业与儒家的理想(即照顾自己的家庭、修缮堤防以及教养同乡之民的事业)的确存在着很大的差异。从比较的视角来看,我们不难理解为什么朱熹会认为佛教是一种"自私其身"的宗教,因为它鼓励人们静坐冥想为自己寻求开悟,以使己身可逃往涅槃(译者注:"要求清净寂灭超脱世界,是求一身利便")②。

对朱熹而言,"私"不只是一个道德修辞。相反,"私"是他对为什么真知是如此难以获得所提供的解释。"致知"并不是通过简单地用"理"来"格"越来越多的事物就能达成的。它的实现需要霍金所谓的"洞见的伦理条件"(ethical conditions of insight)。朱熹意识到事物是在情势(in rebus)中被了解的,正如霍金所说,通过关注事物自身,按照事物自己的方式分析它们,在它们的和谐过程中辨别与它们相关的"理"是什么。但是,如果我们是自私的,那么,所有这些外在的分析将都是扭曲的。我们认为我们"格"的是对方,但是,其实我们投射的只是我们自己的愿望图像

---

① 译者注,见朱熹:《读大纪》,《晦庵先生朱文公文集(四)》,《朱子全书》(第23册),朱杰人主编,上海:上海古籍出版社,2010年,第3376页。
② 参见《朱熹的知识论》,第117页。(译者注部分,见朱熹:《朱子语类·释氏》,《朱子全书》(第18册),朱杰人主编,上海:上海古籍出版社,2010年,第3953页。)

而已。用现代术语来说，即我们只是正在追求我们所最钟爱的理论，看看这些理论能让我们看到什么。所以，朱熹强调一种独特的个人的品性以辅助"致知"，即一种诚与克私的品性。儒家有一个极其精细的自我发展以至圣人的计划，但是，其目的不是自我的至善（perfection）或自我的极乐，而是实现与宇宙其他部分协调一致的认知连续性和道德连续性①。

不过，这对被朱熹所批评的禅宗则有点不公平②。因为禅宗也表示为了使自身摆脱"哀"，必须做到无私。根据佛教的理论，一旦一个人获得了开悟，就有可能按事物之本来面目而观事物，并摆脱主观偏见。但是，朱熹给出的批评是很切合实际的，即佛教的冥想与修行程序更有可能通过始终关注自我的开悟而培养出自私，而不是通过其随后的道德承诺——做出有益的行为以与自身之外的整个世界保持和谐相处——来实现开悟。霍金则认为，平心而论，朱熹对佛教获得"致知"的那种强调无私的途径的指责，更像是在针对早期佛教八正道中的开悟的预备阶段，这种指责与朱熹同时代的佛教的冥想实践并不那么相符。

五、霍金从朱熹这里汲取的经验

霍金从朱熹那里汲取的经验是复杂的。霍金极其谨慎以避

---

① 有关儒家成圣思想，当代最杰出的倡导者与阐释者是杜维明，参见他的《仁与修身：儒家思想论集》以及《儒家思想》等著作。在这方面，最值得注意的则是霍金的著作《人性及其改造》，这（可以算作）是一个改造个人与物种的儒家工程，当然，如果儒家曾经真的有一个这样的工程的话；但是，只不过霍金使用的是基督教的隐喻，而不是儒家的隐喻罢了。不过，霍金对基督教德性的讨论是极其儒家式的！
② 事实上，朱熹应该知道许多佛教流派，包括华严宗、天台宗与瑜伽行派（唯识宗）等。

　　　　　　　　善一分殊：儒家论形而上学、道德、礼、制度与性别

免将一种现代感知能力归属于朱熹,尽管如此,他还是在朱熹的方法中,发现了一种超越柏格森的道德敏感性。霍金写道:

> 正如柏格森所设想的那样,如果世界上存在着的是一个机械主义的王国,即死亡生命的灰烬,那么,直觉的同情就没有用处,实用的知识才是合适的。但是,朱熹虽有二元论之名,却没有这种无生命物质的王国,朱熹对生命的解释,甚至对宇宙中不同程度的意识的解释,在很大程度上与费希纳、包尔生与怀特海的精神相同。因此,在实用主义感兴趣的认知样式方面,朱熹是不允许有任何例外的。一切对事物现实的洞见都需要一种道德客观性,而这种客观性的实质就是"去私"……因此,与柏格森相比,朱熹伦理敏感化的直觉可以感知到更多。正因为如此,朱熹更不可能认同柏格森关于科学知识本质的观点,也就是说,朱熹不会把科学交给"实用"的认知方式。[1]

此外,尽管朱熹可以被称为上述意义上的理性主义者,这个词曾被胡适用来形容朱熹与朱熹的时代,但是,霍金严格限制了这一术语的充分使用。因为,理性主义通常被还原为原则。然而,朱熹更多的则是一个经验主义者。

霍金继而写道:

---

[1] 参见《朱熹的知识论》,第125页。

科学方法的基础是在发现客观真理的过程中，有意识的和持久的努力，以逃避人本主义利益的圈子，更不要说阶级利益了……而经验主义本身就是一种自我否定的形式，一种让客体为自己说话的道德意志。而且，经验主义认为如果我们允许它这样做，那么，客体就会说话——也就是说，真理是可以获取的。[①]

霍金试图从朱熹身上学到的最后一课则是政治方面的，即真正的科学有助于民主进程。我在这里的大部分讨论，都是为了提出霍金的波士顿儒家论点，即科学需要以这样一种方式来构思：其主词事物的道德或目的论维度可以被理解为科学认知的一部分，而不是被解释为是在一种机械论概念之上的个人观点的投射。在这一点上，霍金支持的是朱熹而不是柏格森。但是，这里仍然存在着一个严重的问题。霍金在这篇文章的开头写道："即便不是一个公理，至少在知识论中是一个合理的假设，即认知方式必须随所要被认知的客体的性质而变化。"进而，他指出获得佛教关于变化的觉悟的一种深奥的严密性，并表示这种认知可以以比现代西方科学更可取的方式到达道德以及宇宙最真实的中心。朱熹关于道德知识的论述则进一步扩展了这一观点，宋明理学家关切的是以一种和谐的认知方式来对待世界，让世界自己发声，以这一关切去纠正佛教的内转倾向，但是，这是否意味着宋明理

———————

[①] 参见《朱熹的知识论》，第 127 页。

善一分殊：儒家论形而上学、道德、礼、制度与性别

学的路径和佛教一样深奥呢？如果是这样的话，那么，具有一种道德心的科学便无法成为民主的一种支点，因为它需要的将是一个由专家所组成的精英政治。

霍金从未说过朱熹是一个民主主义者，就像他从未说过他是一个现代科学家一样。但是，他确实试图说明朱熹的求知路径是通俗的，而佛教的则是深奥的。霍金对此的论证的一个分论点是，各种儒家都是反对将教育对象局限于精英阶层的，儒家主张的是"有教无类"，而那些善于学习的人则可以在儒家学习中臻至最后一步。尽管儒家发展了一种"劝学"的家庭文化，因此，儒家子弟比来自知识贫乏的社会阶层的人，更有可能有一定知识储备并有一颗好学之心，但是，儒学的确是一股打破社会阶级壁垒的力量。霍金论证的另一个分论点则是，朱熹强调实证分析以及提升自我，以便在"格物"时做到无私，这是真正通俗且可学的。而佛教运用的半拟人化的如来佛的想象性表征则过于深奥了。朱熹强调脚踏实地的学习，这是很有道理的，因为这是任何人都可以做到的。

然而，我很怀疑霍金这些论点是否站得住脚，也就是说，朱熹的道德科学可以成为一种民主的削平活动（leveling activity）的说法是否成立。因为无论儒家与佛教、基督教、印度教或犹太教相比，其路径有多么简单，儒家的成圣规划都是在创造一种新精英。事实上，世界上绝大多数人都是"有私"的。因此，绝大多数人无法像霍金所倡导的那样去从事科学工作，而终将回到机械论的科学。像杜威一样，霍金也将不得不主张，普通民众需要在他们的民主能力上变成精英或贵族。然而问题是，如果当你生来就不是贵族时，达到贵族阶层或成为精英是很困难的。

六、霍金与实用主义

在霍金的论点中，有一个并不那么隐蔽的反面角色，他指的是"热情的 19 世纪实用主义"，即那种认为"知识（部分或全部）是由行动构成"的理论。因此，我们选择我们的想法和信仰就像我们选择我们的行动。"我们对世界的判断是指导行为的工具，因此是被选择的，而不是被思考的——被选择的原因是它们作为生活工具的价值。"①然而，即便是对威廉·詹姆斯（William James）的马虎的实用主义而言，这可能也并不是一个公平的理解。这更与皮尔士的实用主义恰恰相反，因为皮尔士的实用主义认为研究中最重要的功课，就是学习值得选择的东西，他这种纠正信念的方法与宋明理学强调认识事物中的"理"则是极为吻合的②。但是，霍金确实意识到了那种庸俗实用主义，这种实用主义在后现代主义的这一坚持中——即认为所有的知识都是利益与权力的展示，因此你应该为你自己的利益而战——变得越来越流行。这种庸俗实用主义或后马克思主义的后现代主义，确实坚持科学是机械主义的，因为它想要否定差异价值在世界上的"栖居"。

霍金反对这种庸俗实用主义，因为它强化了自然科学中假定的一种无价值概念，因而，霍金只能推动另一种世界观。当然，这

---

① 参见《朱熹的知识论》，第 125 页。
② 有关皮尔士的讨论，参见我的著作《永恒与时间之流》第一章。

善一分殊：儒家论形而上学、道德、礼、制度与性别

是他毕生的心血。这一点，比任何主张世界是由思想而不是物质构成的主张，更构成了他的唯心论。而他发现与他所研究过的佛教和印度教哲学家相比，朱熹更多的是这一另类观点的支持者。

现在有一个更实质性的理由，可支持我们将霍金称为第一位波士顿儒家，而不仅仅是引用他对儒家哲学的认识和运用，即霍金试图把朱熹以及他通过朱熹的著作所获得的儒家传统作为一种特殊用途——为这个由现代科学所催生的世界文明去创造另一种世界哲学。这也正是所谓的新儒家运动的独特目的，波士顿儒家也是这一运动的一部分，因为波士顿儒家受到了一代与霍金年龄相近或更年轻的中国哲学家的激励，其中最有影响力的一位是牟宗三，他用"道德形而上学"这一词来形容自己的独特哲学，即将西方哲学唯心主义与古典儒家主题结合起来——其中牟宗三更多的是认可王阳明一脉，而非朱熹这一脉，不过，就这里讨论的问题而言，其实并无实质差异。牟宗三的学生杜维明则一直是波士顿儒家的中坚人物①。

值得注意的是，霍金比他的大多数中国同仁更自觉地意识到，为世界文明发展一个世界哲学所面临的利害关系。因为世界文明本身依然处于缓慢形成中，到目前为止，我们尚不清楚它是否更文明而不是更野蛮。哲学则是可以成为文明的力量之一的。霍金认识到，一种世界哲学不可能是一种哲学战胜其他哲学的帝国式胜利，正如一些早期的唯心主义者读过黑格尔之后可能会认

---

① 参见杜维明的著作《仁与修身》第八章、《道·学·政：儒家公共知识分子的三个面向》第八章。

为的那样。相反,在相关问题的对话中,世界上所有传统中强有力的思想家的声音都需要被倾听。因此,我们既要认识柏拉图和康德,也要认识护法和朱熹。希望这些认识能够提供给我们讨论世界哲学问题的语言的综合体,而不是不同立场的示意图。相反,综合来自哲学家他们零敲碎打的研究,并且有尽可能多的资料来源,以准备建构一个世界视野。柏拉图和亚里士多德在他们那个时代就是如此做的,而且正是由于他们的哲学,使得西方有了一种语言,不仅可以辩论他们之间的分歧问题,还可以辩论许多其他问题。因而可以说,直到柏拉图和亚里士多德,才有了真正的西方哲学传统。孔子、孟子、荀子、庄子则同样创造了中国传统。印度和伊斯兰的传统也是如此开始的。因而,在我们开始评估我们是否有一种哲学,其术语能够为一种世界传统辨别出真正问题之前,一个或多个综览视角则是必不可少的。

此刻,我们终于触及了形而上学与世界哲学这一首要话题。西方伟大传统中的形而上学(威廉·欧内斯特·霍金正是其中一位杰出代表)是一种综览的视角,一种理论化的视角,其使我们能够看到事物之间的相似之处与不同之处,以及事物如何相互影响以及它们是如何被构思在一起的。现代西方科学则是从以上这一思辨工程中生发的,但是,它忽略了这一视角,确切地说是排除了这一视角,即那些只有愚人或先验哲学家才会忽略的——具有道德影响的价值问题。因此,正如霍金试图借朱熹思想所阐发的那样,西方长期以来的历史视野工程,或者说为了他们自己、在他们之间的联系中去了解事物的工程,已经遭遇了一系列的困境。

善一分殊:儒家论形而上学、道德、礼、制度与性别

启蒙运动中的怀疑主义引发了浪漫主义的反应；上个世纪西方的全球政治霸权，则助长了将西方哲学强加于世界各地的徒劳尝试。后现代主义又认为，一切都取决于解释者的利益，因此，这些都削弱了这个世界的他者性与实在性的意义，而他者性与实在性则是有纠正我们的符号的功效。

霍金敦促我们通过两个预备课题来切入世界哲学。一个是比较的政治哲学，因为它确切承认政治实体的差异。另一个则是宗教的比较哲学或者他通常所处理的文化的比较哲学；宗教研究敏感于宗教的视角，而不是那些最初建构宗教研究规训的视角，这样一个重要的手段可以将那些需要被倾听的声音带入对话中，从而使世界哲学成为可能。当然，他本人就对政治学与宗教有着巨大的贡献。

但也许更能说明问题的是，霍金实际上有能力让朱熹这样的重要人物参与到对话中来，并以明智的细微差别来评估朱熹的贡献。尤其是，他从宋明理学那里所汲取的贡献是西方思辨工程中所缺失的成分，即一种真正的价值论的认知方式，去根据事物已经取得的成就、它们可能成为什么以及它们之间的区别来解释事物。可以说，只有当价值问题与我们以思辨的方式想象世界的界限相联系，进而涉及我们能够欣赏和衡量其价值的现实事物的具体情况时，才有可能研究出一种世界哲学的面貌。威廉·欧内斯特·霍金则清楚地意识到了这一点，这也正是第一位波士顿儒家的明确愿景。

第七章

成中英：一位建构
性哲学家

在当代众多哲学家中，成中英是一位真正的大师。于他而言，中国的儒家思想、道家思想以及佛教传统，与西方的柏拉图主义、亚里士多德主义、新柏拉图主义传统以及它们在欧洲和伊斯兰思想中的分支一样，都是重要的资源。他的制度贡献，即创办国际中国哲学学会与《中国哲学学刊》(*Journal of Chinese Philosophy*)，这已足以确立他的地位，因为创办这两者的初衷都源于他对我们在 20 世纪需要完成一些什么工作，以便在现在 21 世纪能够将中国哲学带入当代全球哲学对话中的宏大远见。主要是由于他的那些令人鼓舞的灵感与工作，现在存在着许多以英语讨论并扩展中国哲学的协会，以及越来越多的期刊与编辑的书籍[①]。《中国

[①] 有关期刊，可参见，例如《中国宗教与哲学国际评论》(*International Review of Chinese Religion and Philosophy*) 和《道：比较哲学学刊》(*Dao: A Journal of Comparative Philosophy*)。《中国哲学学刊》(*The Journal of Chinese Philosophy*) 一直与比它稍早创刊的姊妹期刊，即夏威夷大学马诺阿分校发行的《东西（转下页）

哲学学刊》创刊 30 周年双期特刊,则正是对他影响力的证明,而最近由姜新艳(Xinyan Jiang)与牟博(Bo Mou)主编的、以年轻一代中国学者用英语书写哲学文章为特色的丛书亦是对他影响力的证明①。

然而,与他的制度贡献相比,成中英的地位主要是建立在他本人的哲学贡献上。大多数在认真探究中国哲学的学者(至少在英语世界里),都将成中英看作是中国哲学传统的一位解释者。他的独特之处在于,他不仅关注源自儒家与道家经典文本的历史,而且关注《易经》及其通过儒、道传统和其他传统(包括中国佛教)所产生的影响。事实上,成中英对这种所谓的中国哲学采取了一种如此包罗万象的切入路径,以至于他与大多数保持传统的整洁性的同时代学者形成了鲜明对比。白诗朗认为当代波士顿儒家是儒家传统中的一股前进力量,部分原因在于其动摇了可被接受的"道统"(朱熹的道统论,以及牟宗三的另一版的道统论)规准,统摄了任何与儒学遥相呼应,以及对当代哲学具有知识价值的资源②。以亲身经历来确证自己是波士顿儒家的成中英,显然已经建立了比儒家更广泛的中国哲学规准。

然而,本章的论点是,将成中英主要视为一位中国哲学的解

(接上页)方哲学》(*Philosophy East and West*)相辅相成,该期刊的现任主编安乐哲,在中西思想的比较性解释和中国古典文本翻译方面,本身就是一位独树一帜的大家。

① 参见《中国哲学学刊》[30/3 - 4(2003 年 9 月/12 月)],30 周年纪念版。另请参阅姜新艳主编的《经省察的人生:中国视角——中国伦理传统论文集》一书,该书展示了自成中英(与我)的时代以来的新一代学者的特色;以及牟博主编的《中国哲学的比较研究》。

② 参见白诗朗的《从荀子到波士顿儒家》一文。

释者,这是具有误导性的。相反,他是一位具有建构性的哲学家,他建立了自己的"体系";诚然,这一体系在很大程度上依赖于中国传统而建立,但中国传统绝不是这一体系唯一的依赖资源。我知道,这一解读与以往大家所熟悉的成中英的声誉是"背道而驰"的。的确,在成中英读研究生时所写的关于戴震的著作中,他做的是一个传统的翻译工作,以及利用**"生活处境"**理论对此所展开的评论①。不过,他的哈佛学位论文本身则是以查尔斯·桑德斯·皮尔士与刘易斯(C. I. Lewis)为考察对象的②。他的大型文集《儒家与新儒家哲学的新向度》,内容几乎完全由评论中国哲学家以及文本的方式组成的,展示出了他贯穿整个中国思想史的、令人目不暇接的、博大精深的知识库存。不过,怀特海、海德格尔以及其他西方哲学家,在此文集中也都是他用来展开哲学对话的伙伴,而且大多数文章都关注于阐明他们所讨论的主题的真实性,而不仅仅是某些哲学家对他们的看法。因而,如果成中英的文集被解读为一个传统的汉学家的作品,或者是一个思想史学家的作品,或者甚至是一个传统的新儒家在西方哲学视野中去复活中国的天才们的作品,这套文集的意义就很可能被误解和低估。作为一个敏锐而博学的中国古典文本的阅读者,在著作中,成中英尽显其卓越才华,但他并未致力于寻求建立对这些文本的一种"共识阅读",他的解释是如此的先锋,如此的与众不同。

---

① 参见成中英的著作:《戴震原善研究——"原善"翻译及引论》。
② 参见成中英的著作:《皮尔士和刘易斯的归纳理论》。

但是，这并不是说成中英对中国传统的解释不具权威性。在最近由柯雄文（Antonio S. Cua）所主编的《中国哲学百科全书》（*Encyclopedia of Chinese Philosophy*）中，成中英被选定负责撰写"20世纪之儒学""戴震""道""逻辑与语言""孟子""易经哲学""'知'之哲学""哲学：海外近期趋势""气""穷理""体"、体用论、时与时间性、张载以及正名等条目或文章①。但是，撰写权威性的哲学史的文章并不是他的主要意图，甚至他编写的这些百科全书中的一些条目，也需要被作为成中英自己的诠释哲学的表述来作一解读。

　　也许，最难以说服我把成中英解释为一个具有建构性的哲学家的人则是他本人。因为，他主张他自己哲学的核心与灵魂是他所谓的"本体诠释学"（onto-hermeneutics）。当然，诠释学是指他所遵循并延伸的伽达默尔路线中的文本解释，而他的文本则是《易经》以及随后的中国哲学著作②。对成中英而言，本体诠释学的力量在于，在解释终极实在时，所解释的实在的深层结构与解

① 参见《中国哲学百科全书》，由柯雄文主编。由成中英负责撰写的这一长串的条目清单表明，人们对成中英作为权威的极大信任。为了避免有人认为这是因为他是主编柯雄文的一个特殊的朋友的缘故所致，需要再补充一下，此书总编辑委员会除了成中英本人外，还包括安乐哲、陈汉生、刘述先、倪德卫、孟旦、沈清松、信广来、黄百锐和余英时，他们都是当代学者中名副其实的"名人录"成员，他们代表着许多不同且相互竞争的领域。这一长串清单中，《哲学：海外近期趋势》一文则包含了成中英对自己作为这些趋势之一的阐释，这是一篇以他的同龄人为背景的引人入胜的知识分子自传。而我在《波士顿儒家：晚期现代世界可移植的传统》一书第三章中，关于他与他的同伴、一些彼此很不同的同伴之间的关系，曾经作过一些类似的阐释。

② 他对此的最新表述之一是《探究基本模型：〈易经〉与本体诠释学传统》。此文的另一种形式是《探究基本模型：〈易经〉与中国本体诠释学》，载于牟博主编的《中国哲学的比较研究》，第33—59页。

　　　　　　　善一分殊：儒家论形而上学、道德、礼、制度与性别

释者的深层结构是一致的。从某种意义上讲,这是一种古老的柏拉图式与奥古斯丁式的观点;但是,这同时也是朱熹与王阳明之类的宋明理学哲学中对"理"之认识的观点①。当成中英相信真理栖居于对古代文本中的真理的发掘中时,他可能很难让人相信他是一个具有建构性的哲学家。

但是,成中英主要是一位建构性哲学家,这意味着他几乎所有作品的主要目的,都是为了获得关于所讨论主题的真理,这一主题在当代语境中是要可以为之辩护的。就这一目的而言,对文本的解释是第二义的,其只是达到哲学真理这一目标的载体而已。对他来说,之所以要关注中国的传统,部分原因来自他的爱国愿望,即希望其他哲学世界能认可中国的文化传统,并参与到其中来。但是,在更大的程度上,关注中国传统的原因则是,他认为如果中国哲学能得到恰当的解释,那么,中国传统是能为获得哲学真理提供非同寻常的资源。因而,他定会认同中国传统需要以当代的、在哲学上富有创造性的方式来加以解释,以便为正在进行的具有更大的流动性的哲学对话提供资源。事实上,我相信,他也一定会认同留给那些传统的汉学家与中国哲学史家的传统是惰性的且无法主动参与到当代哲学对话中来的,也就是说,传统需要有一个创造性的解释才能发挥出它的作用。在一些传统学者看来,成中英的部分诠释似乎是一种创造性误读,实际上,这则是成中英赋予中国传统以生命的手段。

---

① 有关成中英对中西方终极实在概念的最新比较之一,请参见他的《终极起源,终极实在与人的境况:莱布尼茨,怀特海与朱熹》。

一、成中英的当代资源

成中英的建构性哲学的第一个标志是，他在解释古代与近代文本时会提出一些问题，一些文本的作者在自己的背景环境中不曾问过自己的问题。例如，在《探究基本模型》一文中，他引用柏拉图与海德格尔作为本体诠释学的来源，并发现了"《易经》文本的诠释学结构"的五个层次，而所有这些都是从当代诠释学组织中衍生出来的。成中英也的确为这五个层次找到了文本证据——他正在促使《易经》作出真实的回答——但是，这些层次的结构本身则来自我们的当代问题。

从更广泛的意义上说，成中英的这种哲学问题意识，来自当代分析哲学、怀特海过程哲学及他们对西方传统的解读，以及欧陆海德格尔哲学的伽达默尔式表达及其对西方传统的另类解读。但基本可以确定的是，成中英自己对这些西方传统的理解，受到了他将这些传统与中国哲学联系起来阅读的影响。我可以说的是，他对分析哲学、过程哲学以及欧陆哲学的理解，有着一种儒家的切入路径，尽管他对他们的解读亦是如此的野性思辨式（wildly speculative），以至于在他对西方哲学问题的解读中，其他儒家可能无法辨认出这一解读是来自儒家的思维形式。而正是从这种儒家与当代西方思想流派的碰撞中，产生了成中英用来审查中国传统的问题意识建构。

如果可以，允许我回溯 40 年前的个人笔记，可以说，我和成中英的友谊对他的问题意识架构是有所影响的，因为我自己的研

善一分殊：儒家论形而上学、道德、礼、制度与性别

究工作尽管更多的是借鉴了查尔斯·皮尔士的实用主义,但是,也在很大程度上借鉴了分析哲学、过程哲学与欧陆哲学,成中英本人则正是这方面的专家。因而,多年来,我们之间有过多次对话,并相互撰写了有关彼此著作的文章。其结果是,对成中英而言,他参与了至少一个综合集成西方传统的实例,而且这一整合本身就是以参与中国传统为导向的①。关键是,在他解释中文文本的同时,他也在引导西方思想家对这些文本提出自己的问题,而他则致力于提出我们大多数西方人无法用学术技巧解决的一些问题。

对一种传统提出它本身并未要求的一些问题,既是对传统的歪曲,也是对传统的扩展。如果这些扩展传统的富有想象力的作品,在传统本身的核心文本与母题中有一定的合理基础,那么,这种"歪曲"则是合理的。如果中国哲学无法接受来自我们当代所关切的问题的提问,并无法以与它自己的注释传统所不具备的新方式作出回应,那么,中国哲学就只能是一件博物馆藏品。这一点对中国传统的适用性不亚于对柏拉图的传统,例如,怀特海那些使他自称柏拉图主义者的问题,实际上柏拉图从未问过②。传

---

① 他对我的著作最为正式的阐释,收录于哈雷·查普曼(J. Harley Chapman)和南希·弗兰肯贝里(Nancy K. Frankenberry)主编的《阐释南乐山》一书中的《论南乐山对中国哲学的理解:"无"的本体论、"易"的宇宙论,以及"理"的规范论》。那本书也收录了我的《对批评者的回应》一文(第 291—328 页),其中包含了我的一种辩证性理解。我则为他的《儒家与新儒家哲学的新向度》的文集写了序言。他则读了我的《规范文化》一书的初稿,并写了一篇对儒家的礼的精彩阐释,不过部分内容与我的诠释相悖,我将其纳入了《规范文化》一书的最终版本中(第 164—165 页)。我的《当代中国哲学的形而上学》(现已成为本书的第三章),其中部分也涉及了他的作品。
② 例如,怀特海诉诸柏拉图主义以回答这样一个问题,即数学怎么可能适用于这种常识性的解释让数学关系变得不可能的世界。而柏拉图对自然的现代数学化解释是一无所知的。怀特海的这一诉诸,参见怀特海的著作:《科学与近代世界》。

统资源只有在被用于咨询当代问题中时，才能继续活在哲学中；而承认当代所提出的这些问题，则既是出于对传统的尊重，也是出于对当前境况的尊重。

二、思辨性解释

成中英的建构性哲学的第二个标志则是，他对中国（以及西方）经典文本的解释是如此的野性思辨式（前一小节我曾用过这一表述）。但在今天，思辨本身就是一项可疑的事业，更不用提对许多哲学家来说，野性则又过头了。尽管他的哲学批评者们持一贬义态度对此提出了批评，但是，成中英从不认为自己的解释过于充满思辨式的野性。然而，以一种野性思辨式的方式来处理经典文本，不应被视为是贬义的，因为要把中国古代哲学与近代哲学之间的语境相异的那些观点，以及当前西方哲学所形成的重要对话结合起来，这是需要有巨大的想象性飞跃的。许多对中国哲学感兴趣的思想家们，跃跃欲试地进行着幻想性类比以尝试建立联系，但是在当前的争论中，这种尝试遭到了严肃的中国哲学学者以及细致的思想家们的批驳。然而，成中英的思辨性飞跃则是具有深远学识与具有纪律的规训性的，即使他的这些思辨性飞跃反映出了一种日耳曼人的倾向，即结合希腊语派生的词语去概括极其复杂的思想路线（如他所提出的"本体诠释学"）。但当成中英追溯到这些混合概念时，其结果将会获得一张详尽的解释图。

善一分殊：儒家论形而上学、道德、礼、制度与性别

三、经典文本的解释

与第二个标志相关，成中英的建构性哲学的第三个标志是，成中英是通过经典文本中的诸核心符号与诸母题来继承、接续经典文本的。这与当前将哲学局限于逻辑学家（包括刘易斯 C. I. Lewis）所称的"合式公式（又称谓词公式）"（well-formed formula）①的潮流形成一鲜明对比。我更想以皮尔士等人所谓的"模糊范畴"（vague category）的形式来表达成中英对文本的理解。一个模糊范畴可以相对于其同一层次的其他范畴来展开精确定义，但是，它本身也允许由彼此矛盾的范畴变体来进行确定。例如，朱熹与王阳明都确认"理"的中心性，但是，对此却有着相互矛盾的解释，一个模糊范畴会先说明他们的共同假设，然后再说明他们的分歧。

对古代文本，尤其是《易经》，成中英的解释是具有模糊性的。当然，他是有意识地承认文本的"无规定性"（underdeterminedness）并保留这一点。然后，他从该文本中衍生出的思想主题或母题，则可以在随后的传统中以许多不同的，甚至是彼此矛盾的方式来加以确定。不过，唯名论者（nominalists）不喜欢这种过程，因为他们希望所有事物都具有确定性。然而，实在论者是对的，我与成中英都认为，即模糊的"共同性质"（common natures，这是用邓斯·司各脱的术语来说）在真实的事物中是存在的，不管多么

---

① 译者注：合式公式，又称谓词公式，是一种形式语言表达式，即形式系统中按一定规则构成的表达式。

简单。因此，成中英可以欢欣鼓舞地通过中国传统轻快前行，认为无数的流派都富有表达他们不同意阐明的基本主题的能力。成中英则通常会在他所引用的实例中提供文本证据。

但一个模糊范畴本身是几乎没有什么益处的。它需要通过实例被加以确定，成中英则很擅长从中国悠久的思想史与广泛的西方传统中为他所关注的范畴提供实例。一种规范性则不仅意味着识别模糊范畴的实例，而且还意味着要用模糊范畴的语言对实例加以阐述。例如，成中英最喜欢的两个模糊母题，即"存在"与"价值"，它们既可以用西方哲学的许多实例被加以说明，且这些实例是在不同意义上使用这些词的；也可以用中国哲学的许多实例来加以说明，且这些实例使用的并非是这些词的那些相近对等词。成中英在其漫长的职业生涯中进行了很多详尽的讨论，其结果是这些模糊范畴被填满了极其丰富的解释。这些范畴足够模糊，足以公平地代表这些实例，但它们也足够具体，以至于最终可能得以看到：不同的哲学家在何处达成共识，又在何处产生分歧，至少在成中英的解释中，我们是可以看到这些的。

当然，成中英的解释反映着他自己的兴趣与偏见。它们需要与其他解释放在一起，使其易于接受到来自其他解释的纠正，并展开进一步的论证。但是，问题在于，在我们的这种学术环境中，很少有有能力提供出类似范围与深度的其他解释的同行。大多数比较主义者都是历史学家，他们则并不愿意在比较的立场上追问真理问题。再者，大多数比较主义者，无论是哲学领域的还是其他领域的，都通常把他们的研究工作局限于一个非常有限的比

善一分殊：儒家论形而上学、道德、礼、制度与性别

较领域,结果是只有少数人物或思想的实例能够进行相互规范。因此,成中英几乎没有什么对话伙伴。那些让他对文本或人物进行具体解释的人,则又往往缺乏语境化与定位成中英的解释的诠释学视野。

成中英与我都在上一代思想家那里受过教育,学会的是欣赏宏大传统中的哲学,因为它们反映出开阔的思想,并且是从广泛的思想史中所获得的。但是,从那时起到现在,我们经历了一段重视微观研究而反对宏观一般化的思潮。这一思潮席卷了哲学、社会科学与宗教研究。当然,微观研究时代的贡献在于提供了新的、审慎的文本版本与译本,并开辟了被先前的一般化"菜单"所边缘化的新的文本、领域及问题。然而,微观研究的缺点则是通过将较大的问题包围起来而忽略了该领域的其他元素,这使得他们自己的假设与偏见将不易受到批评。即使一篇已发表的微观研究是以陈述作者的社会位置和列出明显的假设作为开端的,但是,该研究仍然缺少对位置与假设的辩证分析与批判。如此一来,那么读者群体只能任由作者的自我身份认同所摆布,而作者对这种身份认同在方法论上并未加以批判考察。但在宏大传统中,哲学的优势则在于,由于它以一般化的方式来描绘整体,因而所有的偏见问题都被置于哲学本身的辩证法内部。

在过去的 40 年间,一种可笑的讽刺塑造了哲学(与其他学科)的学术风尚。这一时期开始于马丁·海德格尔对西方思想史的解读的日益流行,即他认为西方思想史被一种令人厌恶的"存在—神—逻各斯—中心主义"(onto-theo-logo-centrism)所主导,其边缘化了所有那些未被"记录"在以逻各斯为中心的框架中的哲学与文化立场。然而,具有讽刺意味的是,海德格尔本人对历史的解读就是一个高度具体且带有偏见的版本,它同样边缘化了西方的许多哲学立场,更不用说对世界上其他哲学了。因而,许多哲学家之所以轻视海德格尔的思想,很大程度上不仅是因为他的语言过于复杂,还因为一个事实,即在他们看来,那些与批判哲学家相称的思想并没有得到公正的"记录"。例如,海德格尔对实用主义的讽刺性否定,这对像我这样的哲学家来说,就是未公正的"记录"实用主义的一个明证。海德格尔对以理性为中心的叙述的意见,在后现代追随者中产生的一个结果则是,他们拒斥所有的大规模理论,因为他们认为它们具有边缘化与去合法性的能力。因而,后现代思想家们是微观研究与严格语境化哲学的大师。然而,具有讽刺意味的是,大多数后现代思想家,也想就提升"被边缘化"与"批评宏大叙事的压迫性"的重要性,来提出一般性的道德或定向性要求。当然,这些一般性要求是无法仅凭微观研究得出的。他们依然需要一种以逻各斯为中心的宏大叙事,又或许是像海德格尔那一种的。因此,我们似乎即将结束微观研究时代以找到一个更好的平衡,以使得一般性易于受到来自微观研究的批判,同样也使微观研究易于受到来自一般性框架下的更具语境化的审思(considerations)的批判。

模糊范畴的价值的一个新维度现在便彰显出来了。在提出有关比较的解释性哲学主张时,正如成中英所经常做的那样,他总是容易受到一些人的抨击,声称他的理论框架排除了对某些其他观点的公平考虑。对于这种指控,恰当的应对应该是:询问这一指控是否属实。如果指控属实,那么说明理论框架还没有塑造得足够模糊,以至于不足以公平对待被遗漏的内容。模糊比较范畴在最初并没有被固定,而是之后用诸规范加以填充的。相反,随着诸规范的制定,模糊范畴则需要不断地重构,以确保其足够模糊以保证公平。这种对模糊范畴的不断重构,一直是成中英作品中的一个长期主题。他专注于那些看起来像是一般性的观点,但实际上是精心制作的模糊观点,旨在对比较中的立场给予公正解读,这在很大程度上决定了他的修辞方式。批评者们有时抱怨他的某些语言的模糊性,但是,他们通常忽略了正在发生的内容的要点,即纠正范畴的形成,以使其恰当模糊并表达出要比较的立场的真实范围[1]。

四、系统

成中英的建构性哲学的第四个标志,即他建构了各种各样的系统。他的系统并不是那种以某种可精确表达的理论为中心,并带有一张可以被用来展现所有事物是如何表现这一理论的范畴列表的那种系统。相反,成中英的系统是一个由核心文本与母题组成的系统,经过历史性解释、精心制作,以表现沿途各个节点上的那些真实与有价值的东西。想象一下,如果你愿意,你可以从最古老的核心文本(例如《易经》)与思想母题(例如《易经》的阴阳

---

[1] 有关如何系统地运用模糊范畴来克服这样的后现代主义批评理论的技术性讨论,参见我的著作《环绕现代主义之路》第六章。

二分）开启对哲学史的一种理解并追溯它们的发展，也就是所形成的多样化且相互竞争的思想流派，例如儒家、道家、法家、阴阳家、中国佛教、周敦颐以及以朱熹与王阳明为核心的宋明理学家，还有他们与莱布尼茨的相遇以及他们在西方的后续事业。（如莱布尼茨认识到，阴和阳的数学运算允许以长/短或开/关符号的组合来表达任何数字与任何字母，并试图发明一种以这种语言为基础的计算机，不过，这则是一项必须等待 20 世纪的技术壮举；通过莱布尼茨对中国思想的解读，《易经》以机体主义（organicism）的概念进入了西方传统，并在怀特海哲学中形成了鲜明的形态。）这样的一种理解可以在每个关键节点处得到以下解释，为什么每个学派要以他们的方式重新解释或重新体现核心文本与母题，并能够分析他们在这种重诠与重现的行动中的所得与所失。如此一来，哲学（与宗教思想）的研究就可以摒弃学派之间人为的界限，更自然地随着思想的衍生与分支在知识世界中的因果影响而推进。成中英对东西方哲学史的解释，始终是通过其重要的变化与发展来追溯其核心文本与母题。他将东亚与西方历史上相距遥远的人物并置在一起，这正是这种方法论的自然延伸①。

　　成中英的体系是一种庞大的解释性活动的拼贴艺术，他将中西哲学中的主要人物编织在一起。但是，需要指出的是，该系统绝不是完整的。据我所知，成中英并没有深入探讨南亚或伊斯兰哲学，而且他也没有将另外一些西方立场带入他的叙述中。成中

---

① 我的著作《波士顿儒家》的第六—九章，更详尽地解释与说明了这种通过核心文本与母题来理解历史的理论。

　　善一分殊：儒家论形而上学、道德、礼、制度与性别

英的体系不是一个以逻各斯为中心的叙述,如黑格尔那种有一种内在的动力(即否定的动力)使叙述得以运行。相反,成中英则是在寻找哲学家之间可能建立的肯定与否定的联结,以提升他们所说的话对理解真相的重要性。我无法想象出存在任何一个当代哲学对话,会是成中英凭借自己的这项丰硕的贡献——漫长职业生涯中建构的庞大体系的丰厚学识——无法入乎其内的。这则让我注意到了成中英的建构性哲学的最后一个标志。

五、解释之上的哲学真理

成中英的建构性哲学的第五个标志,即成中英对哲学真理的不懈追求。他热衷于解释哲学家们的思想,这正是源于这样一个事实,即可以从他们身上学到一些正确的东西(又或者避免一些错误)。他对真理的热情在许多层面上发挥着作用,其中有三个层面极其值得被注意到。

成中英认为《易经》等古典文本是真理的原初显现。它们不是为了解决问题而发展出来的假说,也不是为了解决问题而发展出来的哲学立场。相反,它们像是某种诗意表达,而在这种表达中,实在的某些基本方面被表达出来。如果用宗教语言来说,即这些文本是启示的最重要的见证者。因而,与其说它们是对其他文本的解释,不如说它们是想象的原初行为,使实在的基本特性在人类意识中得以"记录"。当然,除了对实在的原初表达之外,这些文本更是很多其他东西。它们也是历史语境化的文献,并且通常都有史前史。然而,对于成中英来说,哲学所作的是解释在那些文本中所表达出的"实在"在哲学上的重要特性。这也正是为什么他称他的研究成果为本体诠释学的原因：这些文本对它们所表达的实在所发出的声音，只有在经过哲学解释之后才能被听到。即这些文本本身并不是哲学；当它们被解释时，它们才生成了哲学。解释者（如成中英）则可以说出文本中他们想象的、概念化的、实在的真相究竟是什么。

那些更明显意义上的（或真正的）哲学家们，如孔子、孟子、朱熹、怀特海以及海德格尔等，他们所做的就已经是在解释原初传统这种诗意表达。他们是自我解释，并邀请其他人进行解释，以评估他们在哪些方面提高了对哲学真理的表达，以及在哪些方面则遗漏了某些东西。成中英很欣赏哲学家的非凡创造性，这些具有非凡创造性的哲学家们，对他们所获得的思想遗产进行了补充、完善或纠正，而有时甚至是以破坏的形式展开的。他不断地提升对哲学史的洞见，他对这些洞见的陈述则正是这些洞见的再现。去分析哲学家们的论点，包括评估其有效性，则是成中英与当代的、面向历史的大多数其他哲学家共享的一种实践。

但是，成中英的比较通常并不是为了阐述这些哲学家们的历史影响。相反，他所追问的是——哲学家们从彼此身上学到的正确的东西究竟是什么。并且，他努力将那些本身并不相关的哲学家们联系起来，以表明一个哲学家所关注的重点如何加强或纠正了另一个哲学家所关注的重点。他很少主张某哲学家的论点是错误的。相反，他辩称，他们通过这种或那种力量表达了这种或那种洞见，从而捕捉到了其他人的表达所缺乏的某些方面。

成中英的建构性体系的明确意图是种四元组。第一,将哲学史,主要是中西哲学史中所表达的真理复活;第二,以多方面比较的语汇来达成以上这一点,以便让更多的其他哲学家在公共场合与他交流互动;第三,运用历史观点——但在当前语境下重新表达它们——来解决当前哲学范围内所提出的问题;第四,呈现一种哲学建构性,其以一种融贯的方式谈论哲学探究的主要议题,这些主题则与文明的知识缩影有关——形而上学、认识论、伦理学、艺术、科学、宗教、法律以及政治。成中英已经完成了这四元组中的大部分,这意味着他是一位真正的世界级哲学家;并且,他所完成的是一个丰富的建构性哲学。

六、成中英的挑战

我的最后一组思考是,反思建构性哲学背后的以下这四重意图的更大意义,也就是说,此小节将减少对成中英本人成就的关注,而将关注更多地放在尚待完成的工作上。

(1)在我们这个时代赋予哲学史上所表达的真理以生命的任务,还远远没有完成。当然,可以肯定的是,除了成中英之外,其他思想家也在研究南亚的经典哲学文本与宗教文本上付出着艰辛的努力。但是,很少有人通过恢复伊斯兰教的核心文本与母题或所谓的"原初传统"的定向母题来进入当代讨论。再者,即使是那些把伊斯兰教的传统当作古代见证者或原初想象力表达来研究的人,通常也未具备像成中英开创诠释学上的彻底性。

不过,这样做的重要性,不仅仅是增加我们用于哲学思考的资源的规模，尽管这总是一件好事。但是，这种重要性更多的是与我们这个时代的文化应该在交互、参与中相互尊重有关。过去几十年来的许多事件，特别是"911事件"的悲剧，都表明了将西方的文化（以及经济和军事）议程强加给世界其他地区的局限性。全球化的经济现在似乎几乎不可阻挡，尽管人们日益意识到，其偏向于帮助本已富裕的国家，同时使贫穷的国家陷入更贫困的境地，并摧毁那些在全球市场上无法展开自然竞争的民族经济文化。但是，全球经济要想成为一种公正的经济体，就必须反映出它所包含的文化之间存在的思想与价值的基本母题间的差异。而为了达到这一目的，这些基本母题就有必要在当代对话中被赋予生命。

（2）出于同样的原因，创造一个有关所有传统的基本思想的公共话语也是必要的。也许像成中英这样的天才个体能够做这种必要的基础工作，去复活每一种传统的古老见证者；但是，这本身并不能使他们彼此生发对话。正如我之前提到的，成中英也做了很多比较性的工作，即整合东亚哲学与西方哲学。他也已经展示了这是如何需要一种新语汇的，这是由每种传统探问另一种传统那些并非彼此固有的问题而产生的需要。但是，他的研究成果只能是第一步，因为这是他自己的视角所特有的，当然，任何个体的比较主义者都是如此。因而，我们需要的是一种长期的对话体（dialogical discourse），来自不同传统的许多思想家都参与到发展模糊范畴的过程中，并按照前面所描述的那样对这些范畴加以指定。从长远来看，对话本身会产生一种新语汇，且这将不是任何个体所创造的语汇。随着人们对表达方式进行辩论,提出比较性假说以及通过修改假设中令人反感的内容来解决异议,公众之间的相互了解将变得更加稳定与可靠。可以肯定的是,当新天才揭开隐藏的宝藏,我们应该总是期待根本性的修正。然而,我们今天离任何一种可靠的、公认的比较范畴集还很远,这一比较范畴集要可以向彼此的当代继承人表达古代传统的原始洞见。即使是我们中的那些与中国、西方打了一辈子交道的人,也意识到关于在比较视角下什么才是重要的问题方面,在值得尊敬的学者之间存在着非常根本的分歧。因而,成中英需要可以合作的对话伙伴,如此一来,他自己的比较本体诠释学就不会显得太过特殊。

(3)成中英的具有建构性的意图的第三个元素,即在压迫着当代世界的各种哲学问题中,去阐述传统之间的对话。也就是说,讨论需要从比较古代思想,转向用当代可行的表达方式来阐述它们,以便使它们参与到我们现实世界的问题中来。当代问题没有既定的议程。可以说,每一个伟大的哲学传统,包括西方与中国的哲学传统,都被突然出现的当代关切而打断了。在此,我将举四个例子以作说明。

第一个也是最普遍公认的关切,即我们急剧崛起的生态科学与文化意识所提出的一系列问题。这些问题包括对环境的伦理关切,以及对人类在一个比以前认为的更紧密、更脆弱的宇宙中生活意味着什么这一更大的哲学关切。

第二个新关切,则与如今已经具有全球规模的分配正义有关。以前哲学家们可以考虑一个共同体或地区内的分配正义,现在我们则了解到，世界某一地区的行动会影响到其他许多地区的财富分配，而且彼此之间往往没有直接接触，但依然会受到影响。由于社会科学的成功，我们现在则可以想象一种全球经济，并且需要了解如何才能在其中实现公正。

第三个关切，则是关于个人与共同体的不同习惯，因为这些习惯通过公认的普遍人权而成为焦点。众所周知（即使是误知），美国人与中国人在个人与共同体利益的相对权重上存在分歧。然而，双方也都承认，保护个人权利是共同体的重任，而不仅仅是其他个人的重担；而一个社会的整体利益的提高，也需要个人行动（往往是具有牺牲性的）的支持。

第四个新关切，难以简明扼要地表述，这样来讲吧，它与互联网有关，与几乎所有人在权限结构上都可获得的那种几乎即时的全球通信的影响有关。世界上大多数文化都习惯于培训精英来监控、监督和审查高层沟通。但构建知识的批判性评估和权力的批判性结构的传统方法，正在被互联网上不受监督的思想"聚宝盆"所破坏。如教授们会为学生为学期论文而下载的观点是如此的缺乏品位而感到沮丧；如今，美国开展的政治竞选活动，对那些不归属于任何政党或传统的潜在选民也具有强烈的吸引力。那么，我们如何从哲学上理解这一点呢？总之，互联网可能会给民主赋予新的含义。

将诸如此类的新主题与来自世界各种哲学传统的旧主题结合起来，开展一项全球对话的任务的艰巨性是显而易见的；但在这一对话中，古代哲学见证者将拥有当代生活。

善一分殊：儒家论形而上学、道德、礼、制度与性别

（4）然而，仅仅进行全球公共对话是不够的。此外，我们还需要建构实证哲学体系，对从文明的基本成就中所产生的问题进行融贯的讨论。我之前提到过形而上学、认识论、伦理学、艺术、科学、宗教、法律和政治，当然，这是用西方的表达来说的。不过，尽管在不同的文化中，界限的划分可能有所不同，但是，所有这些问题都在哲学的文明传统中得到了涵盖与反映。关键则在于，一种适合全球公众的当代哲学，需要能够提供一种贯穿这些领域的融贯性解释。然而，由于我们对于具有建构性哲学意图的前三个要素的思考还是如此原初，所以，我们距离一个真正全球化的充分发展的哲学，还有很长的路要走。

与这种在全球语境下展开的野性思辨的与理想化的哲学纲领相比，成中英的建构性哲学很值得称赞，因为其迈出了巨大的一步。当然，也许他没有将伊斯兰教融入他对中国与西方的理解中；也许他的语言是特殊的，因为还没有接受过长时间的公开检验；也许当代哲学的议程还太不稳定，以至于他无法解决其所有要点；又也许他的建构性思想尚需要在文明经验的各个主要领域中进行更系统地表达。但是，尽管如此，他在这些领域的成就确实是如此地令人惊叹。

第八章

吴光明：“活宝三人组”①之一

---

① 译者注：原文 *The Three Stooges*，出自著名的喜剧影视系列《活宝三人组》，鉴于中文语境理解之适宜性，亦可理解为"三个臭皮匠"。

一、"活宝三人组"之一

很久以前,有三个"活宝",他们在电影中赚到了钱,并以喜剧演员的身份而成名。在那之后,仍然是很久以前,还有另外三个"活宝"——吴光明、郝大维与我,这三个人在大学与会议上作了跨文化哲学的巡回演讲会。但是,他们并没有赚多少钱,也没有获得多少名望,不过,他们的确找到了他们每个人所追求的不同的跨文化科研项目的根源。在本章中,我想对我们之间的一些差异作出一些反思。

我们当中最优秀的人是郝大维,他的离去让我们所有人都变得更加"穷"。我、吴光明与郝大维的合作早于郝大维与安乐哲(Roger T. Ames)所进行的更著名、更富有成果的合作。他与安乐哲合著的那些著作,如《通过孔子而思》《期待中国:探求中国和西方的文化叙述》以及《汉哲学思维的文化探源》，可以说，已经决定性地塑造了公众对跨文化比较的对话的理解。然而，这些比较丛书中的大部分哲学思想，都是阐述、延伸了郝大维早期著作中的思想，也就是与他作为三个"活宝"的最圆满的角色同时代的那些思想，即《经验的文明：怀特海式的文化理论》《爱欲和反讽》以及《不定的凤凰》。在《经验的文明》一书中，这是一本研究怀特海文化哲学的著作，郝大维指出，对怀特海和他自己而言，哲学实际上就是文化哲学。郝大维将"文化哲学"定义为去表达在文化中重要的事物。一种哲学表达了一种文化中具有价值与重要性的事物的缩影或典范，因此，哲学之所以有价值，在某种程度上，这是因为哲学表达的是文化应该重视的重要的东西，而不是正确的东西。对郝大维而言，哲学既可以还原为也可以扩展为文化哲学，这则取决于你的观点，也就是说，哲学是一项描述性事业。在《爱欲和反讽》与《不定的凤凰》这两部著作中，郝大维则详细阐述了一系列区分逻辑秩序与审美秩序的复杂思想。他认为逻辑秩序强加了一种单一形式，以此将混沌组织成一个宇宙；而审美秩序则认为混沌中的每一个事物都是一个自身独立的世界，亦是看待其他事物的一种视角；因此，他认为应该优先考虑混沌，并认为宣称宇宙的统一或存在可理解的秩序，这仅是一种虚构而已。对于郝大维以上的这样一种观念，郝大维与安乐哲展开了进一步的发展，即审美秩序就是他们所谓的"第一问题思维"（first problematic thinking），并认为这是西方一些前苏格拉底学派的特征，亦是中国古代儒家与道家的主导观点。随着柏拉图与亚里士多德的出现，逻辑秩序或"第二问题思维"（second problematic thinking）则在西方哲学中占据了主导地位，这一"占据"则被郝大维和安乐哲视作一件坏事。郝大维与安乐哲希望通过书写他们在中国哲学中发现的那些资源，来为西方世界重新激活已被边缘化的第一问题思维。郝大维以及安乐哲的比较哲学，因此强调宏大的文化比较主题，这些主题捕捉了不同文化中重要事物的不同形态。不可否认，这些主题在所研究的文化中也有例外，但作为哲学，这些例外可以忽略不计，因为他们在那些文化中没能维持自己的重要性。也就是说，文化哲学并不是文化弱势群体的尊重者。然而，我们中的一些人发现，这里存在着一件具有讽刺意味的事情，即对于西方哲学中的文化弱势群体，郝大维存有着一份极大的偏爱，他极大偏爱如第一问题思维、审美秩序，或者他有时所说的哲学无政府状态，而这份偏爱则是促使他分析与欣赏中国文化的动力。也就是说，他同时又认为西方文化弱势群体是这种文化的"领头羊"。我将把郝大维研究跨文化哲学的路径称为"文化对比的主题哲学"。而郝大维则会将此称为道家式的路径。

二、吴光明的道家思想

吴光明的跨文化哲学也是道家式的，然而，这与郝大维的跨文化哲学在许多方面却都是对立的；又或者我们可以期望它们能够相互补充？对吴光明而言，中国文化的核心是通过具体的或特殊的意象来间接地表达重要事物。我把他的这种跨文化哲学称为"挑战系统抽象观念,诗性召唤独一(singular)的重要性"。他在自己的著作中对"身体思维"(body thinking)一词给出了精确表述,那本书的标题中就包含了这个词,即《中国的身体思维:一种文化的诠释学》。但对吴光明来说,它表达了一个更普遍的观点,即中国哲学与文化,它们是通过特定的故事与非常具体的意象来处理他们最深奥的思想。但是,吴光明从未声称中国思想没有一般概念。相反,他认为庄子的每一个故事的要点都具有非常普遍的意义①。不过,尽管如此,吴光明绝不会认同,中国思想可以用普遍或通用的术语来表达这些故事应该意味着什么,因为他认为对故事的解释将包含更多的故事与具体(我可能会说"身体的")意象。对吴光明而言,中国思维对抽象观念(abstractions)过敏,对抽象观念的体系更是过敏。四十多年来,他一直惊讶而百思不得其解的是,我对中国哲学的了解已经到了这种程度,却仍然还是一个系统哲学家!

然而,吴光明对西方思想的欣赏程度要远远超过郝大维。吴光明的《文化诠释学》丛书中的《中国的身体思维:一种文化的诠释学》与《共集的"论理学":一种文化的诠释学》,对西方思想家的讨论与对中国思想家的讨论篇幅一样多,不过他尤其表现出了对欧陆传统的深切欣赏。不过,他也同意郝大维的这一观点,即西方思想一直以抽象观念为中心,甚至在谈论身体问题时也是如

---

① 参见吴光明的著作:《庄子:游戏中的世界哲学家》《与蝶共伴:〈庄子〉前三章的沉思》。

善一分殊:儒家论形而上学、道德、礼、制度与性别

此,比如在梅洛·庞蒂的哲学中便是这样①。我认为吴光明的基本信念是,实在(reality)不可避免地是独一的,但也是重要的。因此,任何试图用共相来描述实在的行为即使不是明显的错误,也是误导。此外,吴光明相信从根本上来说,中国的传统才是对的,尽管我们可以从西方的普遍性与抽象性概念中学到很多东西,通过这些概念我们可以操纵实在。然而,吴光明对于操纵实在感到非常紧张不安,因此,他开始转向关注道家的自然浪漫主义。

郝大维与吴光明都以各自独特的方式发展了菲尔莫·诺斯罗普(F. S. C. Northrop)所作的这一基本区分,即东亚文化发展了"直觉概念"(concepts by intuition),西方文化则发展了"假设概念"(concepts by postulation)。不过,吴光明从这种区分中得出的启示与郝大维有所不同。对郝大维而言,这种区分标志着不同的广泛主题,这些主题定义了在各自的文化中谁是中心,谁是边缘。对吴光明而言,这一区分则意味着我们有必要立即深入去讨论特殊情况。尽管郝大维声称自己是一个默认的唯名论者,但是,他的哲学认可的是去对比抽象的文化主题。吴光明虽然同意唯名论(nominalism)的优点,但是,他并没有诉诸文字上的普遍性来说明这一点,他的论点是通过对特定思想家的分析而得出的。

吴光明的著作,几乎总是二阶哲学(second-order philosophy),即对哲学、哲学家及其样式所进行的评论。如《与蝶共伴:〈庄子〉前三章的沉思》,就是对《庄子》中的一个相对较短的文本所进

---

① 参见吴光明的著作:《中国哲学中的历史、思想与文学》。

行的一种非同寻常的扩展分析,其中使用了从训诂学到哲学思辨的多种分析方法。吴光明是以注释的方式来做哲学的,不是自己创作宏大叙事(master narratives),甚至也不是微小叙事(petite narratives)。他具有出色的文学想象力,创作了许多引人注目的意象,又或是对中国原有的意象作了精彩的演绎。但是,它们很少是一阶哲学(first-order philosophy),它们更像是一阶意象的二阶意象与二阶理论。相对吴光明而言,郝大维的文化哲学则主要是三阶哲学(third-order philosophy),即对二阶哲学家研究一阶哲学的思考方式所进行的评论。因此,郝大维在他最后的主张中还原了大型主题比较,吴光明则乐于对许多哲学家进行详尽的比较性讨论,这些讨论越来越精致,越来越细致入微,亦越来越推崇间接比较。

三、儒家式司各脱主义

现在,让我来介绍一下第三个"活宝",他是一位儒家式的司各脱主义的唯实论者。需要指出的是,在这一意义上我是一个司各脱主义者(Scotist),即我认为事物都是具体的殊相,用邓斯·司各脱的术语来讲的话,也就是事物都具"此性"或"个性"①。我还要指出的是,尽管如此,"器"(concrete things)在其内部又包含着共相或"共同性质"。独一性(singularity)虽然是实存的标志,但是,有时共同性质,例如存有人性、存有理性以及应有尊严,

---

① 有关我在这里提出的观点的系统阐述,请参见我的著作《尺度的恢复》。

善一分殊:儒家论形而上学、道德、礼、制度与性别

比一个人的"此性"（thisness）与另一个人的"此性"不同这一事实要更为重要。我同意查尔斯·皮尔士的这一观点，即中世纪、文艺复兴以及现代西方哲学的大多数错误，都来自对唯名论的无意识（有时是有意识）的承诺。因此，我认为郝大维与吴光明在他们的唯名论方面都是失误者。（不过，对"活宝"来说，做一个失误者，本身是快乐和愚蠢的一个欢乐的结合。）

此刻，应该尽快指出的是，对吴光明而言，具体殊相是有意义的，并且是意味（signify）着什么。对此，皮尔士会说，大多数唯名论者都认可这一点，但没有对此采取任何行动（例如，认可共同性质）。吴光明不认为共同性质或共相是理性抽象观念之外的任何东西。因此，如果按照字面意思将共相应用于真实的事物上，共相就是错误的，然而，它们可能会变成有用的隐喻。相反，他认为，"独一"的意义可以通过一种承载间接性的诗意语言来被引证。换句话说，即吴光明认为，意义可以通过诗意言说（poetic speech）被表现出来，但不能说得平淡无奇。通过仔细地关注一个故事，又或者细致入微地评论一系列意象，吴光明希望能对诸独一的重要性有一种新兴的直观性把握。诸独一的重要性可以包括不同传统的哲学家之间对它们的比较差异。

对郝大维而言，比较探究的直接目的则是，对被比较的文化所重视的、不同事物的一种受过教育的、直观的审美性把握（an educated intuitive aesthetic grasp），他的美学是对殊相的重要性的高层次抽象观念的颂扬。对吴光明而言，比较探究的直接目的是对诸独一事物之间的差异与联系的一种不同类型的受过教育的、直观的审美性把握,这种把握有一种教化出来的对共相与抽象系统的非依赖性。但对于第三个"活宝"而言,比较探究的直接目的则根本不是直观性的,而是充满着一种易错性的感觉基调;比较探究的整个过程自始至终都是审美的,但仍是容易出错的。

四、比较:道家与儒家

我认为,比较性研究含有三个假说性研究的阶段①。第一阶段,明确模糊的比较范畴,界定不同文化的思想要在哪些方面进行比较;这是极其充满试探性的研究工作。第二阶段,考察不同文化是如何不同地规定这些比较范畴的。比较范畴在逻辑意义上是模糊的,这意味着它们能够容忍彼此矛盾的观念的规范。一旦人们了解到不同文化是如何以不同方式规定比较范畴的,就有可能找出它们之间的共同点、不同点以及重叠之处等。比较需要说明不同的规范性是如何关联的;而如何陈述这些比较,也都是具有试探性的研究工作。但是,接下来的第三阶段则是,去考察有关规定模糊范畴的以上试探性的工作,是否揭示了比较范畴本身存在偏见。即是否将一种文化的观念,凌驾于其他文化之上,边缘化或扭曲了某些观念? 我们只有在对文化在确定用于比较的方面,做了大量的比较工作之后,才有可能回过头来检查比较

---

① 这种比较探究的理论,在我的《规范文化》一书中得到了发展,并在我的"跨文化比较宗教思想项目"的三本著作,即《人的境况》《终极实在》与《宗教真理》中得到了详细阐述。请特别参阅韦斯利·J. 怀尔德曼(Wesley J. Wildman)与我本人合著的《终极实在》一书的第八章与第九章,即"On Comparing Religious Ideas"与"How Our Approach to Comparison relatives to Others",我是第八章的第一作者,而他是第九章的第一作者。

善一分殊:儒家论形而上学、道德、礼、制度与性别

范畴的形成过程中所存在的偏见。因此,在比较探究中,结论与最终得出稳定的比较范畴密切相关,因为比较范畴容易受到批评,因而它们必须尽可能彻底地接受检验,正如它们必须根据范畴来进行比较一样。我们则应该期待跨文化哲学家共同体的不断发展壮大,能够改变和补充关于什么应该进行比较的大规模理论,同时补充比较的细节。

作为出色的比较主义者,郝大维与吴光明实际上已践行了我以上主张的这些研究工作。也就是说,他们不断地以辩证的方式,修正他们所比较的总体结构与概念,并在比较内部去继续发展比较。但是,他们的比较哲学使得他们很难自觉意识到这一点。对郝大维来说,他愿意牺牲一种文化中的例外,以换取该文化中占主导地位的东西,这则意味着他将无法通过被他所遗漏的东西来纠正他的主题比较范畴,这使得他致力于把大型的抽象主题作为比较的真实材料。对吴光明而言,他对抽象观念的过敏,则导致他在原则上很难集中精力纠正他所实际使用的比较范畴。由于对吴光明而言,比较探究的直接目的是,展开对"独一"的重要性的一种受过教育的直观性把握,因此,他并没有将比较探究内置在一个使比较范畴易于修正的有意识的过程中。事实上,他有时写得好像没有比较范畴,但这样一来,事物将无法在任何方面进行比较。

我的这两位"活宝"伙伴反对我的方法,因为我认为他们对儒家的特性的感知,从那些认为称自己为道家很重要的思想家的立场来看,是一件坏事。相对于他们的视角而言,儒家的特性有两个要点，一方面是强调成为士大夫的重要性，另一方面是强调礼的重要性。一个士大夫，会把智识生活与管理社会过程紧密地联系在一起；我的比较探究的概念——也至少有三个阶段的易错性工作，它们需要去不断修正——才能在协同工作中找到它们的立足之处。人们需要由同事组成的机构来展开比较工作，如此一来，我们的工作不仅容易被纠正，而且实际上也的确会得到纠正。也正是出于这一考虑，我制定了波士顿大学跨文化比较宗教思想项目，将之作为比较的范式媒介（paradigmatic medium）。此外，我在纽约州立大学出版社开发了该系列丛书，我的两个"活宝"伙伴的著作也已经在这个系列中陆续出版了。并且，与我的那些更喜欢逍遥地独来独往的同事们形成对比的是，我做了一辈子的学院管理人员。总之，我的儒家心性怀疑，道家对无所依附的自由的热爱是一种幻想，它让人依赖于直观洞见的闪现，而不是经过完善与充分检验的假说。

比起作为士大夫的知识分子的以上要点，礼的要点则要更为微妙。儒家的礼仪观，特别是在荀子那里，认为几乎所有的人类活动与交互，都是由习得的手势、语言、动作、乐趣以及共享情感以符号方式结构化而成。一种礼仪结构（ritual structure）是模糊的，但是，需要在参与时对其加以具体说明或规定。经验丰富的礼仪参与者（ritual players），会以微妙而果断的方式来个体化其礼仪活动（ritual activity）。因而，礼仪结构也会随着这一个体化的礼仪活动的表演而改变，就像比较范畴在进行比较时也应该加以改变一样。儒家哲学家是礼的批判者，他们或是指出目前的礼

　　　　　　善一分殊：儒家论形而上学、道德、礼、制度与性别

在哪些方面是不充分的、有损人格的，或是指出在使本应仁爱相待与体现文明的人际关系成为可能方面存在着的缺陷。进行跨文化比较就是去创造礼，使比较主义者能够在不同文化间起舞。这些礼包括试探性地形成比较范畴，以便比较不同的规范并使它们得以相互联系。这亦是郝大维所精通的跨文化比较的一部分，亦是一次明智的飞跃，其目的是阐明不同文化的方法或范畴。礼还包括知识实践或智慧型的操练（intellectual practices），即与被比较的具体言行打交道，检验它们的言说，探究它们在比较范畴内是否得以被正确地表现出来等等。跨文化比较礼仪的这一部分，则是吴光明的天才之处，他对带入比较的事物的诸独一性进行了精妙、感性的展示。跨文化的比较礼仪，也应该让这两个阶段处于一种不断修正的状态中，即互相修正并且自我修正；这正是儒家所向往的那类比较。

比较而言，我的这两个"活宝"伙伴，对系统或哲学的任何其他部分的宽容度都不太高。对郝大维而言，系统优先考虑的是逻辑秩序而不是审美秩序。对吴光明而言，系统则采用了证伪"实在"的诸独一性的那些抽象观念。然而，如果一个人不使自己的哲学思想易于从可以想象的尽可能多的角度加以修正，那么，他又怎能提出自己的哲学观点来展开判断活动呢？如果缺乏这一点，即使哲学确信其结论已经变得直观，哲学仍是武断又任意的。所谓哲学中的系统，不就是试图从所有可能被审视的角度来看待事物，并对它们的诠释进行纠正吗？系统中所使用的抽象范畴是将事物关联起来，以便使事物易于相互修正的一种建构。所谓

"抽象哲学范畴"这一明确表述，就是要诚实地正视这一点，从而使范畴本身反过来又易被修正。所有的系统本身都是假说，但这些假说或多或少是有根据的。可以说，以一个系统作为整体的指导结构来进行工作，就像是在参与一种礼；这个礼本身在参与中会得到修正，但是，这个礼本身也允许关注从形而上学到独一的所有抽象层次。的确，那些强调系统建构的诚实性的人，在大主题的直观比较中，可能不及郝大维那样出色；而在识别事物的诸独一性及其重要性方面，可能也不如吴光明那么精妙。尽管如此，我很有信心，前两个"活宝"需要第三个"活宝"才能够保持平衡。

现在，来关注一下给道家所贴的那些标签。即就自然界中所有自然物之间的联系以及人类生命在自然界中的嵌套而言，我怀疑道家对这些的感知能力，与郝大维所提出的假设相左。郝大维认为道家支持一种混沌，在这种混沌中，每一种事物、每一种文化、每一个工程，都是一个自成一体的（独立的）世界。同时，我还怀疑，强调"无为"以作为一种有效的行动形式，也在一定程度上（虽然没有那么严重）与吴光明所提出的那种间接认知与间接言语的假设相左。我还认为，道家对儒家的态度，比吴光明与郝大维所希望的要友善得多；而且只有当儒家的礼变得僵化，以至于不再需要进行"独一"的具体化，来允许其自身在参与中生发改变时，道家才会对儒家持批评态度。儒家与道家都强调了解事物的本末，并且都在寻找那些平衡时刻；而在这些时刻，一个微小的自发行为就能对随后发生的事情产生很大影响。对古典道家而言，开启自发性机会的因果律是自然律。对古典儒家而言，我们最需要了解的则不仅仅是自然律,还有社会制度建设的规律,家庭成长与世代更替的规律,政府组织的规律,文化事业的规律。如学院派儒家则关注了学年制的规律,他们知道对阅读书单与教学大纲的具体设置,将会是引导自发性改变的机会。从哲学体系的角度来看,系统的跨文化比较亦有其规律,而这往往是最值得注意的。

我知道,我永远也无法说服吴光明,使他既爱系统又爱独一。但是,就像"活宝"们彼此惯常对伙伴们做的那样,来给对方一击唬唬对方,还是蛮有趣的。

第九章

中国文化的
精神基础

引　言

　　我非常感谢能有机会在这次会议上就精神基础与中国文化这一主题发表演讲,我将借此机会尽我所能认真地探讨这一问题。首先需要指出的是,"精神基础"(spiritual foundations)与"中国文化"(Chinese culture)都是歧义短语,因而,我的目的是对其中一些最重要的歧义进行分类与整理。

　　关于"精神基础",首先,这一短语可以指的是精神生活的许多基础条件,而这些条件本身并不是特别属于精神的;其中包括有一个有食物,能够保障生命安全,且有同伴相伴的足够安定的生活,以及一个能够用以阐明精神问题的合理的、完整的文化。我知道,我们中的大多数人,可能会认为这些条件是轻而易举、理所当然的;但是,如果我们现在生活在达尔富尔(Darfur),我们就无法期待有太多微妙或深度的精神（或灵性）生活了，因为在那里，基础条件在很大程度上是缺席的；在那里，我们也会祈祷，但只是为了祈求让我们熬过这一夜。稍后，我将以中国文化为例，更进一步讨论展开精神生活的那些非精神条件。

其次，"精神基础"也指的是有助于提升到精神发展的更高高度以及更深入精神及其成熟形式的那些条件。精神发展的层次是接近终极层次的基础，且与之成正相关。就这一点而言，一种传统的语言、习俗以及文本，它们本身就是精神性的，但它们更是精神发展到更深层次的基础。大多数宗教传统，包括中国的和基督教的，都标明了精神发展的阶段，每一个阶段都是其后阶段的基础。如某些形式的佛教就区分了52个菩萨次第或开悟阶段。

最后，"精神基础"是指各种形式的精神生活作为其他事物（如艺术和高雅文化）的基础，甚至作为整个社会的生命力的基础所起的作用。今天，西方很多人抱怨说，西方社会已经失去了他们的精神基础，因此，对义务的根据、人的整全性意味着什么、对待他者的态度、生命的意义以及存在的生死偶然性，都比以往更加的不确定，因而导致人们坠入消费主义的深渊。

"中国文化"一词也有待类似的区分。首先，在中国历史文化中，究竟是哪些条件使得中国式的精神的特定文化成为可能呢？孔子抱怨在他那个时代那些条件是缺席的，因而他致力于做的就是修"复"这些缺失的条件。中国的马克思主义者则抱怨说，那些条件过于强大，以至于中国长期溺于一个不公正的封建国家，这些马克思主义者因而试图消除中国文化中那些负面的传统精神。

中国文化也曾是佛教（在唐代占主导地位的中国精神文化）这一"异教"（外来宗教）的肥沃的"基础"土壤；一些社会学家则认为，尽管基督徒在中国总人口中所占的比例仍然很小，但绝对人数已不少。

其次，"中国文化"可以是指在儒家与道家思想下发展起来的、受萨满教和佛教影响的、并在中国民间宗教中显现出来的特定精神维度。中国精神文化，我很快将阐明——它是极其复杂和多维的。自利玛窦那时起，中国精神文化与基督教的相容性就一直是一个问题。诚然，对中国基督徒、中国犹太教徒以及中国穆斯林而言，他们自己的精神则是中国文化的一种独特版本，尽管它们也各自包含着不同的历史根源。

第三，"中国文化"包括中国文化的这些方面，即这些方面本身依赖于文化的各种精神（或灵性）维度，但它们本身又并不特别具有宗教色彩，比如艺术、道德习俗与观念，以及许多其他由宗教而使之成为可能的东西。因此，这致使我们很难评估当代中国文化的这些本身非宗教性、但又依赖于其他宗教文化维度的这些方面。但是，我们也可以举出很多早期的例子，最著名的例子是儒家道德和政治政策的一些实例，并且在一种很有限的程度上，这些实例证明了以下这一主张的合理性，即儒学根本不是一种宗教，而只是一种道德生活方式；如王安石（1021—1086），尽管就与宋明理学精神所关联的圣人的精神维度与天理修养境界而言，王安石尚存在距离，但是，他仍然作为政治思想家而著名且深具影响力。

第四，中国文化还包括中国文化在中国地域版图之外的影响与延续，对此，需要从两个方面来展开讲。首先，中国精神文化在韩国、日本和东南亚变得非常重要，甚至占据着主导地位，但是，这些地方的本土文化（包括民族与语言根源）与汉族却迥然不同。例如，在韩国本土文化基础中，究竟是什么促使韩国对朱熹的理学精神特别友好；而在日本本土文化基础中，又是什么促使日本对王阳明的心学精神要更友好呢？

以上，为了区分"精神基础"的三种含义以及它们如何在中国的一些例子中得到例证，我提供了一些非宗教文化为精神文化奠定基础的例证；较低层次的精神文化为更高层次的精神文化奠定基础的例证；以及精神文化为文化的非精神元素奠定基础的例证；现在，我想提供一种更正式的模型，以说明如何思考这些事物，然后再回过头来对这些事物进行逐一讨论。

一、宗教的生态模型

在上述三种含义上考虑精神基础的基本模型来自生物学，这一模型适用于大多数（尽管不是全部）需要被理解的事物。让我们一起来考虑以下这个类比。一个池塘是一个复杂的生物生态系统，其中包括水中的细菌与其他微生物，生长在水底和岸边的植物（岸边这条线随水位而变化），生活在水中和水下的鱼、青蛙、水蛭和其他动物，以及生活在水面及其周围的各种昆虫，它们以水中的东西为食，并在邻近它们的植物上繁殖。这些物种中的每一个都被我称为一个"生态和谐"（ecoharmony）。一个活着的生

善一分殊：儒家论形而上学、道德、礼、制度与性别

态和谐拥有着有自己生命周期的成员，它们在更大的池塘生态系统中繁殖并进行各种活动。每一个生态和谐体都有两种成分需要我们去理解。首先，它有"条件成分"，该条件成分包括物种中个体所需要并从更大的生态系统中获得的所有东西。例如，鱼类不仅需要在更大的生态系统中获取食物，还需要适当的温度、水化学（water chemistry）以及繁殖场所等合适的条件；池塘中不同种类的鱼则可能需要不同的条件成分。其次，每个生态和谐还具有使得该物种"是什么"的"必要成分"（essential components）；在这方面，我们通常会想到 DNA。许多不同的物种可以在同一个池塘中生存，这是因为尽管它们有许多相同的条件成分，但是，它们也有不同的基本成分。然而，并非所有种类的鱼都吃同样的东西，或者在同样的地方繁殖，因此，它们的饮食和繁殖条件各不相同。我之所以称之为生态和谐，则是因为每个物种都是其基本成分和条件成分的一种和谐。在现代生物学出现之前，亚里士多德的科学倾向于只从物种的实质上来考虑物种，从而使物种存在的条件被置于次要地位。现在，我们则应该摒弃这种实体思维，并认为事物是与它们的条件成分相和谐的，对这些事物而言，这些条件成分把它们与环境联系起来，其同事物的基本成分一样重要①。

　　我一直在说"物种"是一种生态和谐，但是，池塘里物种中的每个个体也是一种生态和谐；目前，我们暂时可以忽略这种区分。

————————

① 在一个和谐中，区分条件成分与基本成分，这在形而上学上有着广泛的应用，我在著作《终极》第十章对此进行了详细阐述。

我们应该注意到的是，一个生态和谐中的每一个成分本身就是一个生态和谐。被大鱼吃掉的小鱼和植物，本身就是具有生态和谐结构的物种，即使它们在大鱼体内则是起着条件成分的作用。每种鱼类都具有一种带有诸"子结构"（substructures）的内在机体结构，每一个子结构都是一种生态和谐，直至 DNA 的分子结构，亦是如此。换句话说，每种物种都是这个池塘更大的生态系统的一个成分，池塘本身亦是一种生态和谐；它具有自己的"基本成分"——内部各种物种，它存在的条件成分则是——它所处的地形，以及来自更广泛的环境的化学与生物径流，在许多方面还取决于森林的化学成分与野生动物，以及该地区更广泛的地质与气候。

池塘本身可以被称为一个复杂的生态系统，一个自身具有某种整体性的生态和谐，其既包含了池塘之外的条件，也包含了池塘内部的许多生态和谐。根据池塘生态系统的稳定程度，池塘内的生态和谐或多或少相容。每一个生态和谐都依赖于池塘里的其他生态和谐，但可能并非依赖全部的生态和谐；有些生态和谐，也可能在其他和谐都没有消失的情况下消失。当使用生物生态系统作为一种模型，来理解在更大的文化中，精神基础是什么时，依赖关系中的不对称性是值得关注的。理解这种不对称性的最好方法则是——通过生态系统的进化维度。

让我们一起来想象一下，很久以前，一个消退的冰川在一块裸露的岩石上留下一小块水后，形成了该池塘。最初，池塘水中仅包含原初微生物，这些原初微生物既可以在冰川下生存，也可

善一分殊：儒家论形而上学、道德、礼、制度与性别

以在更温暖的气候下生存。因为冰川的消退,需要冰川寒冷的环境才能维持的微生物生态和谐便消失了。于是,草与食草动物开始迁移到周围地区,在迁移过程中,它们腐烂的残骸与粪便流入池塘;这改变了池塘水的化学成分,从而使更多种被冲进池塘的微生物找到了它们作为生态和谐生存所需的条件成分,它们的存在则又为更多的事物提供了条件成分。春季的洪水,把鱼和其他海洋动植物冲进了池塘里,附近池塘的昆虫飞了进来,鸟类撒进了新种子。森林发展到原来只有草的地方去了,池塘周围出现更多种类动物的粪便与腐烂的尸骸。大多数这些偶然的新的池塘生态系统,没有找到它们生存所需要的条件成分,但也有一些生态系统找到了,池塘的生物复杂性不断在增加。更特别的是,在池塘中,运动产生的 DNA 与它们这个物种的典型 DNA 略有不同。它们中的一些找到了生存所需的条件成分,于是一个新的物种便出现了。这个新物种又为其他新物种的生存提供了新的条件成分,因此,一些池塘特有的物种得以进化。随着池塘里的新条件成分的出现,一些曾经繁荣的生态和谐将无法生存甚至灭绝,其他依赖它们以生存的生态和谐也就相继消亡。因此,池塘在不断改变它内部生态系统的复杂性,一些旧的生态和谐逐渐消失,而一些偶然的或突生的新的生态和谐则不断涌现。

　　采用这种模型来理解精神基础与文化,我们可以说,人类社会和个人生活植根于自然。中国文化对这一点的理解远胜于西方文化,后者则认为自然是为了人类自己的目的而造的。在任何时候,人类生活都建立在一个庞大而复杂的生态系统中,其中包括地理、气候、特定地方特有的动植物条件,其中一些条件更是人类营养的必要条件,人类生存和繁荣所必需的各种社会生态和谐,以及文化系统、宗教传统、物质生活的经济条件、粮食生产系统、教育系统和建筑环境系统,所有这些都彼此相互嵌套在一起。你可以用你最喜欢的系统条件来补充这张清单,这些条件对于你的精神繁荣是必要的或重要的。但是,请不要只根据精神本身的那些用语来思考精神。因为精神本身的用语可能会让你想到的——只是其基本成分;而很容易忽略它的条件成分,即所有那些它所依赖的其他生态和谐,一直到基础的生物学与气候,但这些对于精神的同一性而言,正如其基本成分一样必要。你的精神的真正的"自己的用语",包括所有那些在复杂的生命生态系统中系统运作的条件成分,以及你通常用来识别精神的那些基本特征。

现在,我们需要对人类生活的这一复杂生态系统中的生态和谐,作出一个至关重要的区分。一个给定的生态和谐取决于其所处环境中的某些条件成分,而不是其他环境中的条件成分。只要这一生态和谐所依赖的条件成分仍然存在,其他生态和谐可以不复存在,而这个给定的生态和谐仍然可以繁荣。因此,相对于其他生态和谐,一个给定的生态和谐可以是依存的,也可以是独立的。例如,人类是从位于赤道的非洲进化而来的,除了其他因素外,还依赖于那里的气候。但是,在不改变 DNA 的情况下,人类可以通过发明保暖的衣服、舒适的住所等方式,来迁移到寒冷的气候里去。然而,寒冷的气候条件允许了新的 DNA 的平衡的进

善一分殊:儒家论形而上学、道德、礼、制度与性别

化,例如,减少皮肤中的黑色素。所以,我们可以说,人类物种依赖于一系列气候条件,但是,在得到适应的手段后,它又独立于任何一种气候条件。在宗教方面,伟大的传教传统总是需要某种文化来栖居;但是,在某种意义上,由于它们可以找到其他的栖身之所,因此,它们又独立于这些文化中的任何一种。例如,佛教,甚至在其发源地印度消亡了几个世纪,而在其他地方却蓬勃发展着。当然,那些其他文化得以允许各种新形式的宗教,实际上,这需要这种宗教生成一种新形式,才可能深入到新文化中去。这是一个有趣的问题,即当宗教从一个地区移植到另一个地区时,必然有一个本土化的过程,而这一过程是否改变了其"基本成分"呢? 许多人认为,儒学之所以不能移植,是因为它太多的被其东亚根源所定义——然而,对此,我在《波士顿儒家:晚期现代世界的可移植传统》和本书中,都提出了与之相反的观点。

正如在生物学实例中显而易见的那样,即生态和谐的生态系统是动态的、不断变化的,其形式亦不断变化以考虑其条件成分的变化。宗教习俗,包括与精神所关联的宗教习俗,亦是如此;尽管我们经常怀有一种浪漫的观念,即认为我们保留了"古老的"(ancient)、"纯粹的"(pure)或"原初的"(original)形式。

二、宗教与精神的定义

我的上述论点,如果不关注如何在人类生活的整个生态系统中标记出宗教与精神,这些论点将无法走得更远。在今天,如何给宗教下定义,这是极富争议的,我将仅提供一种启发式的定义,也就是说，这个定义对于区分并讨论精神基础与文化是有所助益的。我认为所谓宗教，即人类以认知、存在与实践的方式对终极实在的**符号性参与**。所谓认知性参与（cognitive engagement），我指的是从神话、传说到复杂的神学与哲学的整个范围，当然，它们是以不同的文化形式出现的。所谓存在性参与（existential engagement），我指的是个体的终极身份是如何与实在中的终极相联系而形成的。所谓实践性参与（practical engagement），我指的是表现且稳定与终极关系的所有公共与个人实践。

　　当然，这一定义的核心是终极（ultimacy）。尽管在此处无法提供太多的辩护，但是，请允许我快速介绍一下我对此的假说。终极实在（ultimate reality）是一种本体论层面的创造性行为，其创造了一切确定的事物。无论你或其他任何人认为世界是由什么构成的，从阴阳感应到原子粒子，而且无论谁被证明是正确的，它都必须是构成确定的事物。任何事物的"确定"，则都取决于与相关于它所确定的其他事物的结合，这亦是终极本体论层面的创造性行为的要求。除了创造世界之外，这种行为本身并不具有确定性。在西方，它被以人的隐喻来象征，从《圣经》中一些坦率的拟人化意象再到超验概念，例如，超越任何确定的区分的"一"（One），以及托马斯·阿奎那的将上帝视为纯粹的"存在的实现"（the Act of to Be）的概念。南亚的宗教同样延伸了意识的隐喻，创造了意识的内容来象征创造性的行为。东亚思想则发展出自发出现的隐喻，例如"道"，从而形成了一个由阴阳组合或变化构成的确定的世界。我将引用以下这段基础文本，因为它对

　　　　　　　　善一分殊：儒家论形而上学、道德、礼、制度与性别

理解中国的精神非常重要。它出自 11 世纪的新儒家周敦颐的《太极图说》：

> 无极而太极。太极动而生阳，动极而静，静而生阴，静极复动，一动一静，互为其根，分阴分阳，两仪立焉。阳变阴合，而生水火木金土。五气顺布，四时行焉。①

这里的要点在于，从没有它自己的特性的无极与太极，产生出了所有具有特性的事物。

创造一切"确定"的本体论层面的创造性行为的概念是非常抽象的，但是，在神学上也是卓有成效的。任何确定的事物，都必须相对于其他事物而成为确定的。因此，这意味着如果要有一个确定的世界，就必须有多种事物。每一事物都是成分的和谐，这些成分把它与相关于它所确定的其他事物联系起来；并据这些成分，把这些成分整合为它的独特的自身。前者的成分是条件性的，后者的成分则是基本性的。在讨论生态和谐的条件成分与基本成分时，我们已经见过了这样的例子。每一个确定的事物都是由具有四种特性的成分组成的一种和谐。和谐有一个形式或模式，各成分要在其中被安排；它本身具有多个必须被组合在一起的成分；它还有一个相对于其他和谐的存在位置，它因而是确定的，并且从中得到它的条件成分；它有一个"价值身份"，把这些成

---

① 引自周敦颐《太极图说》开篇的一段文字，《太极图说》译文，参见陈荣捷《中国哲学文献选编》第 463 页。

分和这个形式结合在这个存在位置上。我想要再次强调——如果没有什么是确定的，也就没有任何类型的世界，也就没有形式，没有形式化的成分，没有存在位置，亦没有"价值身份"。总之，这四个成分是任何世界与终极本体论层面的创造性行为的终极条件——即没有创造某种确定的事物，就没有创造性行为。因此，有五种终极实在——形式，将构成和谐的形式化的成分，存在位置，"价值身份"以及本体论层面的创造性行为。

抛开这幅图景的彻底普遍性不谈，站在人类的立场来考虑这个世界，承认存在许多不同的文化方式，在这些方式中，已经用相当实用的真理来象征这个世界了。人类面临着形式的终极，其伪装成我们可以在一定程度上控制的各种可能性，我们则必须在这些可能性中作出选择。这些可能性通常在价值上存在差异，我们则有义务作出更好的选择，以创造我们的道德品格（moral character），因为我们这样做是为了人类能够更好或为了避免情况恶化。每一种宗教都有着道德正义、审思、选择、失败、罪责、惩罚以及救赎等复杂问题，因为面对不同价值的可能性，如何抉择，这是人类生命的终极状态。

人类面临着拥有组成其整体生命模式的所有成分这一终极目标，这就涉及要与重要的成分达成共识，并以尊重其整体性的方式将它们整合在一起。就成分而言，其终极理想是整全性。肉体和精神上的痛苦和破碎，都是难以找到整全性的结果。因为生命是一个复杂的需要整合的事物，所以，对整全性的追求，是每个宗教都在面对的一个问题。

善一分殊：儒家论形而上学、道德、礼、制度与性别

人类面对着存在位置的终极，而其他人也和他们自己一样，都是本体论层面的创造性行为的产物。从自私的角度来看，就进化的适应性优势而言，人们倾向于只根据他者与自然环境，是如何帮助或阻碍自己或自己的内群体的利益方面来考虑他（它）们。但是，轴心时代的宗教都认同——因为所有他（与它），都在"普天之下"（用中国的用语来说），所以，所有事物都应该因他们的"是什么"而受到尊重。所有宗教都需要面对应对所有事物都赋予同情与正义这一问题，无论它们对这一含义的解释有可能产生巨大差异，也无论普世之爱与正义的实践有可能是如此的不完善。

人类面临着具有"价值身份"的终极目标，因为人类要根据生命应该意味着什么或合乎什么，来处理他们所面对的几乎总是模棱两可的那些价值。考虑到人的"价值身份"，他们如何融入创造性的宏观图景中呢？有时，这表现为对实存的安全感的追求，以不朽或转世为框架。在更现代的时代，这个问题表现为在一个似乎没有任何意义的宇宙中寻找意义。所有的宗教都要面对"价值身份"的意义问题。

人类处于意识到偶然性所产生的震惊中，面对着本体论层面的创造性行为上存在的根本偶然性，这种偶然性有别于生命流中的普通意外事件，这种震惊通常与意识到死亡这一遭遇有关。在某种程度上，最深层的终极问题是，是肯定还是否定这种实存，是从根本上感恩还是从根本上憎恨它。从某种意义上说，大多数宗教都提倡同意一般存在或普遍存在（being in general），感恩并与创造性行为及其根本偶然性产物结合，尽管这一结合充满了痛苦与死亡。

现在,我已列出了人类生命的五个终极界限条件,它们则分别又或一起以各种不同的组合形式,确立了宗教问题:承担义务,寻求整全性,与他者交互,追寻意义,对一般存在或普遍存在的同意问题。可以说,每种宗教都有有关社会建构的相关范畴,用以参与这五个终极目标,就此而言,历史主义是真实的。对于这些参与,各宗教绝不会表达相同的话。但参与的终极条件是实在本质的一部分,这必然是人类可能生活的任何世界、以任何方式成为确定的世界的特征。因此,对于任何文化来说,宗教都是对现实的应对,就像它对气候的应对一样;应对虽不相同,但是,它们所应对的对象是真实的。

当你问什么是宗教时,对于这一问题的回答,你可能会发现很有趣。社会学家的答案是,宗教是社会内部的一套功能,就像涂尔干关于团结合法化(legitimation of solidarity)的主张一样;人类学家的答案是,宗教是那些被证明是可以传承的文化元素;心理学家的答案是,宗教是一种应对心理问题的机制;历史学家的答案是,宗教是一个主要范畴,其被用来描述一个群体的身份认同在时间上所呈现的连续性;进化生物学家的答案是,宗教是对遗传适应性优势有贡献或没有贡献的要素。应该说,这些学科中的每一门都以特定的生态和谐作为其主题,这些生态和谐则是作为"参与终极"的条件。宗教始终具有一定的社会背景,并采取一定的社会形式,即使对隐士来说亦是如此。宗教始终需要文化元素作为其追寻五个宗教问题的场所;宗教总是产生于心理状态中,并反过来改变心理状态;宗教参与也始终是更大的故事的一部分;宗教也影响着适应性优势的好坏。但是,我建议我们牢记,社会、文化、心理以及其他方面的宗教维度,只是那些涉及参与终极实在的维度。一个社会存在着能够发挥参与终极作用的制度的事实,并不意味着这些制度总是这样做,并且如果没有如实这样做,则应该从社会而非宗教的角度来理解它们。儒学与基督教等文化传统可以产生强大的社会影响,并具有历史价值,即使它们在宗教上已经死亡,并不是参与终极的场所。但所有这些东西,都可能是宗教的潜在条件成分,但是,当缺乏对终极的参与时,宗教的基本成分便会缺失,这些潜在条件则应以其自身非宗教的术语来予以理解。但是,在考虑宗教时,我们不能仅仅从宗教的基本成分来理解它,还要从使它成为可能的所有条件成分,例如社会、文化传统、心理构成和其他方面来理解。

　　增添这样一个快速勾勒的宗教的整体理论,对于因此而带给大家的理解负担,请允许我说声抱歉。但是,要在理解这些问题上取得重大进展,即中国文化或任何文化如何成为精神的基础,一种文化的精神如何具有更多或更少的基础元素,以及精神本身如何影响更大的文化,的确需要我们对这样一种宗教的整体理论有所理解。幸而,精神(或灵性)并不是宗教的全部。更确切地说,精神(或灵性)这一术语,正如西方所使用的那样,主要指的是追寻整全性以及与终极创造性行为本身结合的问题。诚然,义(righteousness)、他者的参与或交互以及追寻意义这些问题,都关系到精神,反之亦然。但是,精神最突出的意思是两件事之一或两件事，即在对整全性的追寻过程中整合自身，或让自己全身心地投入以参与到本体论层面的创造性行为中去。

接下来，我想要讨论的是，中国文化是如何为精神的这两种意义——即追寻整全性和与存在的基础结合——提供基本成分的。我将讨论与这些中国文化基础有关的儒家与基督教的精神形式，重点将放在儒家上，而暂时忽略其他中国宗教传统。我将首先讨论中国文化基础完整的（intact）时候的情况，然后再讨论中国文化基础芜杂的（disarray）时候的情况。

三、完整的中国文化

像所有成熟的宗教文化一样，对于如何应对这五个宗教问题，儒家也有自家的详尽方法。关于承担义务的终极条件，儒家，既有"理"的形而上学，在事物中体现为一种融贯性或和谐；又具有在习得性选择的基础上，学习辨别与完善行动的复杂方法。关于与他者交互的终极条件，儒家，既有一种复杂的"爱有差等"理论，又有仁的理念。关于"价值身份"的意义的终极条件，它存在着寻找天命的问题。

关于这两个精神问题，儒学最强调的是对整全性的追寻，并以圣人的一生来实现这一追寻。圣人需要立志去自我改变（这一改变有着阶段性）。尽管这显然涉及对"义"的明辨，培养对他者最有效的爱，以及实现与天命的相称；但是，圣人更注重自我的整合与至善，以成为安乐哲所称的"仁人"（consummate person）。孔子最著名、最常被引用的一段话正是对此的体现："吾十有五而志于学,三十而立,四十而不惑,五十而知天命,六十而耳顺,七十而从心所欲,不逾矩。"[①]

达至儒家圣境(Confucian sagehood)的精神操练(spiritual discipline)的文化条件是什么呢？其中最重要的两个,即家与特定的礼结构。儒家所强调的家,不仅仅是指核心的生物家庭,更是指一个有三代甚至四代人的大家庭。而且,该家庭被理解为处于一个亲缘关系相近的亲戚们也共同生活的村落里,那里也住着每一代人的姻亲,因此,几乎每种可能的关系在那里都得到了体现。在这样的语境下,一个人在成长过程中,几乎会在每一种关系方式中都被爱着,并且也会学会去回馈爱。对于一个人的构想成圣的任务而言,这种"家"的存在是一套重要且可能是必要的条件。在儒家的精神中,对整全性的追求,最重要的设定是,一个人被爱,并在广泛的人际关系中学习如何回报爱。如果缺乏这样的家庭背景,一个人处于这样或那样的伪装下,他将无法具备修身以达圣人精神所必需的条件。因此,儒家的家,不仅存在于可直接接触的家庭中,而且还存在于其祖先的历史中。今天在家庭中传承下来的仁爱美德,来自祖先在美德方面的成就。在任何重视家庭或部落认同的文化中,传承这种家庭的神圣品德所带来的团结(solidarity)意识,都会引起共鸣。但是,这种团结在中国文化中得到了非常深入的发展,而且以一种几乎不依赖于部落主义的方式得到了发展。总之,孝道是人可以在精神上存活于世间的一

---

① 《论语》,2.4,译文参见陈荣捷《中国哲学文献选编》第 22 页。

个重要条件。

就礼而言，社会生活的许多层面都依赖于礼，这些礼使行为得以习惯化，以方便进行日常的道德决策并与他人建立联系。但是，礼就像正式的舞步一样，将人们的活动交织在一起，从而使社交现实达到新的高度。可以说，没有作为其条件的礼，大多数社交现实都是不可能的。关于精神，礼的内容并不是特别重要，除非社交现实本身是精神性的。但是，一个人如何表演礼，以及如何使之个体化，如何使之为自己所用，这确实是一个事关最终在一个复杂的社会环境中获得整全性的问题，之所以说其复杂，是因为在这个环境中，成百上千的礼正在同时上演。很显然，孔子的大部分教导，都是关于礼与如何将自己投入"礼"中的指导。表演重要的礼，这是一项精神任务——即学习将自己投入到完整的生活礼仪基体中——的重要条件。我们很清楚，圣人是"知礼"者（a ritual master）①。

虽然"智"（这也是一个突出的儒家主题）是儒家追求整全性的精神终极的一个理想；但是，对于儒家寻求与本体论层面的创造性行为相结合的精神途径而言，它却不是同样突出的主题。古代儒家，尤其是荀子，对天神秘的、不可言喻的威严充满敬畏；但是，在古代世界，似乎很少有通过关注精神本身去试图表达这种威严性。然而，随着中国佛教的发展，儒学了解到了冥想的语汇与修行。我们应该还记得，如前所述，中国人对创造的本体行为

---

① 译者注：应该是源于《论语》："子入大庙，每事问。或曰：'孰谓鄹人之子知礼乎？入大庙，每事问。'子闻之，曰：'是礼也。'"

的隐喻,与源于无、虚(空)的事物的自发性有关。宋明理学非常强调这种冥想,尽管通常是以批判佛教的方式在进行。宋明理学家认为,佛教对空的冥想(译者注:即"观空")导致了完全的空无,进而又导致了寂灭论(quietism)。宋明理学家冥想于"无极",认为其自发地产生了确定的世界;就人类而言,同时也促成了行动。对宋明理学家而言,我所说的与本体行为的结合,意味着识别这种本体行为并将其认同为自己准备进入行动的内心。对于各个时期的儒家而言,事物的终极基础已经在人心中被找到了。因而,要与"存在"的基础保持联系,并不是要像佛教徒那样为了冥想空(观空)而从世界撤退到寺院,而是要增强行动的意愿。

关于儒家精神的中国文化根源,至此,我们现在已经谈论得非常多了,就暂且先讨论到这里吧,尽管仍只是简单的概述。接下来,我将来思考作为基督教精神基础的中国文化根源。的确,基督教精神在很多方面都不同于儒家。但是,利玛窦,这位 16 世纪来华的伟大的罗马天主教传教士,意识到了中国文化根基中所蕴存的支持基督教的巨大潜力。他认为,儒家圣人精神根植于家与礼,这与受过良好教育的基督教贵族非常相似。因此,他学中文,着儒服,并以一个相当受人尊敬的圣人身份与儒家知识界打起交道。他之所以后来取得那般成就,这在很大程度上则是源于他当时被尊为圣人。利玛窦还认为,他在中国古代的"上帝"观念中,找到了可以与天主联合的中国文化条件,即"上帝",作为风暴之神,其是最早的王朝的最高神,具有拟人化特征,宛若耶和华的早期再现一样。但是,在这一点上,利玛窦与儒家文人的交谈就不那么成功了。这些儒家文人很清楚,在成熟的儒学中,人格化的上帝观在很大程度上已经被放弃了,取而代之的是非人格化的天、无极与太极的概念。不过,从长远来看,利玛窦的传教终究是失败了,然而,这并不是因为他的中国版本的基督教神秘主义没能流行起来,尽管这的确是一个原因。但是,真正的问题出在罗马教廷,因为他们拒绝了中国人依赖"家"以成德与成圣的这一条件。中国人对祖先的崇拜,被罗马教廷认为是与基督教一神论不相容的一种偶像崇拜行为,因而,罗马教廷禁止了利玛窦的那些传教策略。然而,在现实的中国文化中,崇拜祖先,与对天、道或本体行为的任何其他象征(符号)的冥想性参与(meditative engagement),这两者从未被视为是不相容的。但是,将中国人崇拜祖先类比为基督徒崇拜圣徒、天使与圣母,罗马教廷认为他们从未见过这种充满讽刺的类比。总之,当时的新教徒确实认为,崇拜祖先与罗马天主教的虔诚条件、一神论的精神是无法相容的。

四、不完整的中国文化

现在让我们回过头来,用批判的眼光来反思儒家与基督教的精神理想,以及它们与作为其条件基础的中国文化传统的关系。我之所以谈到精神理想,是因为这种理想很少能实现,无论是儒家还是基督教。而原因通常是,他们所需的条件很少得到满足。如果成为圣人的问题,依赖于是否拥有一个庞大的家以及与祖辈的密切联系,而这些祖辈需要是值得一代又一代人尊敬的;那么,大多数家庭功能失调的事实,使得追寻圣人精神的计划变得严重

善一分殊:儒家论形而上学、道德、礼、制度与性别

不切实际。大多数家庭不都是功能失调的吗？尤其是如果你超越直系核心家庭，看到其他可能会对你有所影响的家庭时。心理治疗师会告诉你，那些遵循儒家与许多基督徒所倡导的礼仪化权威结构运作的家庭，礼仪化权威结构往往是造成创伤性虐待的常见原因。太多的亲戚要么是罪犯，要么是道德败坏者，要么就是在扮演所需的理想角色方面严重不称职的人。儒家文化理想化了一个远古时代，当时的人们以为家庭世代相传地栖居在家族土地上；但是，实际上，这种农民文化却频频遭受断层。在世界上所有文化中，真正稳定的政府统治时期，一直是罕见且短暂的。在美国，大多数人都是离开祖先家族的移民的后裔；有相当一部分人则是奴隶的后裔，他们的家族几乎完全破裂。美洲原住民主要是游牧民族，彼此之间通常处于交战状态；因而一个拥有完整的三代以上世代的家庭，确实非常罕见。在中国古代，孔子所致力的真正动机，就是为了应对他所认为的文明的严重崩溃——"礼崩乐坏"，它包括政府与经济，亦包括家与所需的礼结构。尽管孔子呼吁回归"三代"（孔子似乎对过去很感兴趣），但那只是一种虚构而已，实际上，孔子正在发明未来。可谓是反讽之反讽，对于孔子而言，这要求圣人们修正条件，以使支持高度文明的制度的家庭生活与和谐礼仪成为可能。

　　基督教与儒家之间最重要的区别之一就是他们对家的态度。尽管基督教诞生的第二圣殿犹太教，大多认同中国人通过亲属关系所形成的身份意识，但是，耶稣只说了有关家庭的负面话，他要求他的门徒离开他们的家庭，即使此刻他们应该去哀悼死者；耶稣说他来是为了给家庭关系带来一把剑,而不是和平;当他自己的家人为他感到羞耻,试图让他停止治疗和教导时,他说他真正的父亲是上帝,他真正的兄弟姐妹是信徒不是血亲。当耶稣被钉在十字架上的时候,他告诉他的母亲把这位心爱的门徒当作她的儿子,并要求他照顾他的母亲,尽管他有很多兄弟姐妹可以这样做。早期的基督教共同体并不是从血缘关系团体上建立起来的,而是更多地聚焦于鳏寡孤独:寡妇、孤儿、被遗弃者以及那些没有家庭的人。会众代替了家人,并且由于无法指望家庭而建立了其他替代家庭的社会组织,如修道院与教团。毕竟,亚当、夏娃与他们的孩子,对家庭生活来说,并不是一个吉祥的开端。不管今天一些宗教保守派怎么说,也无论基督教所依赖的其他社会秩序与条件是什么,基督教是一种明确独立于家庭功能的宗教。因此,基督教在今天的东亚地区有着巨大的吸引力,在那里,传统社会在理解自己与土地和世代相传的大家庭的关系时,会发现怅然若失而不知所措。因为在中国,人们正大批地从农村迁往城市;现代技术亦使得工作依赖于才能并具有流动性。因此,基督教在中国具有极大的吸引力,这是因为它提供了一种选择,以替代已深受侵蚀的(如果不总是虚构的)家庭结构。伊斯兰教可能会提供同样的东西,因为它也创造了一种家庭之外的选择。1 500 年前,在汉唐混乱时期,佛教亦提供了同样的东西。

因此,一个有趣的问题是,基督教和其他不以家庭为导向的宗教在中国相对成功,是否会发展出某些社会生活形式,而这些形式进而又会成为儒家圣人之类的事物的条件。当然,在基督教中,也有一些圣徒看起来像这样的圣人,尽管要确定他们之间的相似程度,还需要做很多仔细的比较工作。

功能性礼仪(functional rituals),对于儒家圣人以及许多成就高度文明的制度而言,也是至关重要的。与孔子、耶稣一样,我们也生活在一个巨大的文化多元化时代;在这个时代,任何一个群体的礼都难以推广到该群体之外,并且几乎没有群体间的礼存在。目前,在中国兴盛的基督教形式,大多属于保守派,他们是以内群体形式培养基督徒的。但是,基督教也存在一种"反内群体"、对所有人都热情好客的张力。实际上,最初在圣保罗(Saint Paul)身上所表现出的基督教范式转变,就是上帝在"西奈盟约"(Sinai covenant)中对以色列所作的应许之转变,这些应许作为《新约》适用于所有外邦人。这意味着,如果中国的情况稳定下来,部分是通过基督教的新兴贡献,也许会出现一些圣徒/圣人(saints/sages),他们可以将内群体的基督徒防御性转变为更为自由的热情好客,并从而发展出使更多人群参与的礼。我个人认为这将是一种更真实的基督教形式。

尽管我显然已经简化了一个极其复杂的文化精神生态系统。但是,还有一点需要进行比较。在传统的、完整的、理想化的儒家文化中,认为天或存在的基础(用我的语言来说,即本体论层面的创造性行为)是内在于我们而作为我们的动力心(motivating heart)的;因此,人们不需要来自外部的救世主,而只需要通过圣贤的榜样(通常是祖先),就可以激发精神上的努力,以实现个人疗愈与整全性、又或实现与存在基础的合一。基督教也有一个模糊的类比,类似于这一以天为中心的思想,即认为每个人身上都有上帝的形象;但是,在日常的基督教世界观中,这一思想因原罪观念而变得无力;因此,外在的救世主的存在具有必要性。在基督教的精神中,越先进的精神(或灵性),就越符合进行精神(或灵性)成熟的下一步条件,就越能看出基督内在的上帝(God in Christ)。例如,对奥古斯丁(Augustine)而言,上帝被发现比我们离自己更近,这很像儒家的模式。但是,当更高的精神发展的条件缺失,以及文化或个人心理处于芜杂之中时,外部救世主的吸引力就会非常大。也许这可以解释目前保守派基督教在中国的吸引力所在,因为,它提供了一个可以帮助无助者的外部救世主。如果这有助于更加高度发展与稳定的文化条件,那么,基督教精神中更内在的神性品系可能会变得普遍起来,儒家的圣人精神,可能也会变得普遍起来。

至此,我希望我已经就以下几点给出了有说服力的论证:

(1)宗教不仅仅是一件事,例如对救赎的单一追求,而且至少还包括五件事:追求义("righteousness")、整全性、对他者富有同情心的参与或交互、终极意义,以及与创造一切确定事物的行为的结合。

(2)精神(或灵性)专注于其中的第二个和第五个,即一方面,专注于个人的整全性与至善;另一方面,则专注于与万物的基础的结合。当然,通常,这两者同时存在。

(3)精神成就的每个阶段或层次都是一种生态和谐,依赖于其条件成分所获得的某些其他条件。因此,我们可以问,要实现

善一分殊:儒家论形而上学、道德、礼、制度与性别

某种精神成就,哪些文化、社会、心理以及个人因素是必不可少的。

(4)在精神发展本身内部,存在着彼此互为条件的阶段,通常处于某种成就的等级体系中。精神发展的更高阶段,可能依赖于新的非精神性条件,例如,一个新近稳定的社会,以及先前的精神成就。

(5)精神成就本身成为在文化、社会等方面取得新成就的条件。

(6)在一个条件稳定的等级模型上,思考高度文明与高等精神成就是诱人而传统的;但是,实际上,所有条件都是不断变化的。因此,一个更好的选择是在一个不断演变的生态系统的生物学模型上展开思考,因为,它能够阐明任何给定的生态和谐(例如,精神和谐),如何依赖于某些条件而又独立于其他条件,从而不断适应而繁荣又或是灭亡。

我希望通过探讨儒学与基督教在中国文化条件下的精神基础,来阐明以上这些观点。在这里,我将突然"离开"这一讨论,而这也正说明了一个不断发展的精神生态系统的动态复杂性。

第十章

自我与价值——实用
主义、儒学与现象学

一、经验框架与现象学

我所推崇并努力扩展的美国实用主义传统认为，人的经验是人与他们周围环境交互作用的产物①。相较于欧洲现象学的大

---

① 实用主义的初具规模，是基于查尔斯·桑德斯·皮尔士、威廉·詹姆斯和约翰·杜威的著作。实用主义在美国的"远亲"（即先驱者）是乔纳森·爱德华兹（Jonathan Edwards）和拉尔夫·沃尔多·爱默生（Ralph Waldo Emerson）；它的"近邻"则是自称为"绝对实用主义者"的乔西亚·罗伊斯（Josiah Royce），自然主义者同行乔治·桑塔亚纳（George Santayana），还有把自己的知识论称为"实用主义"的怀特海。怀特海是查尔斯·哈茨霍恩（Charles Hartshorne）和保罗·韦斯（Paul Weiss）的博士生导师，这两人负责编辑了皮尔士的哲学论文，共分六卷。自 20 世纪中叶以来，实用主义已在多个方向得以复兴，包括与理查德·罗蒂（Richard Rorty）、唐纳德·戴维森（Donald Davidson）和罗伯特·布兰顿（Robert Brandom）相关联的分析实用主义，以及与康奈尔·韦斯特（Cornel West）、维克多·安德森（Victor Anderson）和埃迪·格劳德（Eddie Glaude）相关联的非裔美国人的伦理神学研究。最近，理查德·J. 伯恩斯坦（Richard J. Bernstein）在《实用主义转向》（*The Pragmatic Turn*）一书中，深入分析了"新实用主义"的这些分支以及其他分支。但是，我努力扩展的实用主义并非以上这些方向，尽管我的确从以上这些分支中有所收获。但与他们相反，我的兴趣在于早期实用主义者的形而上学、宇宙学和宗教（转下页）

多数形式中常见的先验框架，这是一种根本不同的经验框架，这将在下文中得到清楚说明。正如安乐哲和郝大维所主张的那样，它可以相当巧妙地映射到儒家经验方法的许多主题上①。经验性交互是解释性的，因为它们使用符号来掌握某些方面的环境要素②。因此，解释总是三元的，用符号来代表解释者所解释的对象。正如皮尔士所说，解释的基本形式是，让对象在某个方面被符号所代表，就像在颜色方面将谷仓解释为红色一样③。

选择用来解释环境的某方面或着眼点，总是一种评价的作用，认为这一方面或这一着眼点是相关的重要方面④。评价可能具有显著的生物学意义，就像在用危险的迹象解释灌木丛中的沙沙声的快速飞行一样：解释性飞行先于对潜在危险情况的声音甚至意识的分析。这样的生物学评价具有进化适应性价值：那些先逃跑然后再询问的人，比那些先看噪声是否是老虎发出的而不能

(接上页)维度。但这些维度，以及我的同行们对这些早期实用主义者的延展，都被伯恩斯坦所忽略。从我的角度来看，对实用主义的一个更好的分析是约翰·E. 史密斯(John E. Smith)较早的著作《目的与思想——实用主义的意义》。因而，我有时称自己为"古典实用主义者"，以区别于"新实用主义者"。

① 参见郝大维和安乐哲的著作《先贤的民主：杜威、孔子和中国民主之希望》和安乐哲的著作《儒家角色伦理学：一套特色伦理学词汇》。

② "交互作用"(interaction)一词由约翰·杜威普及，他有时也使用"贯通作用"(transaction)一词。我则经常使用"参与"(engagement)这个词来强调解释性交互作用中的显性或隐性意向性。但是，正如我在这里将要论证的那样，许多解释性交互作用并不是有意识的，因此也并非总是有意参与。

③ 皮尔士在很多地方都使用了这一提法。例如，参见他早期(1868年)的论文《关于人的几种能力问题》和《四不能的某些推论》，都收录在 *The Essential Peirce: Selected Philosophical Writings: Volume 1(1867-1893)* 中。这两篇论文常常被选编。

④ 约翰·E. 史密斯在《目的与思想》一书中强调了皮尔士的评价主题。在我的三部曲《思维价值论》中，我用了很长的篇幅来对其进行进一步的发展，这三部曲包括《思维的重建》《尺度的恢复》以及《规范文化》。

活下来传递任何基因的人，更有机会活下来传递他们胆怯的基因。

　　大多数人类经验也受到文化中固有的价值观的引导，并成为日常生活习惯，表明在典型环境中需要注意和应对的重要事项，从而塑造了日常生活。其中包括响应性更强的交互以及更主动和定向的交互。其中一些交互会进入意识，但大多数不会进入意识，除非当交互作用被惯性符号所误导时。例如，当我们走过一个熟悉的房间时，我们通常不会注意到家具，除非有什么东西不在原位、放错了地方而且我们撞到了它。

　　人类的大部分经验都受到涉及或多或少有意识的明确目的的价值观的指导。有时，我们问候朋友不仅是出于习惯，而是的确出于真诚的关心；有时，我们故意寻求一种策略来应对某个棘手的人或处境；有时，我们会坐下来写论文，并围绕智力探究安排我们的时间；有时为了能够锻炼身体，我们会高强度运动。在大多数情况下，随着意识注意力阶段的转变，我们会同时作出许多解释。最近的某次晨间散步时，我怀着一种美好而怀旧的情感，回想起我的老朋友爱德华·凯西和成中英在这次讨论会上的发言。(我当然也想到了顾林玉，但她并不老!)这些回想、反思中，也穿插着对我应该说些什么以及他们可能会说些什么的猜想与好奇，这些思考是一种在知识和个人元素之间转换的轻松的游乐①。随着步伐的前进，此时，我爬到了一座大山上，并且突然意

---

① 这篇文章的初稿是为美国哲学协会东方分会的一个小组讨论而准备的，该小组由顾林玉主持，成员有我、成中英和爱德华·凯西。那些非正式的思考说明了文本所引用的各种解释的相互渗透。

识到我的呼吸有些急促，于是便专注于控制自己的心率；而在那之前，对环境的步行性参与（walking engagements）的解释习惯，我几乎未注意到。在整个散步过程中，我一直在欣赏我家附近美丽的社区，赞叹着这里的树木和许多房屋建筑，并向一位偶遇的邻居点头致意。以下这一切都是同时进展着的：解释我的社区的美学特质，为了锻炼而散步，关注我身体的需求和习惯，思考哲学问题，反思我和我的朋友所采取的不同的哲学研究的路径，以及为那些记忆中的友情岁月而喜悦。

不同的价值观，以及不同种类的价值观，引导着我行走中涉及的一致互动的多样性。其中最重要的是将"环境"（environment）解析为前景元素（foreground elements）和背景元素（background elements）的那些价值观。前景元素是解释性参与的对象，但对象总是设置在背景中。我步行中的每一次解释性交互都以不同的方式识别我的环境，即前景和背景。此外，前景和背景的配置也在不断变化。有时，变化是由吸引和排斥引起的。然而，它们通常是由中断（interruption）引起的；实用主义者查尔斯·皮尔士称其为"第二性"（Secondness），这是一种蛮横的对立，会中断习惯的连续运行，我稍后将对其进行描述。有意识的注意力对中断是高度敏感的。

在这种多层次、动态的解释性交互和参与的实用经验模式中，价值显然既与环境有关，也与解释者有关。就解释者而言，价值涉及在解释方面的选择。同时，这些个人评价是好是坏，取决于他们对什么是环境中重要的事物的认识。真正的价值存在于人类可以理解和应对的环境中。沙沙作响的灌木丛中的老虎,对那些逃跑缓慢的解释者和他们潜在的后代来说将是糟糕透顶的;一场环境灾难会让我走过小镇时感到恐惧。环境的结构包含我们或多或少相关学会识别的价值观,我们的经验由或多或少符合环境"可供性"(affordances)以适应我们的价值观习惯的符号塑造。詹姆斯·吉布森(J. J. Gibson)将"可供性"这一术语引入心理学思维,指的是环境以复杂的方式构建的方式,这种方式可以据解释者符号系统的资源和兴趣来加以解释。丛林中的步行者立刻解释了灌木丛中噪声的全部情况。解释者的意向性符号填充的解释的价值,或多或少是与环境的结构相匹配的。人们当然希望构建一种充满价值的解释结构,以了解环境中重要的事物[①]。纳撒尼尔·巴雷特(Nathaniel Barrett)正在开发一种采用可供性概念的认知科学实用模型,尽管皮尔士和其他实用主义者已经认识到了这一点。

这种实用的评价经验模型(valuational experiential model)不同于欧陆哲学中现象学的主导模型,成中英和爱德华·凯西都从后者中挑选了主要线索[②]。从广义上讲,欧陆传统沿袭康德的假设,假定经验是存在于意识及其潜意识层中的东西,这使得描述意识的计划成为可能。现象学则是对这一传统经验的描述,描述深刻而多层次。没有人比爱德华·凯西更能以描述的方式探索意识的微妙之处,成中英则正在用一种基于《易经》的现象学描

① 参见詹姆斯·G. 格林(James G. Green)的《吉普森的启示》一文。
② 关于这一点的扩展,请参阅我的《自立与实用主义的可移植性》一文。

述本体论大显身手!

　　我的这条实用主义轨道要表明的则是,经验并不特别是意识的问题,而是解释性交互的问题。在我看来,皮尔士对此是下了结论的,即根本不存在直观意识这回事,我们认为我们在意识中看到和听到的东西,归根结底,只不过是一种推理而已。他的研究表明,我们对看似连续的视野的感觉在推论上填充了所有没有记录视神经进入眼睛的位置,并且没有视杆和视锥细胞可以拾取任何东西①。也就是说,没有什么是简单地给出的,只是在复杂的多层次解释环境中选择性地采取,其中包含大量纠正性中断(corrective interruptions)或抛入(thrown in)的第二性。

　　因为意识是经验的一个飘忽不定且往往转瞬即逝的方面,所以,实用主义现象学不能被描述的理想所操控。黑格尔现象学通过精神辩证法(Geist)描述了意识的理性推进的表象。在黑格尔看来,价值或重要性是由在辩证法中的位置来定义的。胡塞尔现象学为了准确地描述意识的形式,而把说什么是真实的和重要的放在一起。如果事物在意识中表现为负载着一种或另一种价值,这只是它们的形式问题,并没有指明什么才是真正重要的。后来的现象学家,如莫里斯·梅洛·庞蒂(Maurice Merleau-Ponty)认识到意识模型的局限性,并努力通过身体来阐明经验②。我和爱德华·凯西教授的两个学生进一步研究了这一问题。德鲁·莱

---

① 请参阅本章注释中提及的皮尔士的《关于人的几种能力问题》一文。关于欧陆传统的先验假设与实用主义的自然主义交互理论模型的基本背景差异,请参阅我的《自立与实用主义的可移植性》一文。
② 参见梅洛·庞蒂的《知觉现象学》。

德（Drew Leder）的《缺席的身体》在与笛卡儿传统的批判性对话中，为身体思维提供了重要的辩护。大卫·斯特朗（David Strong）的《疯狂的山脉：从荒野中学习衡量技艺》，则培养了一种身体对价值的感知，这种感知甚至可以让山脉参与到攀登中来。关于通过身体感知经验的观点，使得这些现象学家更接近威廉·詹姆斯。但是，詹姆斯坚持形而上学的"中立一元论"（neutral monism），根据这一理论，中性经验的材料（neutral experience stuff）既可以按照主观自我（subjective selves）来组织，也可以按照环境中的逻辑结构来组织，因此，自我就像从许多角度看一座山一样，只是一个偶然的建构；而梅洛·庞蒂、德鲁·莱德和大卫·斯特朗，则将身体视为自我参与欣赏感知对象的媒介。海德格尔意识到了先验哲学隐含的将世界解释为自我综合活动的功能的承诺，因此，他努力将现象学定义为向我们（此在）"敞开大门"的世界。但他始终没有摆脱"此在"（Dasein）作为经验的主体条件的优先性[①]。

价值有序的解释性的、交互性参与的这种实用模式，与上述则是根本不同的。自我和自我的第一人称视角就像任何参与的世界的表征一样，都是流动的（或持续的）解释性交互的产物（product），而不是解释性交互的先验或先验条件。在这种实用模型中，现象学，在皮尔士使用的术语中，不是描述，而是根据基本范畴对所参与或交互的事物（包括"交互行为者"）进行分类。皮尔士认为，以任何方式遇到或假设的所有事物，都可

---

① 参见海德格尔的一篇重要的论文，即《真理的本质》，写于《存在与时间》完成后不久。

以归为三类中的一类或几类①。对于皮尔士来说，所有事物都具有直接的特征，也许是经验丰富的，但始终只是它们本来的样子。这里包含了品质的直接性，这就是第一性（Firstness）。因为事物的第一性是自在的（in-itself）或直接的（immediate），所以作为第一性的品质或事物彼此之间没有区别，因为它们无法比较。我们永远不能在没有中介的情况下将某物解释为第一（First）。第二性（Secondness）是事物的对立性（oppositional quality），即事物本身的自在性（in-itself-ness）和对被其他事物吸收的抵抗。皮尔士举的一个例子是有人在旋转门的另一边推你的感觉；他将此解释为对立不仅仅是第二性，但对立本身就是第二性。第二性是现实纠正我们的不良符号和习惯的源泉。皮尔士对黑格尔的批评是，后者在解释的第三性（Thirdness）中吞没了第二性，对一切解释失去了现实感；我认为他也会对符号学的所指/能指（signified/signifier）提出同样的批评。第三性是事物的中介，使它们在某些方面结合在一起，在保持差异的同时相关联。对于皮尔士来说，所有的符号都是三分法（Thirds）。它们有自己的存在（own-being），即第一性，以及它们与其他事物的对立差异，即它们的第二性；但它们的第三性在于它们的中介功能。只有三分之物才能被解释，的确，只有三分之物才能确定它们是什么，并且在某些方面不同于其他确定的事物。不可能有单独的第一，或者单独的第二，或者第一和第二一起，尽管皮尔士推测进化的形而上学可能

---

① 皮尔士在很多地方都描述了他的分类。例如，参见 *The Essential Peirce: Selected Philosophical Writings: Volume 2*(1893 - 1913)，第十一章和第十二章。

从第一到第二再到第三。如果有任何确定的东西,那么它就是在某些方面(其第三性)与不同的事物(其第二性)相对的第三者(它的第一性)。作为解释性交互的经验主要是第三性的功能,尽管被解释的现实具有其纠正性的次要性,并且所有经验都具有第一性的定性(qualitative)直接性。

二、交互体验与礼:儒学对西方的贡献

通过与欧洲现象学家爱德华·凯西和中国哲学家成中英的对话,我想说的是,儒家思想以经验为前提,这在很大程度上是实用主义者的方式,尤其是作为一个后期实用主义者的我所肯定的方式,也就是说,人的生活具有交互性和响应性,将事物视为有价值的事物并作出有价值的响应,积极、消极的欣赏并努力改善解释性反应。到目前为止,我的讨论都聚集在皮尔士上,因为他有一个明确的"现象学",对此,我稍后会再作讨论。但就与儒家传统产生共鸣的经验而言,詹姆斯和杜威有着更为详细的描述。此外,怀特海也可以被算作一个实用主义者,他甚至促使了更多与儒家的比较联系。当然,这是另一个问题,以后再作进一步的讨论。佛教有许多解释意识的方法,更接近胡塞尔现象学,我将很愿意把佛教作为一个友好的对话伙伴介绍给欧陆的现象学家们。当我们谈到秩序化的生活(ordering life)的问题时,也就是佛教徒和宋明理学家之间形成千年争论的论域,我们需要研究将欧陆哲学和实用主义方法联系起来的道德方法;当然,这是另一个主题。

然而现在,我想讨论一种特定类型的解释性交互,这种交互在儒家传统的礼的分析中能得到最有效的理解。尽管《论语》中所描述的古代,已超过了可计算和明确的预测的阶段,但有关如何理解礼这一问题,我们会看到,儒家是将礼置于一个基本的本体论意义层面上来理解的,即以礼补充自然的物质力量(气)和天的秩序原则(理);经典表达就是一种"天、地、人三位一体"的本体论。荀子指出,人的身体有许多物质能力,也有情感和智力能力,而这些能力来源于融贯性(或"礼")和智力(或"知")①。此外,我们有一种"心理—物理"的管理能力,可以控制我们的行动(译者注:此处对荀子的理解应源于荀子的"人有气有生有知亦且有义")。但是,无论是物理属性的物质力量,还是自然赋予的情感反应能力,都无法告诉我们什么是值得憎恨和热爱的,什么是值得模仿或逃避的,什么又是值得恐惧和信任的。如果没有教育,控制我们行动的生物能力本身并不能告诉我们要控制什么以及出于什么目的去控制。荀子在天、地之外,还赋予"人性"以形而上的首要地位,他的意思是人用了强有力的符号来发展传统礼仪化意义。正如实用主义者所说,这些传统的解释性礼仪是习惯,其被包括在许多其他事情中,如习得的站立和行走的方式、有意义的手势、用某种语言的符号结构交谈、家庭和个人互动的习惯,

----

① 荀子的核心文本是《天论》,"Tian"译作天或自然,参见约翰·诺布洛克(John Knoblock)译本的第三卷第十七章。爱德华·马赫(Edward J. Machle)在《〈荀子〉的自然与天:〈天论〉篇研究》一书中,对"Tian"(天)有着特别贴切的翻译和细致的分析。最近关于荀子的礼的一系列研究则收录于克莱恩(T. C. Kline)和贾斯廷·蒂瓦尔德(Justin Tiwald)主编的《〈荀子〉中的礼和宗教》一书中。不过,实用主义的儒家学者或许会对我的《礼与敬:在比较语境中扩展中国哲学》一书更感兴趣。

以及更明显的正式礼仪①。

　　不过，并非所有的礼都是人与人之间的游戏。我们的某些礼主要关注自然环境，而不是人类和社会制度。比如，当重力导致我们坠落时，这一坠落本身并不是一种与自然的礼仪化交互；但是，一旦婴儿学会了解释地心引力，并养成了把玩具扔得高高的以及试图站立的习惯，那么，人与重力的交互就被礼仪化了。大多数礼都是通过某种模仿习得的。像婴儿模仿长辈站立的方式而习得站立之礼。又例如，大多数东亚人学会双脚并拢站立，而北欧人站立时则脚趾略微外倾。再如，当癌细胞在我们体内生长而没有被我们发现时，这是一种我们与自然非礼仪化的互动。但是，当我们把自己的感受解释为生病了，去看医生从而发现癌症时，我们与癌症的交互就礼仪化了。不过，不同文化将疾病礼仪化的方式是不同的。又比如，当丛林中的老虎没有发出警告声音，只是扑向某人，那个人并没有与老虎发生礼仪化交互；不过，老虎自身可能是在用礼仪化的习惯捕猎，但也许不同家族的老虎在狩猎礼仪上有所不同，因而，如果这个人在丛林中行走时保持对老虎的警惕，但由于此人在丛林中行走的礼仪未能摆脱那种完全沉默的（"未发出任何警告声音的"）老虎而未能逃脱，那么，这个人仍然与老虎有着礼仪上的互动。

　　我们之间的许多交互，包括人和社会制度，都是由礼来决定

---

① 我已经在我的著作《规范文化》中，详细阐述了这种将实用符号学与礼仪理论联系起来的实用—儒家礼仪理论，该书的第七章载有成中英教授对此发表的一篇长篇评论。

交互的好坏。在我们的自然环境中，最重要的事物是其他人以及我们生活中的所有社会制度、组织。儒家传统历来将人类个体和社会实体视为环境的相互作用的部分，这些社会实体，既是自然的规范，同时也是人类的组成部分。在儒家对礼的理解中，尤其引人注目的是，几乎我们所做的一切都是通过后天习得的，即经由礼仪化的行为来实现的。比如，与朋友交谈时，我们已经在同时进行着对抗地心引力的平衡礼仪、问候礼仪、语言表达的礼仪以及交谈互动的礼仪。我们用一种共同的语言讲话，这种语言本身并不能确切地告诉我们该说什么，尽管我们可能也有把谈话引向特定话题的那些礼。那些呈现为显性典礼的礼仪，比如说政治或宗教礼仪，它们本身则只有在举办典礼的庞大礼仪中才能发挥作用。儒者的重点（以微弱的成功）是要以与不同文明层次的人进行健康的礼仪交互的方式去存在。

西方的知识传统倾向于区分个体行动、制度运作以及根据非人化的自然法则行事的自然事物。现代西方思想有时也被脱离制度和人类意图的机械论自然观所吸引；自19世纪以来，机械论思想已经被自然因果关系（natural causation）的统计意义所取代。一些早期的现代思想家，如托马斯·霍布斯（Thomas Hobbes），曾试图对社会制度甚至人类选择进行机械解释；马克斯·韦伯（Max Weber）则试图以"理想类型"的概念去预测人类行为，仿佛行为是根据理性系统中的预测而移动一样。但无论是欧陆现象学，还是我所知道的任何中国哲学，都没有试图以机械论的方式来对待人类制度和个体行为，尽管它们都极大地鼓励人们对未来的预测。

与西方的现代性与后现代性相比,实用主义和中国哲学都通过内在的礼仪网络将个人的行为和交互内在化,将个人与其他事物联系起来,使其由礼仪化的制度和所有其他形式的因果互动相渗透。也就是说,自然、制度、个体行为者并不是三个不同的领域,而是自然过程的重叠和相互渗透的不同层次。

三、自我

各种礼在某种程度上都只是模糊的形式,需要具体化才能真正发挥作用。这有点像欧陆符号学中的语言和实际使用该语言讲话之间的显著区别,这又像礼作为一种习惯潜能的复合体和实际参与该礼之间的区别。礼就像舞步:它们是模糊的模式,在每个模式中,可以使用许多不同的特定方式进行表演。步骤的模糊性(vagueness,皮尔士的技术概念)意味着,它们可以由不同的参与者,甚至是在不同的事态下的同一位参与者,以不同的方式,甚至是相互矛盾的方式去规定。一个人学习一种礼,就像一个人学习一种舞,起初可以用许多不同的方式来表演该礼,甚至都有可能不会注意到规范之间的差异。

然而,随着舞者变得越来越专业,模式内的不同规范将变得越来越不随机且越来越个体化。随着时间的推移,这种舞变成了这个个体跳这一模式的方式,不同于其他舞者跳这一步骤的方式,并可能被辨认出来。礼也是如此。虽然礼可以由任何个体以多种方式表演,但随着个体的成熟,个体变得越来越个体化。礼仪表演成熟的个体化,将是我们如何成为个体自我的一个重要组成部分。一个儿童可以学习一大堆用于如何对待父母的角色扮演。而到了青春期后期,大多数人则都可以扮演这些礼仪角色,以便与自己特定的父母建立联系,并以此表达他们自己扮演这些角色的个体化的方式,兄弟姐妹扮演角色的方式则可能是大不相同的。

尽管不是"人的自我"的唯一的部分,但它是"人的自我"的重要组成部分,即角色扮演的个体化(我很快会介绍另一部分)。一个成熟的个体会同时扮演无数的礼仪角色,而每一个自我都是一个礼仪相交面(intersections)的基体(matrix),也是礼仪活动的延伸,他们在这个基体中扮演礼仪重叠着的角色,又独自接触到可能与基体中的其他礼仪相距甚远的交互。如在工作中与同事相处的礼和与家庭成员相处的礼有重叠,但它们也以不重叠的方式延伸开来。对此产生的混乱即使不是灾难性的,也可能是令人尴尬的。如我的妻子有一次就生气地说:"我不是你的秘书!"我认识的同事(当然不是儒者)的秘书则曾经对他说过:"我不是你的妻子!"我现在就在这一小组内参与着许多礼仪。爱德华·凯西和我从大学时代起就是朋友;有一段时间,我们都在纽约州立大学石溪分校任教,他则是我的系主任。所有这些关系都有着一种礼仪化的实质,即他和我现在正在一起参与。我和成中英做朋友的时间差不多和凯西做朋友的时间一样久,成中英很有风度地发展了一些礼,这些礼使我进入了中美儒家学者的共同体,发表了许多论文,并引导我扮演士大夫的角色。他和我分享的小组讨论比爱德华·凯西和我分享的要更多，并且我们有一套非常丰富的相互支持的学术表现礼仪（academic performance rituals）。我认识年轻的顾林玉博士的时间则很短，但是，她的两位主要的博士生导师史蒂夫·奥丁（Steve Odin）和约瑟夫·格兰奇（Joseph Grange）都曾是我的博士生，因此，她则通过我作为她的师公的礼来想起我。

　　对于诸如此类的礼，我们需要认识到的最重要的一点是，当人们在礼中一起参与时，他们可以平等地将自己和他人视为角色参与者（role-players）。与现代西方的"自我与他者"（self-and-other）中至上的"自我"不同，儒家基本的"自我"意识是与其他礼仪角色的参与者联系在一起，成为众多自我角色中的一个。我们可以把自己看作是任何特定礼仪的众多参与者之一。或者换句话说，具体的现实就是礼正在进行，并且随时可以进行。如果人们对这些礼本身保持警觉的话，他们会视自己为在其他人当中并与其他人一起游戏的礼仪参与者。我们可以把其他的参与者想象成各种礼仪的基体，就像我们一样；但是他们在他们自己的一系列礼中是唯一的（unique），而在当前的礼中则扮演着与我们交互作用的角色。正如我们一样，我们看到其他人正在通过他们的礼仪活动的个体化而变得更加成熟。从礼仪游戏（ritual play）本身的视角，而不是从任何"自我主体"（subject-self）的内在的意识视角来看，所有参与的人都被视为参与者，包括我们自己和其他人。其基本框架并不是我面对其他人，而是我们所有人一起参与（play）。这是我要强调的儒家自我意识的第一部分。

儒家关于自我的第二个基本的实用主义部分,来自这样一个观察,即我们每个人的核心都有一种能力去感知和响应我们周围那些充满价值的事物,响应那些儒家称之为"万物"的世界。每个个体都是一个连续体,从身体作用、姿势和动作的内在响应元素,到能够跨越时空感知并行动,并与其他事物联系起来①。这些能力要求个体发展语言和其他符号集,以分析他们所处环境背景的前景中的对象、解释性知识、在自然和社会环境中移动的技能,以及许多其他事物。儒家强调学习的高度重要性,以便能够通过有益的理论和实践习惯来感知遥远的事物,并采取良好的行动。有时,西方现象学家认为,被感知的世界只是简单地给定的,在意识或经验中"存在"着以供我们分析。想象一下,任何文化背景的人聆听巴赫的音乐,都觉得很有趣,甚至是令人愉悦的;来自中国音乐传统的人会发现,相较一个能分辨出它的和声的西方人而言,巴赫的音乐对这些来自中国音乐传统的人来说,并不那么容易理解;然后再请注意,一个接受过高度精致的巴赫音乐教育的人,又会比我们这些音乐教育处于娱乐水平的人听到的要更多。不过,这并不是说音乐学家听到的东西和我们业余爱好者一样,只是他们能够更好地分析它;实际上,音乐学家能听到我们业余爱好者所没有听到的东西;总之,感知是一项需要学习才能获得的成就。从许多方面来说,成为一个成熟的自我,以便与万物融洽而负责任地相处,就像成为一名武术家,就要学会感知并运作气息。

---

① 这种作为内心和世界万物之间的连续统一体的自我观念,是基于《中庸》这一经典。我的详细阐述,请参见《波士顿的儒家》一书。

　　　　　　　善一分殊:儒家论形而上学、道德、礼、制度与性别

在这里,礼的重要性在于我自己的个体自我(my own personal self),包含我学会参与的所有礼。因为这些礼(包括说我自己的语言),在本质上包括交互参与、发挥它们的其他人和事物,所以,他者也是我自己的个体自我的一部分。我与他者共享各种礼:在我生命中的许多地方,我即我们(I am We)。所有与我一起扮演礼仪角色的事物,在不同意义上,都是我与世界事物联系的个人连续体的组成部分。因此,西方理想中的个体,即一个相对于客体的他者和世界的主体自我,是很难在我的儒家模式中得到认可的。西方社会学家和人类学家通常认为,这是因为东亚人是把群体或共同体置于个体之上;但是,实际上,那只是源于对儒家关于自我的形而上学的误读。

然而,儒家自我的第三部分是传统所说的"诚"。诚是一种教育理想,它使每个人与世界万物之间具有连续性的所有层面都变得澄澈而透明。这意味着要消除可能扭曲感知和应对的自私,但这也意味着我们要解开那些隐藏着我们的动机的情绪,这也意味着要练习与礼的组成部分和情境相适应的礼仪游戏,这也意味着要学习如何在礼仪游戏和其他地方"在场"(present)给他者,这甚至意味着穿着要得体,以表明你对他人和自己的真实想法和感受。对一些人来说,他们的着装是保护自己和欺骗他人的一种手段;对另一些人来说,他们的穿着旨在"表达"自己;但对儒家来说,我们的着装则是一种对他人和对自己表达尊敬的尝试,以便真诚公开地表达我们的尊重。因为如此多的关系都是礼仪化的,通常着装是为礼仪而设计的,而是否按照规范来着装,则能显示一个人是否遵从礼,从而显示出此人参与礼本身的诚意如何。但更重要的是,我们的着装是一种同时表现出尊重和易感性的尝试,没有那些隐藏的目的。

英语中的"真诚"(sincerity)一词通常意味着诚实地表达自己,不隐藏、抑制自己的感受,用一个对某些人来说意味着一种美德的短语来说,即"把一切都说出来"(Let it all hang out)。汉语"**诚**"一词的结构则略有不同。首先,它意味着要培养技能,以欣赏别人的本性、欣赏制度所带来的"善"(the good)以及欣赏大自然所蕴含的诸多价值;其次,意味着清理连接我们与他人的交互作用的连续体,以便我们能够作出适当的响应。儒家的"诚"是在万物和我们内心的通道间的一种清晰性(clarity)或透明性(transparency),以依其自然的开放性来作出恰当的响应。变得"诚"意味着致力于修己,但请注意,这种修己不是基于自己而修,而是基于我们与之交互作用的其他事物的性质和价值而修。儒家意义上的"诚"更不是在不加掩饰的情况下表达自己,而是使自己对世界上那些其本质和价值需要被认识以及欣赏的事物作出适当的回应。

在我们波士顿儒家看来,"诚"是最深刻的存在主义美德,因为它是如此难以达到,而实现"诚"的失败,则正是存在的自我矛盾的一种形式。儒家思想的这一古老缺陷,即对礼的强调可能会沦为纯粹的形式主义,从一开始就受到道家的批评。当缺乏诚时,这种情况的发生将是必然的。一个不真诚的人甚至可以个体化许多角色扮演(role-playing),或者至少可以发展出一种个体

善一分殊:儒家论形而上学、道德、礼、制度与性别

化的风格。有时,这样的伪君子可以欺骗很多人,尽管我们通常能感知到某种糟糕的"气味"。

儒家礼教历来饱受诟病,被批评为压迫性的:男尊女卑,富人压迫穷人,婆婆奴役儿媳,对此,我将在第十五章作出详细讨论。但如果男人、富人和婆婆在与潜在的被压迫者一起参与礼仪时是真正真诚的话,这种压迫应该是不可能产生的。在每一种情况下,诚都需要真正尊重和欣赏礼仪中涉及的其他人,不能真诚地进行的礼仪游戏就不应该继续进行下去。但是,谁又能够彻底清除自私,理清自己的情绪,始终正确地操练礼仪,时刻保持人性化的关怀,或者负担得起一个合适的衣橱呢?对此,儒家会说,我们总是能取得进步。不是吗?甚至连"小人"身上都存在着这种进步的潜力。但几乎不可避免的是,失败会挫伤自我。

因此,儒家具有深厚的悲剧感知能力。在某种程度上,这是因为很难获得诚,即便获得,它也似乎是一种飘忽不定、转瞬即逝的特质(trait)。然而,这只是儒家悲剧观的部分原因。

另一方面的原因是,我们所操练的许多礼都是腐败和糟糕的。在许多传统的儒家家庭礼仪中,权力是不均衡的,女性根本不能得到真诚的尊重,富人不会真诚地与穷人打交道,婆婆不会真正真诚地(站在儿媳的角度去)经营儿媳的家庭。在我们这个时代,想想那些延续种族主义、使功能失调的家庭恶化、破坏社会制度、加剧战争、破坏环境或使某些人陷入极度贫困的礼吧。在许多地方,我们显然需要改变现存的礼。孔子和荀子所言是正确的,没有适当的礼,人们就无法养育孩子,家庭生活也将是不可能的,国家也将沦为一个强者压迫弱者的混沌体。所以,孔子说,我们需要"复礼",恢复最初使高度文明成为可能的古代圣贤帝王制定的那些礼。但是,一旦我们有了一些礼,这并不能保证它们就是正确的礼;正确的礼是那些能够真诚地进行的礼。可以说,诚是评判礼的试金石。我们需要记住,诚需要对万物、特别是对他者的习得性欣赏(learned appreciation),以及需要培养自己在环境中能够展开透明得体的行为的圣人修养。

为了实现真诚地敬重(deference)所有的参与者,去调整、改变我们现存的那些礼,这是儒家道德的核心关注。当然,儒家伦理学包括学习一些道德美德以达到真诚。安乐哲最近强调"角色伦理"(role ethics)而不是内在德性(internal virtues),他赞赏儒家对自我和他人的理解中的礼的普遍性。但我认为,比这些公认的儒家道德主题更为重要的是,必须积极进行礼仪分析,并纠正不良礼仪。与大多数文化相比,儒家思想对礼更为敏感,能够指出我们的生活是如何通过需要被这样理解的礼来运作的。尽管许多文化认为社会关系,包括权力关系和阶级区分是"自然的"(natural),但我们应该把它们理解为从始至终都是"礼仪化的",尽管当然不能像一些"社会建构主义者"(social constructivists)可能会说的那样仅仅归结或还原为礼。因此,我们可以借鉴儒家思想,重视对全球社会礼仪结构的分析和重新构想,并从礼仪正义的角度对其进行明智的批判。为此,儒家学者需要放松对过去的关注,相反,我们需要向外看,向未来看,以促进对我们已制度化的礼仪的欣赏,并着眼于改变其中的那些已然不适宜的部分。

但是,"变礼"(changing rituals)是困难的。我们这些晚期现代主义的人(late moderns)希望通过"变法"(changing laws)以达到这一目的。但是,美国修改民权法的经验表明,"变法"对非裔美国中产阶级有所帮助,但对下层阶级却无济于事,下层阶级仍然被自我仇恨、经济自毁、物质成瘾和功能失调的公民生活的礼所束缚。这提醒我们,真正需要改变的是那些更深层次的礼制。孔子认为在他那个时代,"复"圣王之"礼"可以帮助解决这个问题;尽管他声称他只是述而不作、只是在传承传统,但今天的大多数学者则认为,这些"礼"是他"创造"出来的。在中国历史的大部分时间里,人们相信效仿一个英明的圣王或一个好的祖先,有助于发展出更好的或有所改善的礼;有时,似乎最有用的模式是通过模仿而成为运动员。不过,难道我们就不能做得更好吗? 儒学对我们这个时代的伟大贡献应该是——创造和运用那些能够促进和平、自由,解决真正矛盾的利益之间的冲突,以及实现人类繁荣的礼。奇怪,这听起来颇像约翰·杜威。不是吗?

　　即使当我们不得不参与那些我们必须参与的礼时,我们的参与也应该以修正"礼"本身为导向。然而,我们似乎常常被迫去强化那些不良因素。也许最悲惨的事实是,我们现在没有这样的礼,使我们之间和我们的国家之间能够和平互动、解决争端,而不是发生战争、不公正、经济苦难或强弱对立事件。很多礼的一大优点是,它们能够让那些有着直接利益冲突和憎恨彼此的人们在礼之舞中合作,以完成某些事情,例如,经营经济或家庭。也就是说,你不必为了完成某件事而被迫要去喜欢你的礼仪伙伴。我们的世界，正如孔子的世界一样，只是缺少那些能够解决大规模经济、政治和军事争端的经过良好实践的礼。

皮尔士式的实用主义的儒家式现象学，不是对意识的描述性检查，而是对为了高度文明而需要被协调的各种事物进行的分析性分类。这些分类的价值在于，它们指出了礼形成的一些任务，以及协调我们根本无法想象如何结合在一起的事物的困难。尽管如此，有些事情是可以解决的。儒家对待悲剧的方法，就像实用主义者一样，是尽可能真诚地从内心去感受它，为已经发生的事情悲叹，然后继续努力，争取下次能做得更好。实用主义的儒家并不渴求胜利，只希望能够有机会在我们的视线之内尽我们所能，去接受教育以认识我们所处环境中广阔而深刻的价值以及普遍存在的不公正。必须指出的是，哲学不仅仅是用来描述的，更是用来学习欣赏和革新的。

第十一章

个体性与礼

本章旨在从两个方面补充当前对儒学的研究。首先，最近很重视儒学中对个体品性的强调。品性是指一种可以归属于一个人的东西，就像属性可以归属于某个实体一样。实体的潜在的背景隐喻与西方关于伦理学的讨论，有着许多卓有成效的联系，这些讨论现在常常用美德伦理学的语言来表达。然而，儒学有一个相反的吸引力，即在很大程度上是通过参与礼仪网络来定义个体的。从一个重要的意义上来讲，对于孔子以及他的传统中的大多数儒者而言，没有人"有"这样的品性，而"是"与他人共享的同一性或身份，其中包括通过复杂的礼仪游戏。当然，关于礼的观点与对品性的研究并不是对立的，而是一种平衡的互补。

　　其次，许多当代哲学家主要通过孟子来追溯自己的儒家谱系，而忽视了伟大的礼学理论家荀子。当然，这是一条明确贯穿朱熹和王阳明的正统路线。但是，荀子最近重新获得关注，我正是关注者中的一员。同样,这也是为了补充并丰富我们对复杂的儒家传统的认识。

在此思路下,我将在本章发展当代儒家关于礼和个体主义的一些哲学评论。我已经在其他著作中发展了一种当代的礼仪理论,这里将对其进行简要概述。

这些反思的一般论争语境是一个老生常谈,即儒家社会是围绕着群体认同而组织的,而其他社会(尤其是西方现代精英政治)则是围绕着个体主义行为而组织的。这种语境包含很多方面,这里只讨论其中的几个方面。更为具体的论争语境则是对《礼及其后果:论诚的限度》一书的一个回应,此书作者是亚当·B.塞利格曼、罗伯特·P.韦勒、迈克尔·J.普特和班尼特·西蒙(Adam B. Seligman, Robert P. Weller, Michael J. Puett, and Bennett Simon)。

本章内容如下:① 总结我从荀子和实用符号学中汲取的(当代)礼仪理论,同时我也会指出该理论的很多内容在前面的哪些章节中已进行了介绍。② 据该理论发展关于人们如何使礼具体化并通过礼使自己个体化的某些观点,这一点在前面的章节中亦曾提到过。个体化过程的一部分,就是会开始真切体会到一个人所参与的礼的弊端,甚至真切体会到礼可能有着明显的虚假和不公正。诚并不能与礼相对来被理解,尽管赫伯特·芬格莱特的经典著作《孔子:即凡而圣》以及塞利格曼(Seligman)及其合著者都有这样的倾向。相反,诚和礼应该从文化和辩证的角度出发,在相互定义中被加以解释。③ 我将论证由个体化的人所参与的礼提供了一种不同寻常的方式来解决"他人即他人"（Other as Other）问题，这对于西方的进路而言存在着问题，因为西方的进路发现，很难将他者视为不还原到主体便可以经验到的东西。在礼仪游戏中，他者不是主体的经验的作用，而就是另一位参与者。④ 我们需要正确的礼，或者至少是适当的礼，并且需要适当的个体化的参与者，以便这种对他人的衷心的尊重能够得到体现和实践。

一、礼和荀子

儒家关于礼的基本主题，通过荀子的一系列范畴得到了最有效的发展，尽管荀子不是第一个讨论礼的儒者，当然也不是最后一个①。荀子认为，人（从天或自然中）所禀受的作为其先天禀赋的生物和心理本性，从根本上是不确定（underdeterminedness）的②。我们的确拥有许多关于自治的情感能力、思维能力、意志能力，以及身体行为的能力。

> 好恶喜怒哀乐臧焉，夫是之谓天情。耳目鼻口形能各有
> 接而不相能也，夫是之谓天官。心居中虚，以治五官，夫是之
> 谓天君。③

---

① 本书在多个章节中，讨论了礼的各个维度。我有关礼仪理论的更早期和更广泛的发展，可参见以下著作的具体篇章：《规范文化》第七章、《波士顿儒家》第二章以及《礼与敬》第三章。

② 见《荀子》第十七篇，译文参见约翰·诺布洛克（John Knoblock）译本第三卷，或陈荣捷《中国哲学文献选编》译本第七章。爱德华·马赫（Edward Machle）的著作《〈荀子〉的自然与天：〈天论〉篇研究》对这一篇有着非常精辟的讨论。

③ 见《荀子》第十七篇；译文参见约翰·诺布洛克译本，第三卷，第16页。

但是，人并没有一种天生禀赋，可以使情感自发就去与他们适当的对象相适应，或者在与他人交流时进行融贯地思考，又或者规训自己去做正确的事情。所以荀子说，礼是把所有这些东西整合在一起所必不可少的。所谓礼，荀子指的是有助于实现某种目的的、任何带有意义的习得的或可习得的行为，即从站立和行走的文化风格，眼神交流中表示尊重的示意或信号，语言的使用，到更普遍认可的典礼仪式意义上的礼。没有这样的礼，天地（或人的自然禀赋）是无法产生出人类的。人需要通过礼才能将自然禀赋提升到人的层面，这也就是为什么儒家如此以天、地、人三位一体（trinity）为荣的原因（译者注：即"参赞天地之化育"）①。当代认识这一点的方式是注意到，区别人类与其他"高等"动物的是人类先进的符号行为能力，在这种行为中，符号的使用使得复杂的交流和交互模式成为可能。西方符号学的研究进路主要聚焦在把词语和语言作为仪式行为（ritual behavior）的范式。对此，儒家学者通常有着更广阔的视野，他们认为学会正确站立和鞠躬，穿什么衣服以致相互尊重，以及通过作为人际关系的纽带的礼进行稳定的操练，这些有时与正确地说话一样重要。如果西方符号学家在早期就将语言的使用，诠释为更广泛的仪式行为之一，那么，塞尔对"行为式"（performative）的发现就没有什么出人意料或新的东西了②。

大多数（但并非所有）礼，都是由几个人以一种礼的模式交互

---

① 参见《荀子》；译文参见约翰·诺布洛克译本，第三卷，第 15 页。
② 参见约翰·塞尔（John Searle）的著作《言语行为》，特别是第二章至第四章。

作用而呈现，就像在舞蹈中一样。大多数礼包含次级礼仪（sub-rituals），而它们本身则是更大的礼仪结构的一部分。不同的礼有时会在特定的情境中相交，将原本不会发生交互的不同礼的参与者聚集在一起。儒者发现家礼最具教育启发意义，因为它是一种夫妻礼仪、亲子礼仪、兄弟姊妹礼仪、长幼同胞间的礼仪、核心家庭与祖父母、叔叔阿姨、堂兄弟姐妹以及远亲礼仪的复杂交织。早期儒家礼仪的形成语境是乡村生活，这种语境在中国历史上已经改变了很多次，与现代城市生活非常不同。家礼与友谊礼仪，城镇或公寓中的邻里关系的礼仪，各种经济活动中的职业礼仪，地方和最远一级的治理礼仪等等息息相关。礼仪模式并不稳定，特别是当礼仪与其他礼仪在不断变化的环境中的丰富含义被考虑在内时。

西方关于习惯的理论，需要增添最重要的一个礼的要素，即礼能让那些目的和利益可能非常对立甚至处于竞争中的人们展开合作。一起参与一种礼可以实现某种社交或个人目的，无论是问候他人，晚上哄孩子睡觉，还是与邻居和睦相处。构成高度文明的事物、行为、创造性以及鉴赏力，只有在有礼的情况下才有可能，礼的上演就是文明的表现。有了问候礼仪，彼此憎恨的人们仍然可以相处一段时间，不过如果没有问候礼仪，他们将会立即诉诸暴力。在一个充满竞争的世界里，重大的社会利害与人们的行为息息相关，礼则使人们能够完成极其重要的活动，否则这些活动就不会发生，因为人们的利益处于竞争之中。你不一定要喜欢你的同事，但如果你的工作被恰当地礼仪化了，你们就可以一起工作并完成它。外交礼仪则是对抗战争的一种防护措施,而战争的另一种选择往往是提供一种更好的竞争礼仪。为了舞而一起跳舞的模式,允许这支舞继续进行下去,即使当舞者彼此憎恨的时候。

礼是有意义的行为模式,通常涉及一个以上的人和一个以上的角色。礼仪分析的一种常见方法是关注角色本身的模式,以及该模式如何构成或允许某种类型的社会实在或作用。当然,与儒家文化相比,西方文化如果对构成日常生活的礼仪模式更加敏感,将会有所受益。直到最近,西方文化才意识到社会弊病的礼仪模式,如种族主义、歧视少数族裔、削减女性社会表达,以及对同性恋和其他性少数群体的偏见。当发现这些社会弊病时,西方的通常反应就是试图揪出一个反派。米歇尔·福柯(Michel Foucault)(例如,他的《词与物》,即 *The Order of Things*)以及他的追随者们做了大量的研究,他们指出,如此多被认为是显而易见的、常识性的真理,其实都是特殊话语结构的一种作用。"话语"(discourses)则是从较丰富的社会现实中,抽象出来的一个单薄而贫乏的仪式行为片段;对于那些仅以语言为仪式范式的人们来说,分析"话语"似乎是解决问题的一条捷径。如果将福柯的研究理解为分析礼仪而不是话语,那么,对福柯的贡献的研究,将开辟出更多重要的探究途径。福柯与西方一样,要为社会弊病寻找反派,而对他而言,这是为控制话语权而进行的权力斗争。他说,这反过来又反映了那些寻求权力的人的狭隘利益。对于福柯来说,就像在他之前的马克思一样,反派不是个体本身,而是处于一

善一分殊:儒家论形而上学、道德、礼、制度与性别

个动态结构化的社会情境中的社会阶级。当然,福柯是正确的,在一些重要的例子中,那些具有权力的特定社会利益决定了话语,从而决定了人们必须扮演什么角色,以及当这些话语在社会中发挥作用时会发生什么。然而,礼,包括其在话语中的体现,之所以具有一种惯性力,这仅仅因为它们是生活赖以继续的社会习惯;因而,在每个人的利益都发生了改变,没有人从礼中受益之后,礼仍能长期有效。作为社会生活的基石,即使是不好的礼,也要保持力量直到改变为止:不断变化的礼会使社会结构处于危险之中。在某些情况下,礼具有的惯性持久力,比社会中任何当前利益相关者的利益背后的权力都要强大。我相信,儒家对礼仪的处理方式,比福柯在辨别社会结构变化的自然关节点和场所方面有着更大的潜力。

二、个体性

然而,儒家对礼的研究更多地关注于个体如何参与礼,而不是分析礼仪行为的模式。婴儿通过模仿父母和年长的兄弟姐妹来学习礼仪行为。但是,礼仪模式提供的是模糊的角色,并不是具体的或完全确定的角色。就像在舞蹈中一样,礼仪角色只提供了宽泛的交互步骤,它们需要以个体的方式来表演。例如,小孩子学走路时是跌跌撞撞地向前走;只要两只脚有向前移动的动作,那么,任何举动都算作走路。慢慢地,孩子学会了控制蹒跚并发展出更平稳的行走方式,实际上是孩子自己发展出了适应自身体型的行走方式。文化元素也有助于使行走变得个体化,中国孩子学习走路时几乎是同时放下脚尖和脚跟,而西欧和英美的孩子学习的是先脚跟再脚尖的走路方式。夸大文化差异来作一下形容的话,可以说,中国的方式几乎像是曳步而行,而西方的方式有点像是一种大踏步式的正步。不久之后,孩子们就会发展出个体化的行走方式,以至于他们可以仅凭步态就能被识别出来;而这种个体化在整个人生中则会被不断深化。

行走可以独自完成,尽管这是通过模仿、尝试和出错学会的。然而,舞蹈通常涉及舞伴,这里的个体化则更为复杂,因为一个人与不同的舞伴学习舞蹈的方式必然不同。从你要努力让自己的脚和手在适当的时间,相对于其他人出现在适当的地方开始,这就变成了一种更加个人和个体化的舞蹈风格。舞步的仪式轮廓在早期和晚期是相同的,但是,舞蹈会根据每个人的风格和其他人的风格而变得个体化。

在 2 500 年的儒家传统中,最常被关注的礼是那些与家庭生活相关的礼①。正如我前面提到的,这些礼是复杂且重叠的,定义了不同家庭职位和不同职能(如经济、教育、生活照料和政治)之间的行为角色。儒家最重要的礼之一是男孩对父亲的礼,这些礼共同构成了孝道。在很小的时候,这些都被以相当抽象的责任和符号性的手势和尊重的姿势来进行教授。但是即使在早期,孝道也必须被个体化,因为这个男孩不得不与他特定的父亲打交道。男孩们慢慢地了解到其他孩子的父亲与他的父亲是不同的,

---

① 最著名的文本是朱熹的《家礼》。

他们自己所受到的对待也因而必然不同。要更慢一些的是,男孩们逐渐会认识到,他们自己与他们的朋友们也是不同的,他们与各自的父亲相处的能力也不同。而且,孝道的内容随着人生阶段的变化而变化。对于年幼的孩子来说,孝道很大程度上就是服从父母的命令,学会辨别父母何时高兴、何时不悦;它还包括学习感激和享受父母的爱。从青春期开始,经过许多阶段,孝顺越来越多地是要承担起父亲(和母亲)的技能、工作、知识、成人社会角色以及美德。在传统的儒家家庭中,这一点是很重要的,即男孩要成为一个父亲,以便了解他父亲是如何做事的,并证明他的父亲已经教会他如何做事。在亲子关系的后期,儿子会更多地接替和照顾父亲(以及母亲和老一辈的其他人)。孝道的流行形象,就是成年的儿子照顾已经变得依赖他们的年迈的父母。在我们这个时代,孝道的性别范畴被拓宽到了包括女性在内。

　　这里需要强调的一点是,根据儒家的感知能力,个体通过个体化生活中重要的礼而成为他或她自己的个体化自我。当男孩个体化他的礼仪关系(即那些在符号意义上的关系),如与父亲(母亲、兄弟姐妹、阿姨、叔叔、堂兄弟、朋友、同学、同事、邻居等等)的礼仪关系时,男孩就会变得越来越是他自身。这种个体化始终是一个双重过程。一方面,它涉及面向礼中的他者(例如,自己的父亲)来定位自己。这里的复杂之处在于,他者总是根据自己而变化,正如父亲把自己个体化为父亲一样,也就是说,他者是一个移动的目标。另一方面,它涉及在礼仪关系中发明自我的特殊性。西方人常常把这看作是"发现"(discovering)自己,好像一个人的品性是事先塑造好等待被发现。事实上，西方人常常怀疑礼的形制对一个人的真实自我施加了约束和限制，一个人需要反抗这些礼的形制才能找到自己。叛逆（rebellion）是礼仪行为的重要组成部分，但并不是在这一点上。相反，儒家认为，如果个体只能以个体化所参与礼的具体方式来参与礼，那么，礼就为拥有自我提供了形式。

所以，每个人都必须发展和转变自己，使自己能够很好地履行家庭礼仪。这些礼本身可以促成友谊、工作关系、共同体角色以及其他活动。从个体的角度来看，这是一个发展品性的问题，正如安乐哲所说，品性被定义为扮演人生重要礼仪角色的能力。西方人极易将这种品性的发展视为发展个体德性的一种作用，而儒家则将其视为与他者相关的品性，这种品性是由具有个人角色的各种礼仪模式所调节的。从一个非常重要的意义上来讲，一个人永远不能把自己的品性，仅当作个体自己的属性（property）来发展。相反，品性是在与其他个体的关系中发展起来的，这些个体通过礼仪角色的紧密结构来发展他们的品性。

角色扮演中的个体化不仅仅是在礼仪角色的一般轮廓中得到具体化的问题。在儒家思想中，所有经验都是贯穿于**价值**之中的，特别是对于礼仪行为的个体化而言，有两条特别重要的准则（norm）：诚（sincerity）与直（probity）。

"诚"可以理解为一种状态，即一个人的内在意图、感受和外在行为的所有层面协调融贯，以至于一个人的心在行动中始终是透明的。反之亦然，即一个人的行为遵循着自己的心，没有抑制或偏离。对儒家而言,这种"诚",对于正确地扮演礼仪角色至关重要;而实现这种"诚",则要比西方通常所期望的"真诚"要难得多。西方人有时认为,一个人只要不再掩饰,或者凭着内心的信念和激情,鼓起勇气说话和行动,就可以变得真诚[1]。当然,儒家的理想中涉及了这些内容,但儒家的"诚"还涉及许多其他内容。例如,除非一个人学会正确地感知事物,并进而理解他所感知的事物,否则他就无法实现真诚地应对事物;除非一个人学会了组织自己,以便能够实现自己的意愿,否则他就不能根据心来行事,而这则是一种罕见的美德。礼仪行为具有从心发展到外在行为的多个层次。对此,儒家喜欢指出,一个人的衣着,对于向与他一起参与重要的礼的其他人展示自己的心是至关重要的! 一个人的衣着和举止是与他人有关的行为的一部分,而不仅仅是个体癖好(或特质)的表现。尽管儒家承认有些人比其他人更容易接受这种教育,但是,这种复杂的真诚需要深刻的教育。

从一开始,儒家就在思考实现"诚"的"大难题",即自私(私)。自私有多种形式,如扭曲一个人的感知,歪曲扮演好一个角色的意图,甚至扭曲基于良好意图的行动。因此,在儒家适度个体化礼仪行为的工程中,诚的培养具有两种驱动力。一种是正向的驱动力,以使人有能力实现从内心到外在行为的过程的连续而透明。另一种是负向的治疗驱动力,以发现和消除通常隐藏的自私的根与枝。

---

[1] 这似乎正是塞利格曼(Seligman)及其合著者的关注焦点。

礼仪角色个体化的另一条准则则是"直",我所说的"直",指在个人处境(特别是在人民和社会结构)中,辨别和实践所表达的价值观的能力。正如我在第一章中所提到的,宋明理学家详细阐述了"理"的技术概念,以表明一个事物是如何在自然(和社会)世界中具有价值的,以及该价值如何也是周围事物以及环境本身的作用。在《圣境:新儒家哲学的当代意义》一书中,安靖如讨论了如何用当代术语来理解这一点,并发展了对"理"的理解,他将"理"理解为:"融贯性"(coherence)(至于"principle",这一已被公认的"理"的翻译,实际上则几乎什么也没有传达)。但我更喜欢"harmony"(和谐)而不是"coherence"(融贯性);尽管还有另外一个中文词**和**,它通常被翻译成"harmony"(和谐)。不管是什么形而上学,儒家从一开始就认为价值是宇宙万物的特征,人类社会应被视为自然的构成要素。而且,价值并不像实体中的谓词一样,被视为寓居于事物内的固有属性;实际上,价值是事物的一种作用,因为它们是与环境中的其他事物相关的。如鹰之美在于从山腰上展翅俯冲而下,战士的优点体现在他在战线上的位置,父亲的价值则在于他在家庭(和其他地方)中的角色。总之,事物是在具体情景中拥有价值的。

儒家思考价值的路径的另一面是,人们在遇到价值时会本能地欣赏它,尽管他们必须学会如何激活这种欣赏。孟学的传统,强调防止这种天生的价值欣赏能力的老化和迷失的重要性。荀学的传统,则强调积极学习的重要性,特别是通过学习参与礼,以在价值不够明显的时候能发现什么才是有价值的。双方都强调学习和

善一分殊:儒家论形而上学、道德、礼、制度与性别

博学的重要性，以便发现世界究竟是什么样的。圣人的理想，就是
要变得善于以适当的方式去看到事物的价值并作出回应。因此，
这通常意味着要找到比交战各派之间所表现出来的要更深层次的
和谐或融贯的基础或理由①。儒家传统强调事物的价值（"理"）的
连续性，同时强调价值（"理"）在建构"心"及其应对中的存在。
"直"则是将这些联系起来的德性，因此行为可以是道德的。

那么，以"直"来个体化，这就又提出了正确行动的问题。礼
仪角色是以使行动成为可能并赋予其形式的方式来定义的。但
是，如果一个人的"直"揭示出某种礼仪行为阻碍了道德行为，会
发生什么呢？儒者一直专注于这样一个问题，即当一个人的父亲
或皇帝以错误的理由要求其服从时，会发生什么呢②？当然，一
个人应该做的是"劝谏"（remonstrate）当权者。"劝谏"是孝道和
公民服从的一个明确的组成部分。但是问题是，如果这个人的
"劝谏"被驳回，那么，他什么时候应该不服从呢？又或自我放逐
或流亡？又如果你的父亲犯了罪，你应该把他交给当权者吗？
（柏拉图在《游叙弗伦篇》中也提出了这个问题。）孔子对此是犹豫
的。那么，如果皇帝是不称职或邪恶的，你是否应该反叛？（孟子
则说：应该反叛。）

礼仪行为的个体化，绝不仅仅是以适合自己的方式扮演角色，
它还包括以"直"的精神来扮演角色。因此，礼仪行为极其复杂，因

---

① 参见安靖如《圣境》第六章至第十一章，他精致地分析了：了解"理"的深蕴的圣人
教育。
② 例如，参见孔子《论语》，见陈荣捷《中国哲学文献选编》13.18，第 41 页。

为它必须通过个体的"直"感所生发的道德判断来引导个体化。而礼仪模式本身，并没有回答如何以"直"感将礼仪个体化的问题。

诚和直是"成人"（一种真正的人）的两个关键因素。如果这个人没有处于一个礼仪式角色扮演的联系中，他很少或根本没有角色内容或满足感。礼则提供了一个环境，在这个环境中，人在人际关系中个体化，他因而成为一个真正的个体。由于强调诚的必要性，礼绝不应该仅仅是角色扮演（role-playing），就好像一个人的心并不在其中那样。实际上，据儒者所论，当一个人不真诚地参与礼时，那是一种严重的恶行。一种普遍的批评是认为儒学是一种纯粹的形式主义，实际上是一种僵化等级权威关系的形式主义，而这种批评则首先是由儒家自己提出的。根据那些重视礼的社会作用的儒家学者的观点，人类处境的一个深刻困境是，礼向虚伪敞开了自身，并随之使人丧失了真实自我。在这方面，儒家文化在某种程度上忠实于其哲学根源，即重视个体的（individualistic），而非强调共同体的（communitarian）。当然，由于许多使得高度文明成为可能的礼的公共性（communal character），人们从来不会把人放在社会关系之外去考虑，因此，我们通常需要道德关注的是这些关系结构的礼仪结构。但礼仪游戏的人文意义在于个体品性的发展，这是个体的责任。因而，这一致力于良好履行礼仪的个体的"直"，对个体提出了非凡的要求，即个体要变得能力强，无私地去学习利害攸关的事情；同时，他们又要履行礼，以遵守当前的准则和价值观。

这导致了一种强烈的悲剧感，以及一种对生活的模棱两可和折中的潜在焦虑。儒家认为，礼构成了个体与他人共同生活的结构，这通常被认为是个体和社会的痛苦，因为礼限制了自由。与其被迫扮演礼仪角色，有时，个体想要将其全部甩掉并获得自由。但如果他们是自由的，他们会怎么做呢？他们会像杰克·凯鲁亚克（Jack Kerouac）笔下的嬉皮士一样会"在路上"四处游荡。对此，儒家给出的模式是"自我放逐"（self-imposed exile），但这是对礼仪角色扮演模式的补充而不是矫正。可以说，这种把礼看作是对自由精神的约束的流行观点，并没有触及儒家文化中最重要的张力和病症，即无法在与"直"一致的情况下，以融贯的方式去模糊个体化角色的悲剧。在这里，"直"既是非凡的成就，也是沉重的负担。

儒家的"仁"远比诚和直更为复杂，但它在很大程度上把这两种德性都包含了进来。礼本身可以由没有仁德的人来进行。但这是一个严重的缺陷，其阻碍了礼仪角色的强健的个体化；而这反过来就又阻碍了个体的发展，因为这通常首先会激发不真诚的礼仪游戏。为了阐明这一点，还需要探讨另外两个主题，即"他者"角色以及拥有良好的礼的重要性——当任何旧的礼都无法做到时。

三、他者性

前面我曾说过，礼允许个体在存在对立、竞争甚至矛盾的利益的情况下，在任何运行礼即可有所成的工作中进行合作。判断一种好的礼的方法之一，即通过确定它实际上是否允许利益截然不同的人们采取联合行动，这一点我们将在后面继续讨论。但是,现在要注意的礼的要素是,以礼的术语理解人类处境,将允许以某些方式去理解他者,而这些方式则会使一些西方的思维样式产生困惑。

欧洲哲学中的"他者"(Other)问题就是这样产生的。欧洲哲学(此处排除美国实用主义哲学)认为人类认识论的状况是相互界定的主体性和客体性,经验则是观察世界的人类主体的活动或属性,世界上的事物则被认为是主体经验中的客体;伴随这些观点而来的则是困扰着欧洲现代哲学的许多问题,无论是大陆哲学还是分析哲学,都与我们从主体视角如何了解事物本身有关。我们能否只根据事物在我们面前显现的样子来认识它们呢?强大的康德学派甚至将客观性定义为,外在事物与人类思维的形式、我们的接受样式以及组织经验的范畴和综合活动的一致性。"客体"则是符合我们经验的东西,客体中的任何东西,如果不是以我们的主体条件进入经验的话,则在某种程度上是不真实的,或者至少是不可知的。科学传统已经阐明了这个有许多变体形式的康德观点,即科学的客观性在于,它把关于世界的主张化约为在各种科学的范畴、理论、工具和研究议程中所表达出来的关于世界的主张。

毋庸赘言,这肯定是存在问题的。他人不仅仅是他们在我们主观经验中的样子。他们有自己的内在性和他们自己的外在现实,他们有他们自己的价值和尊严,而这些价值和尊严,可能根本不会以我们经验他们的方式得到体现。非人类的自然亦是如此,并不仅仅是我们主体经验的建构的产物。经验本身则也直截了当地表明了这一点，如我们经验到，人们不能被化约为我们对他们的经验，他们抗拒在我们的经验中被定义，他们散发着更多的感觉。伊曼努尔·列维纳斯和其他人已经把这一点，打磨成了一个主要的哲学课题①。但即使是对他人以及他者性（Otherness）的最详尽的现象学描述，也仅是对我们经验的描述。它属于作为我们一部分的他者。

对于那些沉迷于世界的主观/客观取向（这通常归咎于笛卡儿）的哲学家们来说，这种取向是令人沮丧的；但在对待人的方式上，这种取向在文化上则是灾难性的。在有权力的人的经验中，人被转变成纯粹的客体，而且往往被当作只为权贵的利益服务的东西而受到残酷对待；医学物化了病人；被殖民者被还原成殖民者对他们及其文化所作的判决；对手因为与强权的利益相抵触，就被化约为应该被消灭的人；而没有权力的人，也会对有权力的人做同样的事。只要我们以为除了我们自己的经验之外，他人就没有实在性，那将不存在对这些灾难的补救办法。的确，在胡塞尔的现象学中，"我们的经验"可以被定义为先验的，但这一点仍然成立，即事物被还原为它们的现实或可能的经验。

儒家认识到主观/客观的区别结构、自我与世界的结构。这通常以"心"与个体所关联的万物之间的极性的（polar）连续体的形式来表达。在对待现实事物上，尽管儒家坚持从内心到外在行为的连续性，这种连续性应该是"诚"的，并应以"直"加以激活，但

---

① 参见伊曼努尔·列维纳斯的《总体与无限：论外在性》和让·吕克·马里翁（Jean-Luc Marion）的《被给予：朝向一种给予的现象学》。

他们并不认为这种情况是由主观/客观对比所定义的①。相反，他们认为这是由一个自然的立场构成的，在这个立场中，个体间通常以礼仪化、有意义的角色进行交互。一个个体理解自己在一个礼之舞中是众多个体中的"一"，其他个体也是这一礼仪模式的参与者，我看到他者像我一样在礼仪中扮演角色。而且，我看到自己和他者一样，也是礼中的参与者。礼的基本现实，或礼的联系，使我们所有人都参与其中、成为参与者。当然，每个参与者都需要个体化参与方式，个体化则包含了前面已经提到的所有维度以及更多。但我看到我的个体化是礼仪现实不可或缺的一部分，就像其他人也正在培育的个体化一样。

可以肯定的是，当我尝试扮演好我的角色、个体化我的表演、培养"诚"、为"直"及其后果而斗争时，我自己的礼仪扮演具有一个主观视角。但是，这种主观视角并不是我理解和行动的唯一乃至主要框架。相反，礼本身才是我理解自己主观斗争的框架。这当然也是一个框架，在这个框架里，我以他者为导向，当然，他者被理解为有他们自己的主观斗争。总之，在礼的游戏中，我们都是彼此的他者，而这就是我们每个人自己理解更好地个体化礼仪的主体问题的方式。

存在着这样一个可普遍观察到的事实，即儒家社会的人们，在关心自己的个体关切之前，会先认同群体关切。然而，这种对

---

① 尽管所有的儒家学者都接受连续性，但他们在强调连续性的程度上存在差异。王阳明就是一个典型的例子。参见 Warren G. Frisina 的著作《知行合一：走向一种非表征化的知识论》。

　　　　　善一分殊：儒家论形而上学、道德、礼、制度与性别

比过于肤浅。儒家首先认同的不是"群体",而是包括他者和自己在内的礼,每个人都在其中形成个体化的个体身份。督促自己尽力好好参与生活的礼仪化结构,这既是对自我的肯定,亦是对群体的肯定;因为自我的自我建构,与在一系列非常具体化的"礼"的语境下"成仁"有关。群体与个体的对比则反映了西方的假设,即个体是首要的,进而才共同组成了群体。儒家的主张则是,个体已经由连接他们的礼构成,生活的问题,则与学习如何以诚和直去好好参与这些礼以及如何克服这些礼的模糊性和张力有关。

儒家这种礼的方法的一个好处是,所有的参与者都是全身心地投入到礼的活动中来的。他们在彼此的扮演中是互为他者,但是,他们并没有被简化为他们在礼中所扮演的角色。恰恰相反,作为参与者,他们在角色中是个体化的个体,要应对许多礼的整合,并要忍受因在礼仪基体中某种程度的诚和真而产生的模糊性和悲剧。当然,给定的礼仪性交互,可能仅仅是工具性的和表面的;但儒家的理想是在我们的礼仪活动中将他人视为他们自己的参与者,就像西方思想所认为的那样,以与他们自己的"主体性"相关的所有方式个性化自己。通常的观察是,儒商在"谈正事"之前,一般都会先一起喝茶、聊聊彼此的家常,这正说明了这一点。(有朝一日,这些轶事也会包括商界女性,当然,这也许并不需要等待整整一代人的时间。)从西方的假设看来,这似乎是自相矛盾的,而儒家的礼仪实践则使其成为礼的一部分,即不只是将他人视为礼中的"角色参与者",而是将其视为作为人的主体的**参与者**,其通过一段具有许多礼仪交互作用的生活来个体化自身。

这样做的结果是一种对他者的深刻的"敬重"（deference），这种"敬重"自动地影响了儒家的礼仪行为。通过把他人当作参与者来对待，人们就不会将他们化约地视为生活中一部分礼仪中的角色。不过，在一个同质化的社会里，通过一边喝茶一边拉家常来了解他人也许是足够充分的；但在一个多元化的社会里，了解他人总是有困难的。此外，通常还存在着"谈正事"的压力，而这些压力在儒家弟子和忙碌的西方人之间同样存在。但儒家礼仪游戏的位置框架充满了尊重与敬重，因为他者在他者的礼仪基体连接中可能是一个参与者。

四、礼的滥用[①]

儒家对待个体、对待他者的礼仪方法的理想化图像，需要接受现实检验。在某些情况下，尤其是对于女性，儒家的礼经常被滥用、具有伤害性（正如我们将在第十五章中讨论的那样）。我们已经看到了其中的一些原因，如礼的参与者可能是相对没有个体化的、跌跌撞撞的新手，沉迷于礼仪性"角色"而不是参与者自身，因为他们自己还没有掌握这些角色；或者，参与者可能不够"诚"，因此，他们无法以足够透明澄澈的状态融入自己的角色，更不用说在其他参与者身上寻找这一点了，又或者，参与者可能缺乏"直"，只是习惯性地或者以工具性的眼光看待角色，而不是批判性的，或缺乏在礼仪行为的整体语境中分辨什么是好的、什么是

---

① 译者注："rituals abuse"（礼的滥用）也可直译为"礼的虐待"或"礼的侵害"。

坏的训练。但是,儒家礼文化的滥用或伤害中,一个更为重要的因素是存在着不良的礼。

有一个重要的观察,即丰富的生活礼仪基体使得高度文明成为可能。但是,同一基体可能也包含着习惯了文明局限性的礼仪结构,或将邪恶和压迫编入其中的礼仪结构。儒家的经济生活礼仪,将权力和主要角色置于男性手中,而相对排斥女性,这是一件坏事。我们现在发现,以性别差异为基础区分人的礼仪通常是不好的;这类区分也许会促进经济活动,但当它们以性别而不是生产力、技能和其他与业务相关的标准来定义参与权时,这是不公正的。这与美国语境中习惯于种族主义的礼仪是类似的:在涉及睦邻生活、经济和政治活动、友谊和家庭生活的礼仪中,种族差别很少真正重要。对于那些为了社会的各种礼仪结构,编码化处理性取向差异的礼而言,情况亦是如此。

在儒家礼文化中,"直"的延伸是对现有礼的批判和修正。就孔子的时代而言,孔子是他的时代文化的激进批判者,他认为,一方面,它缺乏高度文明所必需的许多礼,已经堕落到"礼崩乐坏"的暴力野蛮状态;另一方面,一些实际存在的礼却适得其反,助纣为虐。对我们这个时代而言,儒家道德哲学的一项伟大工作,首先是指出我们的社会都在哪里被礼仪化了;其次,分析这些礼是如何运作的,它们促成了什么,又阻碍了什么,以及它们的公正性如何;第三,发展新礼以替代旧礼。

当我们逐渐了解到许多文化的礼,对女性、对不同种族和少数民族的外来者以及对性少数群体不公正,我们就有必要在这些方面发展新礼,这是一项重要的任务。但情况要比这复杂得多。社会和经济条件正在急剧变化,过去那些促进公正、沟通以及尊重他者的礼,在新的环境下往往不再适用。我们需要新礼,并且需要将其视为过渡性的,并随着变化的展开而不断对其进行修正。如你如何通过网络交易分享茶和家庭故事,尤其是当这些交易都是自动化的时候。我们需要一个新的愿景,即让参与者把自己作为一个个体参与到礼中来,以所期望的诚、直和技巧来个体化自己。也许抱怨互联网及其对重要礼仪参与者之间面对面交流的影响,这是有其好处的。但“抱怨”的“美德”似乎是,借此反思出如何变好的方法,而不是说“抱怨”本身能带来很多直接益处;更确切地说,它的价值在于提供研究新礼的可能性,就像儒家在他们的“黄金时代”曾做出的那些努力一样——为我们这个不断变化的世界服务。

当前,也许儒家道德思想所面临的最直接的挑战,即了解如何通过调和礼来减轻暴力。礼允许那些在其他方面有严重冲突的人们,在礼仪模式下一起工作。正如问候礼仪需要实现可能的和平会面一样,外交礼仪也需要使经济和文化冲突得以和平谈判。当然,在这方面,礼可以做的事情是有限的:因为你必须说服各方相信,通过共同参与礼而不是发动战争可以获得更多利益。这种说服力的部分内容在于展示冲突背后更大和谐的可能性。不过,儒家道德理论的关键,就是在万物(包括自己和自己的文化)都有价值的背景下,培养在内心、事物中、事物之间的冲突中辨别和谐的手段。

第十二章

社会制度^①中的权威、问责制与公信力

---

① 译者注：为了便于中文理解，此处将"institutions"译为"体系"，特此指出。

我认为自己既是基督徒又是儒家，并主张这两种文化传统。然而，作为一个个体，我并不是任何一个文明的代表。我想说的是，我不是一般意义上的基督徒，而是一个特殊的基督徒——自由主义者、新教徒、哲学主义者以及神秘主义者。我也不是一般意义上的儒家，而是一个特殊的儒家——比起孟子，我更倾向于荀子，比起朱熹，我更倾向于王阳明，更重要的是，我更倾向于英美波士顿儒家，而不是中国、韩国或日本的儒家。对我来说，某种形式的儒学在西方文明中是一种可行的生活方式。

这种复杂的个人身份意识促使我们注意到，在阐明儒家文明和基督教文明关系的课题中，存在着一种巨大的共性。如果我们考虑到道家、墨家和法家学派，以及千年来佛教的强大影响，以及后来西方的影响，特别是马克思主义；那么，儒学绝不是中国历史上唯一的生活方式。但是，在很大程度上的确如此，即所有其他学派，特别是最初来自中国境外的学派，最终，都在极大程度上被儒化了，而且当代儒学在某种程度上也已经将这些学派内化了。因此，把中国文明概括为儒家文明，这是恰当的。

西方的情况要复杂一些，因为从远古时代开始，闪族的（Semitic）宗教根源和希腊哲学根源之间就存在着一种有趣的共生而又竞争的关系。基督教从1世纪到15世纪将它们结合在一起，但后来随着新教改革，它们又相互对立起来。犹太教也吸收了许多希腊哲学的元素，但从来没有像基督教吸收得那样热情和彻底，因此，可以说犹太教是一个受希腊影响的闪米特人的宗教。与犹太教相比，伊斯兰教则接受了更多的希腊思想，但亦从未像早期的基督教吸收的那样，即将希腊哲学的批判性怀疑论制度化。然而，从一般意义上讲，西方文明可以被称为基督教文明，因为在欧洲和美洲，基督教同时超过了犹太教和伊斯兰教而占主导地位。就伊斯兰教从摩洛哥再到马来西亚的发展来看，它并不仅仅被视为西方文明的一部分，因为它还定义了自己的领域；当然，在这些领域中，伊斯兰教则在基督教、犹太教、印度教、佛教和儒家之上占据着主导地位。

更为复杂的是，基督教和儒家是世界性的，在几种文明中都有文化表征。如前所述，如今中国的基督徒绝对人数已不少，那么，这些中国基督徒究竟代表的是基督教文明，还是代表的是整个儒家文明中的基督教宗教呢？同样，在美国的这些儒家思想研究者中，其中一些成员（例如我本人）是英裔美国人，那么，我们究竟是代表波士顿的儒家文明，还是代表的是在波士顿所体现的儒家文化对西方生活样式的影响呢?

一、权威的真诚

考虑到这些关于区分和联系儒家文明和基督教文明的复杂性的限定条件,我想谈谈真诚对于社会制度中权威或当权者的公信力(或可信度或信誉,即"credibility")的作用问题,当然,这个问题在所有文明中都非常重要,但在这里我将从儒家和基督教的角度对此加以讨论。我们知道,儒家和基督教都非常重视真诚,以及重视使人的心变得纯粹透明;当然,它们有着不同的语境化真诚的方式。对儒家与基督教而言,只有真诚的人才是可信的,当人们证明自己的承诺是真诚的时候,他们就赢得了公信力。而且,这两种文明有时甚至总是把真诚与领导力,以及行使权力和责任联系在一起。儒家的方法是基于父母权威的家庭模式,杜维明恰如其分称之为"信赖社群"(fiduciary community)①。从历史上看,基督教的方法则更加多样化,它采用了来自许多来源的权威模式——罗马家庭模式(与儒家模式非常相似),作为上帝代表的统治者(或与儒家模式类似的"天")模式,以及有时在民主制度的程序主体上祈求神的祝福的模式②。

但是,当权威或当权者的选区(他们在其中行使权力的社会

---

① 参见杜维明的著作:《论儒学的宗教性——对〈中庸〉的现代诠释》,主要是第三章。(译者注:也译为"信赖共同体"。)

② 在西方基督教史上,民主和神圣的代表模式是很常见的。从我们当前的角度来看,更加模糊但非常重要的是罗马族长模式的延续和扩展,特别是在希腊化和晚期罗马异教中发展起来并影响基督教的模式。参见皮埃尔·阿多(Pierre Hadot)的作品,例如,《作为一种生活方式的哲学》和《内心的堡垒:马可·奥勒留的〈沉思录〉》。

组织)多元化、非个人化并存在相互竞争的利益时,会发生什么呢？在一个小单位(例如一个真正的家庭)中,礼节性礼仪可能使权威有可能向全体选民解释和证明,为什么作出对某些人有利而对其他人有害的决策。在这种情况下,那些受到伤害的人,即使不喜欢这些决策,但他们仍然可以相信权威的真诚和公信力。而在较大的共同体(如一个大社区、一个企业,甚至一个国家)中,那些因权威的决策遭受伤害的人,很难再相信权威的真诚与公信力,因为权威被认为是应该为所有人的"善"(the good)负责的,包括那些受到伤害的人。实际上,权威有责任就整个选区的"善"来作出决策,这可能意味着损害某些人的"善",即使在最注重和谐的情况下。但是,权威也要对全体负责,包括那些对权威不再抱有信任的人。所以,我的问题是,儒家文明和基督教文明,如何处理失去公信力的问责制问题。

当然,这个问题的答案取决于具体情况。例如,在国家层面,儒家政府和基督教政府有时都不得不诉诸武力,以迫使其选区内否认其公信力和合法性的人服从。与此同时,在儒家政府内部,有一个悠久的对抗权威的谏言传统,反对者会愿意牺牲一些"要求",然后在某个时刻从对抗中撤退。然而,由于公信力的高度重要性,当压力过大时,儒家权威(或当权者)便会崩溃瓦解,政府要么陷入混乱,要么转向极权主义、不可问责和不可信任的统治。

欧美的基督教政府则逐渐向民主制演变,试图通过各种制衡来弥补政府给政府自身带来的危害。在民主国家,权威的公信力在原则上突然变得相对不重要了。我们可以假定权威存在偏见或腐败，但他们也要对纠正这些偏见或腐败的政治程序负责（或接受纠正这些问题的政治程序的问责）。然而，当政治程序本身失去公信力时，民主国家的公信力问题就会重新出现。目前在美国，有很大一部分选民团体，认为政府根本就不起作用，也不以任何方式对他们负责。在这样的时代，只有当一位富有魅力的领导人，以令人瞩目的公信力脱颖而出时，公信力才能恢复。但是，领袖魅力可能是暂时的，也可能是虚幻的。人们希望他们的政府是可信的，但当政府作出的决策，有助于某些人却伤害了另一些人时，这种公信力又将会再次处于危险之中。在衰弱的魏玛共和国之后，阿道夫·希特勒（Adolf Hitler）给德国政府带来了巨大的公信力。但是，这种公信力是暂时的，并带来了灾难性的后果。巴拉克·奥巴马以极高的热情当选美国总统，部分原因是认为他代表的美国选民可以超越种族主义和利己主义。但是，他受到了经济形势的阻碍，没有任何奇迹能够治愈这种局面，也受到了他的政治对手所培育并利用的一种顽固的种族主义和利己主义的阻碍，以至于他在很大一部分选民中失去了公信力。

无论是儒家文明还是基督教文明，权威在不占主导地位的情况下，在流散海外的情况下，都有权威（或当权者）的信誉典范。在公元的第一个千年，亚洲的基督徒比欧洲的基督徒还要多，但在亚洲的基督徒所生活的社会环境中，他们还是属于少数。如前所述，在今天的中国，基督教徒人数众多，但在他们所生活的环境中，他们仍属少数。而早期的儒学在日本和朝鲜只占少数地位，在唐朝的大部分时间里在中国也是如此。西方的儒家共同体在20世纪逐渐壮大，起初主要是散居海外的华人，但后来逐渐吸纳了非东亚人。在少数派地位不高、政治权力不大的情况下，儒家和基督教都非常依赖于当权者的个人信誉。这种个人信誉是对抗敌对方的主导文化的一种强有力的形式。

对于儒家文明和基督教文明来说，问题的症结在于，当权威的公信力依赖于让个人相信他们是为个人的"善"而工作时，权威如何才能够为维系其选民的整个体系的"善"行事。当体系的最大"善"对部分选民造成损害时，我们能否信任领导者是以服务于整体选民的方式来服务于体系的最大"善"呢？而要做到这一点，领导者则必须学习真诚的艺术。

为了探究这些问题，接下来的两节将分别讨论强调共同体的和谐模式与重视个体的和谐模式，以及我们在领导力中所感知到的真诚的本质究竟是什么。

二、共同体主义与个体主义

我们曾指出，学者们普遍认为儒家（和其他东亚人），主要是据他们所处的群体来思考自己，从而将群体利益置于个体利益之上，而基督徒（和其他西方人）则把个体利益放在第一位，把群体利益放在第二位。这方面的明显例证的确是存在的，无须赘述。此外，两种文明亦都将纯粹的共同体或个体优先的典型事例视为是病态的。儒家永远不可能接受纯粹的强调共同体的模式，因为

"天命之谓性",儒家极为重视个体修身和君子的"慎独"①。整个儒学的计划始于圣人的自我修身,这是一件个体事务,有时甚至是私人事务,尽管修身的目的是提高个体在共同体中行事的透明度和明辨的有效性②。诚然,修身产生于家庭和社会的具体情境中,而这正是修身需要个体化的场所。但是,在家庭和社会境况处于非常恶劣的情境下,儒家的修身也是可能的——这正是孔子阐述其关于如何在恶劣环境中做一个仁人(译者注:"君子无终食之间违仁,造次必于是,颠沛必于是")的革命性思想的历史语境。因此,一个把群体的利益远远置于个体利益之上的人,在儒家看来,他既忽视了修身的基本艺术,又可能在无意中支持了一个其追求的利益是灾难性的且非常糟糕的群体。对儒家而言,极其重要的首要任务是个体修身与臻至于诚,这则是一个人可以信任自己能够为更大的共同体服务的基础。

从古至今,基督徒也一直专注于修身,这也就是神学上所称的"圣化"(sanctification)。但在基督教思想中,"圣化"是以"称义"(justification)为前提和基础的,这通常意味着个人认同自己与教会或基督教团体的关系,在教会或团体中个人可以找到免于罪的自由。也就是说,在基督教的许多形式中,最重要的是归属于一个获得救赎的共同体,然后在这个共同体内致力于修身。讽刺的是,对基督教来说,最主要的认同是与教会共同体的认同,尽管加入该共同体是个体决策,有时更是一个严肃的存在主义抉

---

① 这是《中庸》开篇的几行文本,译本见陈荣捷《中国哲学文献选编》第 98 页。
② 参见杜维明的著作:《仁与修身》。

择。在大多数实际情境中，基督徒继承了他们家庭所归属的宗教共同体，就像儒家继承他们的家庭一样，尽管在他们人生的发展阶段，个人肯定了这种继承，但也有可能会否定这种继承。马克斯·韦伯曾指出，基督教新教强调的是一种与资本主义产生共鸣的个体主义，因为它强调个体对救赎的关注。但话又说回来，马克斯·韦伯在不同的文化语境下，对儒家思想也曾提出过同样的看法。

在现代性的影响下，包括启蒙思想和消费主义社会的发展，许多基督徒发现很难在他们的宗教共同体中找到归属感。有时，这造成他们对宗教产生一种彻底的疏远，甚至就像那些拒绝宗教信仰的人一样。更常见的情况则是特定的宗教共同体的降级，即从定义一个人的终极存在的最重要的归属关系，降级为有助于终极身份认同与满足感的众多归属关系之一。在中国，人们对现代性的体验是不同的，但同样具有决定性。短期受西方启发而对儒家学说的批判，主要是与晚清的整体文化相对应的；紧随其后的是一个日益中国化的欧洲马克思主义版本，它进一步动摇了已松散的家庭认同。近年来儒家文化的复兴则正在修复个体与群体之间的隶属关系，这些群体提供了一些社会认同，而非严格意义上的个体认同或个体匿名性（individual anonymity）。具有讽刺意味的是，在某种程度上，基督教目前在中国的发展，其实可以被看作是儒学复兴的成就之一，因为儒学强调个体在具体的群体关系中的个体化。在许多方面，这与西方文明的某些部分强调个体与原籍家庭和群体（包括宗教归属）的重新联系是相似的。

　　　　善一分殊：儒家论形而上学、道德、礼、制度与性别

因此，我们必须谨慎，不要过分强调儒家共同体主义（communitarianism）①和基督教个体主义（individualism）之间的区别。的确，从古至今，儒家一直强调，个人要在父母和兄弟姐妹关系中去学习"仁"，并学习在家庭语境中具体化和表达"仁"。同样，基督教则注意到家庭的经常混乱和功能失调，并转而主张一个人要在基督教团体的生活中学习仁爱，个体的身体应由基督的和谐、疗愈和激励的心灵所驱动。"以基督的心为心"，这就很像儒家强调的继承祖先的美德的那种观点②。但是，近代以来，中国的家庭一如既往地处于混乱状态，西方的基督徒共同体也一如既往地处于混乱状态。因此，在儒家文明和基督教文明中，以群体归属作为个体身份认同的源泉和目标的这种模式，现在都无法得到完美地运作；并且很少能找到个体与共同体主义之间的一种平衡，而即使找到了，在不同的情况下，这种平衡的设定也不尽相同。

本章的问题并不直接涉及共同体主义和个体主义问题，虽然围绕其作了一些讨论。更确切地说，本章的问题是关于当社会包含相互竞争的选民，而当权者必然为了有益于整个社会而伤害其中一些人时，将会发生什么呢？在这种情况下，当权者的决策可以被那些受到伤害的人解释为：帮助了其他人而不是整体。在

---

① 译者注：本书将"communitarianism"译为"共同体主义"，而非其另一个常用译法"社群主义"。原因有二："共同的"始终构成 community 的基本意涵，译为"共同体主义"可在最大程度上保留其基本意义，以避免掺杂过多文化植入；同时，亦更能体现其原有的政治哲学背景。

② 参见我的著作《波士顿的儒家》，尤其是第四章和第十章。

当代社会,无论东方还是西方,在这种情境下,那些受到伤害的人并不把他们自己看作是个体;相反,他们认为自己属于一个受到伤害的群体。如农民可能会认为,政府偏爱城市生活;非技术工人们可能会认为,教育系统只帮助中上层阶级;商人们可能会认为,政府是在迎合技术工人们所施加给他们的压力;少数民族可能会认为,政府的政策偏袒他人从而损害了自己的利益;又或者占主导地位的民族可能会认为,政府是在偏袒少数民族。当然,政府当局试图和谐地平衡不同选民之间相互竞争的利益。通常,这些尝试只不过是政府权威对政治压力的一种应对,尽管有时它们是基于合理的平衡原则。但是,即使政府当局找到了对整体最公平的支持和税收的平衡,也不可避免地会有一些群体受到伤害,另一些群体则会得到帮助。即使是约翰·罗尔斯(John Rawls)提出的每一次政治变革都应旨在最大限度地帮助最弱势的群体的原则,也会引起那些认为自己应该得到更多帮助的群体的不满,认为这使他们遭受到了这种安排的伤害①。

那么,在这种情况下,如何在那些认为自己受到伤害的人的心中维持权威的公信力呢?在一个小家庭里,也许每个人都可以来看一看,权威是如何为每个人实现最佳平衡的,那些目前似乎受到伤害的人,他们则可以从长远的角度看待来自未来的补偿。然而,在一个大国甚至在一个复杂的共同体里,所选择的平衡的背后原因,对大多数群体来说太难理解,因为这种平衡太分散冗

---

① 参见约翰·罗尔斯的《正义论》,特别是第二章。

杂了。决策需要在政府内部的许多层面上作出,立法机构和行政部门等最高权威领导人来负责这些层面所给出的决策结果,而不是决策本身。此外,在大型社会中,决策受到政治可能性和决策所涉及的因素的制约。通常,只有那些接近许多决策点的人,才能意识到究竟什么是政治上可能的。其结果是,决策以法律和政策的形式下达,这些法律和政策就其内在推理而言是不透明的,因而,每一个群体对决策的感知,就主要是(即使不是唯一)看它是帮助还是伤害了他们自身的利益。因此,权威的公信力,不可能在很大程度上取决于让各个选民去实际了解决策背后理由的公正性。这就引出了最后一个话题,即感知公信力和真诚的本质。

三、感知公信力与真诚

自古至今,正如《大学》中所表述的那样,儒家对权威统治者的公信力问题的应对一直是,统治者必须以与他或她一起工作的臣子们所能感知和理解的方式成为一个个人德性高尚的人。也就是说,皇帝必须具有儒家意义上的诚,即能够理解事物自身的价值,并能够对之作出适当的应对,不因私心妨碍或扭曲皇帝的欣赏和应对,并且对于那些了解他或她的人来说始终是坦率的。然后,那些能够与皇帝有直接接触的大臣们会模仿皇帝的美德,并对那些与他们一起共事的人变得真诚而坦率;大臣的下属们则会模仿大臣的美德,依此类推,直到最底层的乡民了解地方官的美德,并将其内化为自己的德性。因此,村民并不需要真正理解发生在较高层次上的政治、经济和军事推理,而是可以通过反向的美德推理,来信任那些在较高层次上(包括最高层)作决策的人,有着选择最合理的人以带来最大值的社会和谐的品性和技能。如此一来,乡民一方面察觉到自己的村庄受到了政府政策的伤害,但另一方面又可以相信,决策链中的更高层的决策者是在以一种智慧在行事,而这种智慧是局限于此村的视角的人所无法掌握的①。

当然,这是一种令人难以置信的理想图景。要成为一个修身臻于完美的儒家圣人是非常困难的,而且很少能实现。帝王很容易受到很多干扰,以及源于自私的诱惑。中层官僚更是陷于腐败的网罗、扭曲的体制和具有偏见性判断的一些传统之中。因而,期望这种传递性的美德传授,从皇帝一步一步地通过数十层社会权威下传到普通乡民,实际上是在期待一件不可能的事情。中国历史上有许多腐败官僚被揭发的故事。孟子甚至说,反抗一个"失去天命"的皇帝是合法的②。

通过涓滴效应(trickle-down effect)传播美德的理想几乎不可避免地会失败,然而,这并不意味着儒家的理想未能为权威的公信力明确条件。失败仅解释了为什么在儒家社会,权威很难获得恰当的信任。因为即使权威不以为整个社会的"善"行事而可

① 《大学》中的这段话证明了这一点,以及之前关于儒家思想的几个观点,"古之欲明明德于天下者,先治其国;欲治其国者,先齐其家;欲齐其家者,先修其身;欲修其身者,先正其心;欲正其心者,先诚其意;欲诚其意者,先致其知;致知在格物。物格而后知至,知至而后意诚,意诚而后心正,心正而后身修,身修而后家齐,家齐而后国治,国治而后天下平。自天子以至于庶人,壹是皆以修身为本"。(译文见陈荣捷《中国哲学文献选编》第86—87页。)
② 参见《孟子》,译文见陈荣捷《中国哲学文献选编》1B:8。

　　　　　　　善一分殊:儒家论形而上学、道德、礼、制度与性别

信,他们也可以以其明确的权威被认为是合法的,至少在一定程度上是合法的。然而,在某种程度上,即使是这种合法性也可能失效,那么,社会的部分或整体可能就会陷入相对的社会混沌之中。

古代和中世纪的西方基督教文化,常常认为人们应该服从权威,因为他们认为权威是由上帝安排的。几个世纪以来,这发展成为君权神授理论。国王、皇帝或教皇的公信力,来自上帝已将权柄赐予他们这一事实。一个常见的假设是,上帝不会设置一个非道德的权威。但这种公信力,并不是来自人们所感知到的美德,而是来自神圣的圣职授任。然而,如此多的经验表明,许多当权者是如此缺乏美德和明显的无能,以至于其公信力的神圣来源本身,变得令人难以置信。

在西方基督教文化中的另外两股潜流便逐渐凸显出来,它们与"领袖之所以可信,是因为他们是由上帝所任命的"这一观点相反。一个是希腊的民主理念,即摒弃等级结构的权力,而支持一级的权力结构,即人民。这一理念以多种方式被表达,在很长一段时间里,人们对"人民"的身份认可不完备,因而往往把奴隶、妇女、外国人等排除在外。一个社会的实际行政人员,从人民那里获得他们的权威,从而获得他们的公信力,在被统治者的同意下进行治理。因为在任何一个庞大的群体中,总会出现这一状况,即一些选民的利益受到损害,而另一些选民则得到帮助,因此,在界定被统治者的同意的方面,定然会不断涌现问题,如通过普选来投票吗?通过大多数同意吗?那对少数群体又有哪些保护措施？欧洲启蒙运动恢复了这一希腊传统，并以在欧美民主国家中那些已广为人知的方式发展了它。相对于政府的公信力而言，民主的一个内在问题是，当人民本身相互分裂时，要决定政府如何接受和承担来自人民的公信力问题。

另一个来自古代世界的说法则是罗马的贵族观念，即家父（paterfamilias）观念，这在许多方面非常类似于儒家的君子或圣人概念。罗马贵族的"父亲"是如此的有教养，以至于将他所照顾下的人的利益定义为他自己的利益。对于这样的一个贵族来说，"自私"是为了那些依靠他的人和他认为是自己人的"善"而努力。这种关系后来被转变为欧洲中世纪的封建等级制度，但随着现代商业的兴起，中世纪精心设计的依附或责任关系崩溃后，这种关系便只是一种所谓的理想状态而已。到了 18 世纪，这种贵族的"家父"则形成了一个阶级，这个阶级在很大程度上是由他们的公民责任感来定义的。其中最著名的是美国贵族，他们指挥了反对英国的美国独立战争，然后围绕界定权力制衡的宪法组织了国家，这些人包括乔治·华盛顿、约翰·亚当斯、托马斯·杰弗逊、亚历山大·汉密尔顿、詹姆斯·麦迪逊和詹姆斯·门罗。尽管所有这些人都有自己的私人利益，但他们却能够一次又一次地将这些利益抛在一边，而以他们眼中的国家利益为重。

这两个类型，希腊民主和罗马贵族，共同构成了美国民主的最初概念。政府的公信力来源于这样一个事实，即即将被选入立法机构、司法机构和行政机构的人，本身就是负有公民责任的贵族。这些贵族在经济和军事政策上可能存在根本分歧，因为他们

善一分殊：儒家论形而上学、道德、礼、制度与性别

是由存在相互竞争的利益的选民选举产生的。但是，从他们身上所感知到的美德——这些人非常像儒家的君子或圣人——足以让整个决策过程具有公信力，当然，不一定是对政府决策本身，而是使达成这些决策的过程具有了公信力。被称为美国"开国元勋"的他们，小心谨慎地对待那些会侵犯少数群体权利的行为，尽管他们仍然对奴隶和妇女的许多权利不屑一顾。

西方这一关于政府公信力是由公民责任代表的公信力所产生的版本，即这些代表们征得选民同意并为他们的"善"行事，但是，这实际上是另一幅理想化的图景。因为即使是美国政府的开国元勋们，也往往并不像他们看起来那样高尚。安德鲁·杰克逊（Andrew Jackson）担任总统期间，他的追随者宣称："战利品归胜利者所有"，这意味着赢得选举的多数人只为自己的利益服务而并不顾及输者的利益，这因而深深动摇了"代表们承担着公民责任"这一假设①。事实上，人们的确是出于为争取自己的个人利益而不是整体利益而采取行动的。实际上，这被认为是民主的一种进步，也就是说，每个人民都有权通过投票来争取自己的利益。政治因而变成了一种与他人妥协的艺术，以便能够获得足够的支持，从而实现最符合自身利益的目标；政治修辞也变得不再是关于什么是对整体是"善"的，而是关于如何解释问题以便为自己的利益赢得最多的支持；交易的内容也不是一个对另一个的"善"，而是实现自己利益的权力。因此，美国和其他民主国家的

---

① 杰克逊是美国第七任总统，任期为 1829 年至 1837 年。

许多选民开始理解了这种政治进程。当然,具体情况自然要比这里所讲的复杂得多。可以考虑一下与他们有关的情况,诸如亚伯拉罕·林肯等著名的公民责任英雄,也许还有西奥多·罗斯福、富兰克林·罗斯福和哈里·杜鲁门,此处仅列出几位美国总统作为参考。许多与经济、移民、帝国主义和军事冒险有关的因素,以及新闻媒体和其他传播形式的演变,则都使这一政治转变愈发复杂化。

然而,其结果是,在 21 世纪的头十年,美国人一直非常渴望出现一位具有公民责任的新贵族来领导政府。无论事实如何,乔治·沃克·布什总统开始被人们视为只是超级富豪的代表,而这帮人的金融冒险先是毁掉了许多美国人的经济生活,后来又毁掉了全球其他人的经济生活。人们认为布什相信的是,压倒性的军事力量将确保美国的胜利,当富人从战争中获利时,胜利则会证明战争的正当性,而这种"相信"导致美国陷入两场在道德上模棱两可的外国占领战争。人们认为布什相信的是,美国的力量是如此强大,以至于与盟国的合作并不是很重要。人们认为奥巴马总统则与所有这些事情扞格不入,他是一个显然能够改善经济状况,呼吁所有人(包括其他国家)展开合作并结束战争的领导者。他在实现和平之前就被授予了诺贝尔和平奖,当然,这令他倍增压力。

当然,奥巴马总统无法在这些领域创造奇迹。他知道,解决其中任何一个问题都涉及推动妥协或和解,以使利益相互竞争的选民以某种和谐的姿态聚集在一起,只有这样才能取得进展。但是,那些他没有迅速挽救其灾难性经济生活的人们抱怨道,他在帮助富有的银行家的同时伤害了他们这些遭受着灾难性经济生活的人。选举他的来自许多不同选区的人们发现,他并不根据纯粹的意识形态来支持他们的利益,而是以他们不喜欢的那种妥协来支持他们的利益。许多人因而开始大失所望。

四、公信力的条件

因此,当代美国的局势清楚地说明了本章所强调的问题,即当许多选民认为权威(比如一位美国总统)的决策有害于他们的利益,而对其他人却提供了"不公平"的帮助时,这种权威如何还能可信呢?我想指出,公信力需要两个必要条件,而且它们是相互关联的。

首先,权威必须有效地对被认为有害于"一些人的利益"的这种情况作出一些重要的改善。因为如果领导者在这一改善上没有效率,那么,就很难相信他有良好的意图和美德,因为人们无法信任新闻媒体所传递出的某人具有所谓的真诚或理性的良好判断的这些"信息"。如奥巴马就曾顶住了来自反对党派几乎所有人的反对,赢得了一场重大胜利,即确保了美国人享有全民医保,并在改革曾给许多美国人和世界各地其他人造成巨大伤害的金融机构方面也取得了胜利。

公信力的第二个条件是对个人品性的信任,这非常类似于儒家思想。这种信任要求在实现预期目标方面表现出有效性。但这也意味着要表现出一种对政治意图持公开态度、对推动它前进的影响及压力持公开态度、愿意敞开心扉向任何持有合理理由的人学习、坚定地克服困难和批评的品性，愿意为了更大的"善"而妥协，并准备接受某个领域的失败，同时继续推动其他领域的进步。这种可信的人格的内在核心是广博的知识、机智和智慧，以及精心培养的一组包括意志、自制力和说服力的习惯。它的外在体现则是谦逊、敏感和关心他人以及参与实现对他人的关心的能力。以上这些西方基督教（和其他文化）强调的当权者要承担公民责任的英雄的美德，则与儒家的通过修身而达成的圣人的美德非常相似。

但是，在新闻媒体大肆炒作和编造故事的今天，人们怎么能了解他们领导人身上的这些美德呢？政治组织试图塑造出领导人的理想形象，而新闻媒体则试图用恶毒的讽刺漫画来表达他们的反对。新闻媒体本身往往受到其自身所关注的政治议程的驱使，报道他们认为支持自己立场的内容。新闻媒体更是经常报道轰动性事件，并尽可能以最戏剧性的方式对其进行解读。鉴于这些混乱而扭曲的变量，人们如何才能了解有关他们的当权者的"真诚的品性"的微妙之处，即他们试图公开、应对并坚决采取适当措施的真实一致性；他们的智慧、知识、自制力和培养的意志的真相；他们的谦逊、敏感、关心以及参与的本真性呢？

也许我们所能期望的最好的情况是，当权者在一段较长时间内的行动将揭露出他们的内在品性，而这些品性的公信力也许会变成谎言；也许随着时间的推移，政治团体对彼此的负面"塑造"将相互抵消；也许随着时间的推移，关注不同政治议程的新闻媒体之间的竞争将使一些真相浮出水面；也许随着时间的推移，学者和新闻工作者将能够把歪曲的内容与真相区分开来；也许随着时间的推移，村民和公众将学会从行动中读取品性。但这些"也许"也可能不会发生，或者不会及时发生。

当无法确定和维持权威的公信力时，社会就会将期望转移到权威在其制约和平衡下工作的政治程序的公信力上。但当政治进程的公信力无法确定和维持时，政治进程就会演变成许多选民之间为获取其利益而争夺权力的一种竞争。有时，竞争会导致政治妥协，使政府能够适应危机并关注体系。但是，这几乎总是将政府化约为相互竞争的团体之间的力量冲突，同时必然会导致伤害那些不受任何人保护的"小人物"。

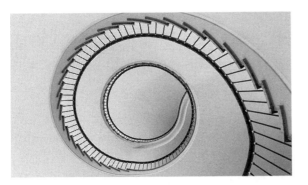

第十三章

儒学与宽容

一、何谓儒学?

在政治哲学语境下,儒学通常被认为是这样一种文化,即在中国具有悠久演变历史,在韩国、日本和东南亚等其他国家有着与其地方文化相互交融的分支,现在又有着一个更广阔的海外儒家视阈。在海外,儒学通常被与东亚人在其他国家的聚居地(如唐人街)关联在一起。儒家文化的所有这些部分都在历史上不断演变,并因为要适应其他文化语境而最终彼此有所不同。但是,由于知识分子对核心文本的解释谱系,以及强调诸如家、孝道的社会和礼仪模式的习俗,它们彼此之间又存在着连续性①。在这种政治哲学语境下,非东亚人声称自己是儒者往往显得无关紧

---

① 参见孙笑冬(Anna Sun)的著作:《儒教作为一种世界宗教:历史争议与当代现实》。

要、有些牵强，除非他们在某些东亚文化中完成了"本土化"①。

从这个角度来看，儒学中的宽容（toleration）问题已成为一个历史问题。对其他宗教哲学、不同族群、不同的社会习俗（关于饮食、性和生活方式问题）以及女性的角色，一些被称为儒家的文化，一直以来都非常宽容；而其他所谓的儒家文化，在这些方面则一直是不宽容的②。一些儒家文化，已经宽容了儒家文化中的许多变体形式；而另一些儒家文化则是铁板一块、很是单一；一些儒家文化强调与非儒家文化共存，或至少是与其中一些文化共存，而另一些则对非儒家文化怀有敌意又或是急于保持一种文化间的距离。从这个意义上讲，研究儒家文化的众多分支之间的宽容史，可能具有很高的指导意义，正如了解基督教、佛教或犹太文化之间的宽容史是很重要的一样。

但是，这是对儒家思想的一种彻底错误的思考方式，尤其是在涉及诸如宽容等大规模的伦理问题时。孔子和他的前几代门徒，在他们所反对的混乱又暴力的春秋和战国时期的文化中，领导了一场改革运动。我们所记得的大多数儒家思想家，都与他们的政府关系不和，或者至少关系紧张，王阳明就是一个例子。当像王充这样的儒者受到政府的欢迎时，这些儒者则仍致力于积极

① 作为《波士顿儒学：晚期现代世界可移植的传统》一书的作者，我当然认为，儒者不必非得是文化上的东亚人，就像柏拉图主义者不必非得是文化上的希腊人一样。《波士顿儒学》这本书处理的是这样一个问题，即当一种重要的哲学传播时，究竟什么是需要从一种文化移植到另一种文化的。
② 有关通过关注宽容的政治语境以反思儒学主题，请参见我的文章：《宽容政治中的文化、宗教、民族国家和理性》。

善一分殊：儒家论形而上学、道德、礼、制度与性别

地去展开一种文化变革,例如抑制迷信。

第二,将儒学与一种文化等同起来,这是对儒学与大多数其他宗教或哲学世界观,与它们所处于其中的社会文化之间的辩证关系的忽视、扭曲或压制。由于宗教哲学(包括儒学)都是从它们认为终极重要的东西出发来考虑问题,因而,这就在境遇和相对于该境遇的理想状态之间产生了一种区别①。正如儒家所说,你需要牢记什么是"普天之下"(或天下)②。孔子时代和我们时代的境遇大不相同,东亚的境遇与西方的境遇也不一样。宗教的"世界观",必须使持有该世界观的人的境遇中的各个场域达成某种程度的整合。由于儒学所身处其中的境遇各不相同,因而儒家的世界观也有很多变体。但是,这些世界观中的每一个,都包含着彼得·贝格尔(Peter Berger)所说的"神圣的帷幕"(sacred canopy),它以这样或那样的方式表达着儒学所认为的具有终极意义的东西,即世界的界限条件(boundary conditions)③。古典儒学以天、地、人等概念来表达这些,宋明理学则以理、气和圣人等概念来详细阐述这些,这些都是贯穿本书的主题。尽管儒家的世界观家族,由于其所提供生存的位置的场域不同而存在着很大的差异,但他们都是属于儒家的世界观,因为儒家神圣的帷幕的

---

① 主张宗教哲学或宗教及其神学"从它们认为终极重要的东西上来承担责任",这并不是一个天真的观察,这是极其复杂的宗教理论和终极形而上学理论的一种表层表达。对此,我在《终极》《存在》与《宗教》著作中作了详细阐述,"终极"部分发展了终极形而上学和世界观理论的分析工具,"宗教"部分则致力于根据宗教的世界观来探索一种境遇与生活之间的关系。
② 参见白诗朗的《普天之下》一书在跨文化语境下对这一短语的阐释。
③ 参见彼得·贝格尔的著作:《神圣的帷幕:宗教社会学理论之要素》。

场域,至少会对其他一些场域产生一定的影响。所谓"场域",指涉及特定位置的具体生活领域,例如一个人的家庭、工作、历史位置、健康状况或通信系统;一个人生活的各个场域,需要通过一种世界观相互关联起来,而在没有如此关联的情况下,各个场域对彼此来说就相对没有意义。不同境遇下的人则有不同的场域,因此也就需要不同的世界观。对于大多数人来说,生活的场域与参与终极的符号"神圣的帷幕"有关。经典儒家文本阐明了儒家的神圣的帷幕,这可能是所有不同版本的儒家世界观所共有的,否则这些世界观,就会因为它们需要整合的场域的变体形式而大相径庭①。在任何情况下,在任何儒家世界观中受影响的场域,都具有一种规范性或理想性的特征,这种规范性或理想性,常常与获得该世界观的境遇有着关键的联系。

第三,世界观反映着一套详尽的的宗教理论,该理论阐明了宗教与所实践宗教的文化和人格的现实境遇之间的辩证关系。与宗教世界观和具体境遇相关的变量包括六个连续体②。第一个是关于世界观中要处理的境遇的各个场域的连续体,从非常神圣的场域(如神圣的帷幕),到非常世俗的场域(如偏爱的早餐饮食);第二个是神圣的帷幕中的符号的连续体,从非常超验的符号到个人私密的符号;第三个是解释符号的连续体,从民间的宗教观念到哲学家那些非常复杂的思想;第四个是一个人高度个体化的神圣世界观和与他人分享这种世界观的程度之间的连续体,这

① 参见我的著作《终极》第四章。
② 这些都在《终极》第四章中有详细的阐述。

　　　　　　　善一分殊:儒家论形而上学、道德、礼、制度与性别

个连续体对于宗教共同体问题是必不可少的;第五个是世界观之间的连续体,在非常综合地使一种境遇中的多个场域相互定位的这种世界观,与仅连接少数几个场域而使其余的则相对于彼此而言毫无意义的那种世界观之间;第六个是强度的连续体,从非常强的强度(个体笃信一种宗教世界观)到微不足道的强度(个体仅是暂"栖居于"一种宗教世界观中)。

因此,要理解儒学,就需要理解一些儒家是如何具有一种可操作的世界观,将几乎所有的生活场域都解释为受到儒家神圣帷幕中的关键概念的影响,另一些儒家则将这些场域限制于家庭生活,而在办公室或工厂则与佛教徒、基督徒或好斗的世俗人士没有什么区别。同样地,一些儒家用高度超验性的术语来符号化终极存在,另一些儒家则忽略超越性的术语而倾向于更直接地影响生活的各个场域的那些术语;一些儒家是以非常复杂的理、气概念及仁和圣人的理念来运作,另一些儒家则是以这些理念的民间宗教版本来运作,这些版本则通常借鉴了佛教、道教和萨满教义;一些儒家以他人为导向,分享一个共同的儒家世界观,另一些儒家则在这方面很少找到伙伴;一些儒家将他们的儒家思想应用于生活的许多方面,另一些儒家则将他们的儒家思想只应用于少数几个场域;一些儒家非常认真地致力于做一个"善"的儒家,另一些儒家则只是"口惠于取悦他们的父母"(give it lip service to please their parents)①。

① 杜维明甚至说,儒学涉及一种成圣的存在主义抉择,他将其比作克尔凯郭尔的作为一种"信仰的飞跃"的存在主义抉择观念。参见他的著作《仁与修身:儒家思想论集》,第 89 页。但并非所有自称为儒家的人都是这么严肃的!请参见安靖如的《圣境:宋明理学的当代意义》一书,其细致分析了有修养的儒家圣贤的渐进式发展深度。

考虑到诸如此类的变量，我们就可以理解为何在同一个社会境遇中，甚至在同一个家族中，一些儒家会倡导激进的变革以反对现状，另一些儒家则只是随波逐流并且还美其名曰这就是儒学。不用说，儒学本身在这种内在多样的情况下备受争议，而儒家传统还充满了"先知式"的儒者告诉他人：他们应该与众不同。

对于历史学家来说，给一种特定的历史文化贴上"儒家"的标签，这是一种方便的速记，但同时也是一种危险的抽象，因为它无视、扭曲或压制了儒家的饶有趣味之处。有时，通过宗教标签可以对社会作出模糊而突出的概括。通过比较不同的"文明"，塞缪尔·亨廷顿(Samuel Huntington)提出了一些很好的观点，即每一种"文明"都是由一种占主导地位的宗教来定义的[①]。通过对比儒家思想与西方思想，郝大维和安乐哲激发了有关比较文化的重要讨论。但仔细观察就会发现，现存的宗教要复杂得多。此外，在任何时候，没有任何一个宗教世界观(包括儒学)是纯粹出自其创始人之手的；实际上，每个宗教世界观都是一种前人的融合混合物，通常带有不同的宗教标签。在目前的境遇下，人们往往把儒家思想与一种特定的历史文化联系起来，只是为了将一些目前认为是病态的事情归咎于它，比如对女性和性少数群体的压制，对其他种族的偏见，又或者不愿意接受社会变革。

那么，我们应该如何处理与儒学相关的宽容问题呢？任何方法都可能产生有趣的结果。然而，本节的考虑建议我们审视当前

---

① 参见萨缪尔·亨廷顿的著作：《文明的冲突与世界秩序的重建》。

善一分殊：儒家论形而上学、道德、礼、制度与性别

与宽容问题相关的社会境遇，并询问儒家的"神圣的帷幕"，可能对这些问题贡献出哪些切实可行的世界观。接下来的内容，不是对儒学和宽容的历史分析，而是对儒学在当前境遇下能够而且应该作出贡献的一些事情，所展开的规范性哲学分析。

二、宽容，内群体与外群体

关注 21 世纪宽容问题的一种方法，就是将其看作是内群体（in-group）相对于外群体（out-group）的问题。相对于群体界限而言，宽容问题是一种双管问题（即复合问题或一题多问）。因为一些宽容问题与对外群体的宽容有关，如如何对待外群体的某些特性、成员或与内群体间的竞争性存在；而另一些宽容问题则与对内群体自己内部所存在的偏差的宽容有关。其实，具有界限和内在结构的群体的概念本身是非常灵活的。生物和文化进化论者呼吁人们注意，小型部落群体组织自身以便在与其他群体的生存和繁荣发展的斗争中更具竞争力的方式。但是，群体的界定方式多种多样，有时会相互重叠，例如亲属群体、部落群体、语言群体、宗教群体、地理生态位群体、社会阶层群体、经济和专业群体等等。在我们常见的知识生活中，通常则认为宽容是指宽容不同于我们内群体的外群体的成员和行为，以及宽容我们内群体中在某些方面偏离内群体规范的成员。这种"我们'对（versus）'他们"是思考宽容问题时常见的默认架构。

儒家哲学则提出了一个不同的默认架构。我们可以称之为"繁荣条件的同心圆"（concentric circles of conditions for flourishing）

架构，尽管这个比喻暗示了太多的数学规律性。我们知道，许多儒家社会思想的重心是理想化的家庭，这正如杜维明在《〈中庸〉——论儒学的宗教性》一书中所论证的那样，即个人通过与家庭成员建立某种礼仪化（但基于生物学）的角色关系，来学会获得个体同一性或个体身份。然而，每个家庭都依赖于一个更大的社会单位，在这个社会单位里，家庭的繁荣或兴旺与否是取决于这个更大的社会单位的。在古典儒家思想中，社会是农耕社会，家庭被设想为嵌套在一个村庄里，该村庄则被嵌套在一个更大的经济区域里，该经济区域又被嵌套在一个更高等级的组织层次中，直至皇帝和他的朝廷。然而，帝国自身与外国势力和地球物理环境的关系，这又是帝国能否繁荣的条件。我们应该注意到，不要将家庭视为儒家思想中人类生活最基本的原子单位，尽管有人是如此主张的。尽管个体是在家庭内形成的，但是，个体自己的知识、志愿倾向和礼仪化行为本身需要繁荣（或蓬勃发展）。没有这些个体特性（individual trait），家庭生活也就不可能存在；但功能失调的家庭会阻碍个体的内在能力的繁荣。对于这一主题而言，儒家思想的经典文本之一出自《大学》：

> 物格而后知至，知至而后意诚，意诚而后心正，心正而后身修，身修而后家齐，家齐而后国治，国治而后天下平。自天子以至于庶人，壹是皆以修身为本。[①]

[①] 引自《大学》，译文见陈荣捷《中国哲学文献选编》第86—87页。在第十二章的脚注中有一段较长的引用，其中包含了这几行选文。

善一分殊：儒家论形而上学、道德、礼、制度与性别

不过，这段话省去了家和皇帝之间的许多社会性步骤。而且，这种关于知、意、心的具体排序也一直引发激烈的争论，特别是自王阳明开启的传统，对朱熹的排序提出了异议①。如今，社会繁荣的条件嵌套网，则比农耕模式下的条件嵌套网要复杂得多，因而，儒家必须分析因果联系的层次，以区分现代社会条件中的依存圈。然而，繁荣条件的秩序原则则是相当明确的。

相对于宽容而言，那种繁荣条件的秩序原则则意味着只要较小的环境能够繁荣，一切在较大的环境中则都能够被宽容。例如，只要社区内的家庭能够繁荣，在局部社区内，一切皆可被宽容。但是，由于该社区依存于一个维持着和平并分配财富的更宽泛的社会秩序。那么，如果存在更宽泛的高度文明的条件，任何这种更宽泛的社会秩序就都能够繁荣；如果这些宽泛的高度文明的条件促进了社会秩序的繁荣，那么，这些条件就是可以被宽容的。高度文明相互作用并依存于全球政治秩序，只要高度文明繁荣，就能宽容全球政治秩序中的一切。

这种宽容的原则同样适用于从更宽到更窄的范围。只要不妨碍或破坏全球政治秩序，在高度文明中，一切皆可被宽容；只要它不妨碍或破坏它应该成为其中一部分的高度文明，在一个广泛的社会秩序中，一切皆可被宽容；只要不妨碍或破坏更广泛的社会秩序，在一个社区里，一切皆可被宽容；只要不妨碍或破坏家庭邻里关系，一切家庭生活方式皆可被宽容；只要不妨碍或破坏有

---

① 参见陈荣捷给《大学》所作导言中的编者评论部分，《中国哲学文献选编》第84—85页。

关家庭的机能,一切个人的知识、倾向和个人生活的其他方面,皆可被宽容。

"一切皆可被宽容"(anything can be tolerated)这种表述,强调的是儒家理想思想中个体主义和文化多元主义的巨大潜力。例如,家庭可以宽容一个不同文化或种族组成的家庭社区,如果该社区允许该家庭繁荣的话。但是,如果一个家庭被一个敌视该家庭文化的社区所妨碍,那么这个家庭就不应该宽容这个社区。同样的,如果一个社区本来可以宽容不同文化的家庭,但是被一些过度排外和有偏见的家庭所阻止,那么,这些有偏见的家庭就不应该在该社区中被宽容。

的确,在存在着"我们'对'他们"的宽容问题的社会中,儒家思想有时是占据主导地位的哲学,这些宽容问题包括世仇家庭、民族偏见等。恢复"内群体"与"外群体"的身份认同是很容易的,尤其是对于处于压力之下的社会而言。然而,儒家思想的潜在贡献在于提醒人们,相较给予内群体与外群体的区别极大的权重,实际上,存在着更复杂的关系纽带。

儒家这种关于繁荣条件同心圆的默认模型,反映出了一种更普遍的儒家观点,即实存的每一层都有价值。这个默认模型拒斥那样一种模型,即价值对于自己或自己的内群体而言完全是自私的,其他个体或其他群体相对于自己或自己内群体中的人而言,只具有工具性价值。就人类社会生活而言,这意味着要重视个人和社会存在的相互关联层面的同时繁荣。每一个层面则都有繁荣的内在条件和外在条件。去理解这些层面的条件的复杂交互

善一分殊:儒家论形而上学、道德、礼、制度与性别

作用,这是成为一个有智慧的人的目标之一。采用同心圆默认模型,会让内群体对外群体特性的宽容问题不易招致被简化处理;因为在某种程度上,没有一个群体是另一个群体的外群体,所有群体都将起到促进或抑制他们集体交互的繁荣作用。换句话说,没有一个个体,仅仅是在一个单一的内群体中被个体化。真实的个体身份,涉及通过繁荣的所有层面的条件的个体化。这一点的意义可以从多个角度来看到,下文将对其中一些角度进行探讨。

三、宽容与叙事

在 21 世纪,理解宽容问题的另一种常见方式是通过叙事。大多数叙事都是关于冲突、克服障碍(通常是指与其他人)、战争、宿怨、流离失所、宗教对立、叛教、背叛、竞争、统治和屈服的故事。根据这些叙事,人们对什么应该被宽容、什么不应该被宽容作出判断。许多人试图通过把自己的生活化约成叙事,来理解自己的生活。

但是,叙事将大量的条件简化为,那些仅对故事情节有重要意义的元素;而那些在叙述线索中没有发挥作用的人物和因素,则会被忽视、摒弃、扭曲,甚至不予考虑①。从个人致知到诚意,再到家庭、乡邻、国家、天子和天下平等问题,存在着层层递增条件的巨大层次,却在被强加给这个世界一个简单意义的叙事力量中被遮蔽了。这些简单的意义(通常会涉及冲突),往往妨碍了人

---

① 有关这一叙事批评的详尽发展,请参阅我的著作《终极》的第八章、《存在》的第九章。

们对什么应该被宽容、什么不应该被宽容去形成清晰认知,进而建立起根深蒂固的对待其他人和其他文化的偏执态度。

儒家则把叙事置于一种"天下"的宇宙视野之下。当然,中国人有他们的编年史家,并保存着历史记录。但是,他们并不是从宏大的叙事中去获取他们对生命的定位,比如一个带有堕落和救赎的创世故事,或一个应许之地的传说,又或是赋予生命意义的众神的故事。在古代东亚人的民间文化中,他们相信众神和超自然存在,并且有时这些神还被安抚或收买。但是,人们认为神只是栖居在这个"天下"中的不同种类的存在。儒家通常是反对超自然主义(supernaturalism)的。

儒家宇宙论强调持续的变化,物质力量或气(material force)的原动力,原则上则是由和谐的结构所塑造而来的,或更古老的讲法是,由天塑造了地的变化(或天变而地化)。阴阳概念阐明了变化是如何发生的,《易经》的卦形则标出了变化的类型。但是,总的来说,这些变化的结构并不是叙事结构。相反,它们是天下各种各样的事物不断交互作用的结构,所有这些事物则都在互相激荡中生发着交互作用。儒家的宇宙论无法宽容为了使叙事结构变得非常重要,而去忽略大量和各种各样的变化。对儒家而言,社会条件是不断变化的,但更多的是受季节变化的引导,而不是任何神圣的叙事。朝代的兴衰,的确总存在一个故事穿引在其兴衰之中,但这更像是一个自然的产生、繁荣和衰败的过程,而不像是存在着一个独特的故事在定义着一个民族。对儒家而言,个体身份的定位,并不是要在宇宙或历史戏剧中找到一个位置,而

　　善一分殊:儒家论形而上学、道德、礼、制度与性别

是要在普天之下或天下万物之中占有一席之地。一个人的位置感更多地取决于通过其他人和事物的方向来定位，而不是取决于某故事中的某个位置。社会阶层的位置取决于与其他社会阶层的关系以及它们之间的交互作用。儒家地理学有五个方向：东西南北以及"这里"（或中）。"这里"（或中）是一个由条件同心圆所定义的地方，它将任何"这里"（或中）与和它相关的因果联系中的万物联系起来。

有些人认为，儒家没有太多的宇宙论或形而上学的东西，而是主要集中在伦理学上。这种说法是错误的，儒家伦理从制度化或礼仪化的生活概念中获得其伦理取向，而这些生活概念反过来又是宇宙自然的要素。如《中庸》就是直接以天为人性的基础（"天命之谓性"），而不仅仅是以人类学观念为基础。但有一种说法是正确的，即儒家没有将他们的伦理建立在任何一种神的意向或意志上。在儒家思想中，与此最接近的是论及"天命"，但是，这与找到适合自己去做的事情有关，而不是与找到某个宇宙意识（cosmic mind）想要自己去做的事情有关。

因此，在宽容问题上，儒家会将注意力从怨恨和敌意中转移开，而这些怨恨和敌意是基于某种真实或想象中的，关于宇宙目的、民族认同、部落或氏族冲突或个人命运的叙事而来的。相反，某些人可能从叙事中提取出所有要素，并据此去主张某些行为或某个人或某个群体不应该被宽容，但这些都应该被重新考虑，因为这些要素嵌在繁荣的条件圈中。儒家会提醒我们，任何事物的意义或价值都不是来自一个故事甚至是许多故事，而是来自阴阳变化模式的无限密度。这种模式密度的结构，从来都不是一个（完整的）叙事，因为这种叙事必然会排除所有其他叙事视角。相反，它更像是一系列繁荣条件的重叠圈，从内心到家庭、邻里、国家、文明，再到天下秩序（或世界秩序）的竞争，直到"天"自身。

四、宽容与个体尊重

儒家对宽容问题所采取的任何方法都有一个核心点，即对个体的尊重。儒家对这种尊重的主要说法是"仁"。整个儒家宇宙论的大部分内容，都包含在这个复杂的概念中，在这里我们仅提取其中的几条线索。首先要注意的是，每个人都被认为是唯一的，其次才是一个类的成员。因此，法律上的平等是让儒家感到不安的东西，即使它被视为是防止不当裙带关系的必要的"对冲"手段。儒家强调人与生俱来的"同情"他人的人性本能，而且这种"同情"，"非所以内交于孺子之父母也，非所以要誉于乡党朋友也，非恶其声而然也"，就是"同情""这个人本身"，儒家的感知能力以这种独特性或唯一性为出发点。自私则会削弱孟子所极力强调的这种与生俱来的良能，因为这种"自私"会导致将他人化约为由自己的私利所决定的角色。

然而，关于尊重，需要注意的第二点是，他人被视为参与着与我们自己相关的礼的礼仪化角色。一个人先是在家庭关系中学会尊重他人，然后是在邻里关系中尊重他人，接着是在更大社会的制度化关系中尊重他人等等。尽管每个人都是唯一的，但彼此之间也有一种礼仪化的关系,这在某种程度上决定了一个人如何表现尊重,例如儿子尊重母亲,邻居尊重邻居,官员尊重长官。当遇到陌生人时,儒家会精心制定建立礼仪关系的礼,因为如果与陌生人之间没有建立礼仪关系,将是非常容易引发一些问题的。例如,妨碍尊重他人独特性的礼仪关系的不良礼仪、造成种族偏见或性别偏见的礼仪,这些"礼"都是儒家愤怒的对象。

关于尊重,需要注意的第三点是,就像你自己一样,任何他者也都处于一个界定了他或她的位置的巨大的礼仪网络中心。每个人都生活在家人、朋友、社交、经济事务等与他人有关的礼仪网络基体中。由一个或几个礼来定义着他者与我们自己的关系。但是,正如我在第十一章中曾论证的那样,他者必须被视为他或她自己的礼仪网络基体的中心。如果他者不是你的父亲,也许他是别人的父亲,并且在某种程度上是由父亲的角色来定义的。这是儒家处理许多西方思想家所提出的观点的方式,即以他或她是有着自己看待世界的视角的主体出发来谈论他者。尊重意味着将这种视角作为定义他人独特性的一部分纳入考虑。

关于尊重,需要注意的第四点是,正如第十一章曾分析的,就像自己一样,任何他者都必须学会扮演他或她的礼仪基体中的角色。礼仪角色就像是舞步,形式上定义了相对于他人的行为通道标准。但是,一个人如何具体扮演这些角色,就像一个人如何个体化舞步一样。构建社会关系的礼不仅是舞步的形式,而且是舞步的现实表演。个体更是礼仪角色的参与者,而不仅仅是礼仪角色的拥有者。孩子在五岁时,就能学会顺从地跟父母说话;但要个体化这一孝顺的角色，则需要几十年的时间，因此，只有自己（独特的自己）才能以自己的方式，对特定的父母表现得像一个合适的孩子。我们所有的角色，无论存在多么严格的形式，都必须被习得并个体化，而且许多角色确实很难扮演。从儒家的观点来看，生活中的许多困难和斗争，都是为了寻找或创造使得我们与他人生成有意义和公正关系的角色，然后学习个体化我们的角色扮演，从而变得真诚和成熟。因此，尊重他者，就意味着要能够把他者看作是：一个正在努力个体化构成他或她独特位置的礼仪网络基体的人。尊重这种斗争或努力，有时需要给他者一些不必完全"在场"的隐私。何时以及如何实现这种隐私，则取决于礼仪化条件的那个同心圆，以促进他者、自身以及涉及两者的礼仪关系的制度的繁荣。

尊重他人并不一定是赞同或喜欢他人，因为对方可能是敌人、小人，并给周围所有人带来灾难的人。社交生活往往涉及对他人的反对，反对的同时保持尊重他人的可能性，尊重他人作为一个努力使他或她自己的礼仪网络个体化的参与者。

从儒家的视角来看，宽容的一个深刻而重要的要素是，尊重他者作为他们礼仪基体中角色的个体化者。这是把人当作人对待的一部分。如果他们扮演了一些不好的角色，那么，他们对这些角色的扮演也许不应该被宽容。对于阻止或妨碍"繁荣圈"的繁荣的礼仪角色，应当被改变或被禁止。然而，即使是这样，在这种情况下，儒家对不宽容的认可，也需要与尊重他者保持一致，即尊重他者作为一个努力地扮演好自己角色的独特个体。

善一分殊：儒家论形而上学、道德、礼、制度与性别

五、宽容与和:"理"的道德形而上学

最后,对宽容的关注无法逃避开道德判断问题。对此,儒家视角集中于"理"(principle)的形而上学上。正如第一章所指出的,"理一分殊"这一口号在传统中一直是一个备受争议的主题,接下来我将给出对它的一种实践阐释。"理"本身就是使多种事物协调在一起的"东西",给予一种特定的多样性,而这就是它们"和"的模式。然而,并非所有的多样性都能被协调在一起,对于某些多样性来说,没有一种模式可以将它们协调在一起。"和"本身是有价值的①。一个"和"的多样性有一个价值,即通过这种模式而不是其他模式,将这些事物聚集在它们相对于其他事物的位置。一个事物之所以本身就具有价值,这是因为它在某个位置以某种方式协调了它的组成部分,但这并不意味着它相对于其他事物而言是有价值的。正如蓬勃发展的细菌却导致人生病,一个条理清晰的暴民则可以摧毁一个社区,一个技能高超的政治家则可以毁掉一个国家。

因此,儒家对智慧的最深切的期许,就是掌握这种学习能力,即学习辨别事物是如何融贯的,融贯性是如何被阻碍的,一件事物的融贯性是如何被另一件事物的融贯性所要求的,彼此冲突的事物的融贯性是如何通过解决冲突的背景融贯性所修正的。融

---

① 安靖如在《圣境:宋明理学的当代意义》一书中,对将"理"解释为"和谐"或"融贯性",给出了精彩阐述。事物是多样性的和(和谐),而和(和谐)本身是有价值的,这是柏拉图、阿毗那婆笈多(Abhinavagupta)以及儒家共有的一种形而上学论点。我在《终极》《存在》与《宗教》著作中对此提供了大量辩护。

贯性本身是"一"，但融贯的事物是"多"。亚里士多德的实体哲学认为，"事物"就是凭借具有的属性而成为它们自身的，在这种实体哲学中，儒学几乎没有什么可值得欣赏的。但对儒学而言，实体哲学夸大了事物本身具有同一性的意义，从而促进了"我们'对(阵)'他们"的思维。与之相反，儒学认为，事物是和谐行为的结构化过程，只有在其他和谐行为过程的背景下才成为可能；而这些和谐行为过程反过来又取决于其他背景元素，从向朋友致意时的优雅鞠躬到天的缓慢移动旋转。总之，任何东西都没有仅属于它自身的属性，而是在其他融贯的语境中具有层层的属性。实体思维往往忽视背景要求，就像叙事性思维往往忽视故事中不重要的内容一样。那么，在儒学那里，与他者相遇时，就不应把他者只当作一个"个体"来对待，而更应该把他者当作一个有遗传的基因、有健康和疾病史、有来自某个特定家庭的情感习惯、有来自某个社区机构的某种教育背景、有由经济体系中的角色所决定的经济地位、有历史政治背景的"个体"来看待，以上这些则又是因特定的地理和气候条件而成为可能的，这些条件反过来则又是因过滤太阳光的大气条件才成为可能的，其实，我们还可以继续依此类推下去。一位儒家式母亲在波士顿买香蕉给孩子们配麦片吃，并很明智地思考了这个简单的行为的背后所存在的诸多条件与作用：储存香蕉的商店的实存，以及将商品送到商店的分销系统，种植香蕉的热带国家的农业体系，为香蕉生产提供资金并为远离种植者的所有者获取利润的经济体系的实存，从热带到波士顿则需要飞机来运输香蕉，对非本地食物的分配必然导致依赖大量的飞机燃料，这种利益则引发了（美国）控制石油生产国的兴趣，更进一步，波士顿热带饮食对战争与和平产生影响，以及气候变化对持续粮食生产的影响。好吧，在忙于让孩子们在上学前吃饱饭的时段，她可能不会同时反思到所有这些问题。但是，她必然知道，这种早餐并不是"单独"存在的，它是通过以上所有层次的条件作用后才有的。我们当代对要寻找的系统层次的理解，与孔子的时代可能寻求的是完全不同的。当代科学揭示了一个比几个世纪前所想象的要复杂得多的个人、社会和自然世界。如谁又会想到选择使用气溶胶除臭剂而不是棒状除臭剂，应该要受到臭氧层改变这一考虑的影响呢？

　　应该再次强调的是，这些融贯性体系中的每一个层次，都有自己的繁荣方式。对正在成长发育的儿童来说，有好的饮食，也有不好的饮食；有出售健康食品赚取合理利润的商店，也有选择从不健康的食品中赚取更多利润的商店；有有效地储存货物的分配系统，也有不有效地储存货物的分配系统；有成熟而有益健康的香蕉，也有枯萎的香蕉；有给予人民很好回报的经济体制，也有剥削人民的经济体制；有经营良好的国际航空公司，也有经营不佳的国际航空公司；有运转良好的石油生产系统，也有运转不良的石油生产系统；有协调所有支持食物和运输的经济实践、以支持更大的自然环境的政治形势，也有那种不利于支持更大的自然环境的政治形势等等。

　　很少能让以上所有这些一起繁荣起来，并且不融贯的情况比比皆是。通常的情况是，所有这些系统都受到了一定程度的损害，我们则只能勉强接受相对不协调的尝试，以来维持每个系统继续运行。中东的石油战争，并不完全是由于波士顿的儒家式母亲给孩子买香蕉吃而引起的。但是，波士顿人对美食（一种健康的美食）的奢华期望，确实会影响经济资源和世界政治。

儒家关于生活的感知能力是，要把现实的许多层次看作是在融贯和不融贯的模式中彼此牵连着的。任何行动都不会只单单影响一件事。当一种珍贵的东西未能繁荣时，其原因可能并不在于它本身的不融贯性，而是在于它背后条件的不融贯性。但并非所有事物都可以融贯起来，有些冲突只能通过赢家和输家以暴力来解决。但是，儒家则是从理解冲突产生的原因以及解决冲突的方法上展开对世界的分析。

关于宽容，儒家会说，任何人、任何行为、任何文化或社会组织，都有一种基于尊重或仁爱原则而繁荣的当然权利（prima facie right）。唯一关于宽容的问题则是，关注这些繁荣给其他事物带来的代价是什么，这里的"代价"应根据同心圆或因果关系线内的条件嵌套来进行理解。对这一问题的回答则决定了，是否以及应如何合理地削弱某事物繁荣的当然权利。

六、儒家的宽容道德

关于宽容儒家的第一个道德观念，就是强调应摒弃一切形式的偏见。偏见是对一群人的消极想法和行为，因为当一种特性被错误地认为是不好的时候，这个群体中的所有人都会被迫认为自己具有这种不好的特性。种族主义就是一个明显的例子。作为

　　　善一分殊：儒家论形而上学、道德、礼、制度与性别

一个特定的种族本身并没有什么错。另一个例子则是对女同性恋者、男同性恋者、跨性别者和双性恋者等性少数群体的偏见。除非能够证明这些特性的性质本身是不好的，否则就没有理由对它们抱有任何偏见；在其他条件相同的情况下，所有这些性质都应该被宽容。儒家坚持应尊重他人，这是抵制偏见的第一道壁垒。由于大多数形式的偏见，会将被偏见对待者定义为持偏见者所属内群体的外群体，因此，儒家将内群体/外群体的区分转化为不同种类关系的同心圆，这是抵制偏见的另一道壁垒；尽管有时被压迫群体中的人（受社会固存的偏见而影响）以致厌恶自己，因而会对自己抱有偏见，性少数群体的情况往往便是如此。

儒家的第二个道德观念，即主张所有认为某事或某人不应被宽容的判断是具有语境依赖性的。当儒家根据"理"模式把握事物的统一性时，事物自身繁荣的重要性仍有其独立性；但是，一件事物的繁荣可能会损害另一件事物的繁荣；因此，如果可能的话，我们必须作出如何使这些事物融贯起来的判断。在战争时期，当需要大家彼此协同工作的时候，那种自由追求自身利益所带来的繁荣，可能是无法宽容的。另一方面，战争通常是一件坏事，这正是因为它要求抑制追求自身利益的自由表达。根据儒家思想，除非战争是绝对必要的，否则，战争、好战行为、诱人的大量军备等都不应被宽容。

儒家的第三个道德观念，即认为对于什么应该被宽容和什么不应该被宽容，不应该有固定的规则，因为促进或抑制相关繁荣的事物是如此具有语境依赖性，而语境则是不断变化的。确切地说,需要不断地学习,才能使内圣者了解融贯性的不断变化的尺度,这些尺度决定了什么应该被宽容、什么不应该被宽容。

与许多将儒学解读为德性伦理的学者的思想相反,儒家的第四个道德观念,即认为圣人作判断既不是遵循规则去作判断,也不是按照预先设定的教化倾向而行事。相反,明智的判断需要学习并适应不断变化的条件,这些条件影响着什么应该被宽容而什么不应该被宽容的判断。即使是那些强调"心即理"的儒者,也会主张这种学习与适应是好的,因为它有助于人识别世界万物的融贯性和不融贯性。"善"的判断更多地取决于对世界的了解,而不是按照某些品性而行动。

关于宽容,儒家的第五个道德观念,即主张我们绝不应该允许一种复杂的社会礼仪(即在各阶层人之间构建的重要关系)来自行决定什么应该被宽容和什么不应该被宽容。大多数大规模的社会礼仪确实对一些人有利,而对另一些人不利。但是,儒家的感知能力认为,我们应该时刻对此保持警惕,即现有的礼在繁荣的条件的多层同心圆中是否正当。儒家知道礼对于赋予行为以意义是绝对必要的——礼是符号系统。然而,并非现存的所有的礼都是好的,正如并非所有存在一定意义的社交系统就都是好的一样。儒家道德视野的核心是展开"礼的工程",即批判和修复不适当的礼。

儒学有时被认为是一种社会保守主义哲学,因为它对礼的强调和遵守,似乎在僵化并支持不良的社会结构,例如压制女性或性少数群体的繁荣。但是,只有当我们已经认识到现有的礼,实际上是在压制而不是促进繁荣时,这种批评才有意义。鉴于我们现在对压制女性或性少数群体繁荣的礼仪化文化的了解,在大多数情况下,儒家理应是激进的女性主义者和同性恋自由主义者(或同性恋解放运动参与者),正如我将在第十五章所论述的那样。

关于宽容,儒家的第六个道德观念,即认为融贯的"和谐"中的多样性越多越好。同质化单调乏味,多样化则更为精彩。儒家关于和谐与融贯性的主题强调这种差异的密度。但是,保护多样性则往往需要特殊条件来容纳文化差异,有时还可能使得难以实现更高层次的融贯性。在其他条件相同的情况下,一个社区能够维持的家庭文化的多样性越多则越好。对于像波士顿以及世界其他许多地方的那种多元化、精英化、高度流动的城市文化来说,儒学不能去倡导与相对同质化的农耕文化相同的那些社会政策。我们现在所处的这个时代,是一个充满活力创造性的时代,我们应去创造各种礼,以使多元世界的各个组成部分相互融贯并都得以繁荣。

第十四章

儒家之仁：跨越社会障碍

本章将对儒学及其精神传统的以下三方面作出进一步论述。第一,关于古典儒家的"爱有差等"观念;第二,关注礼仪在儒家思想中的作用,以建立跨越文化差异的桥梁;第三,儒家的"仁"是如何使得一些西方哲学家所说的"他者性"被得到确认的。

在讨论开始之际,我们必须先承认很重要的一点,即儒学,正如中国(乃至世界)的其他精神传统一样,有着悠久而丰富多样的历史,正如本书通篇所肯定的那样。如第十三章的第一节,就详细介绍了成为儒家的一些不同的方式。就本章所论而言,应将儒学与源于汉代以前的一些古代主题联系起来。这些主题已经被许多不同的甚至是相互矛盾的方式予以了阐述。但是,本章关注点则在于,用一种当代的方式对它们进行阐述,以展示我们这个时代的儒家是如何为扩展"仁"跨越重重的社会障碍而作出可能的贡献的。

一、"爱有差等"

关于儒家的仁,首先需要我们注意的是"仁"与轴心时代革命的联系,这场革命从东亚延及南亚,再到西亚的地中海地区。"轴心时代"这一术语是由卡尔·雅斯贝尔斯(Karl Jaspers)首创的,被用于描述大约公元前 800 年至公元前 200 年这段时期。在这段时间里,哲学在整个世界范围内被发明出来,以及宗教和宗教哲学应运而生,也就是我们现在所知的佛教,儒家,道家,希腊哲学异教(柏拉图、亚里士多德等),印度教,耆那教(Jainism),先知犹太教,先知犹太教结合希腊哲学所产生的基督教,以及琐罗亚斯德教(Zoroastrianism)①。这些宗教或宗教哲学的要素发展缓慢,并在每个传统中以许多相互冲突的方式在发展。然而,到了轴心时代末期,也就是公元前的第二个世纪,对所有这些传统来说,以下主题都具有普遍性:关于把这个世界作为一个整体来看待的某些概念;关于这个世界作为一个整体存在的一个或多个终极原则的概念;对人的同一性或身份的定义更多地涉及个体与终极原则(例如道、天/地、梵、空、上帝)的关系;而不是个体与本地血统关系,以及必须爱且正义地对待每一个人(而不仅仅是一个人的内群体中的人)。爱和正义具有普遍性的常识原因是,所有人都是平等的,而且最重要的是每个人都与终极原则有关,其次

---

① 这一极具启发意义的讨论,是卡尔·雅斯贝尔斯在《历史的起源与目标》一书中提出的。有关轴心时代的最新的比较性历史讨论,请参阅凯伦·阿姆斯特朗(Karen Armstrong)的《轴心时代:人类伟大宗教传统的开端》和罗伯特·贝拉的《人类进化中的宗教:从旧石器时代到轴心时代》。

才是彼此之间的特殊关系。相较之前轴心时代的宗教文化，所有这些主题都是具有革命性的。

儒家的"仁"主题是轴心时代的"博爱"（或普遍的爱，即universal love）主题的一个版本。与前轴心时代的文化相反，即一个人应该以仁爱之心对待自己的人民，而不应该粗暴对待或敌视他人（尤其是蛮夷），早期儒家则主张，一个人应该以仁爱之心对待每一个人，这种行为的特性则本身就是使一个人成仁的方式之一。

但是，在古代中国，墨子的哲学（大致与孔子的哲学同时代）似乎更直接地体现了轴心时代关于普遍人性的理想。当被问及这个世界的"害"是从何而来时，墨子说：

> 以不相爱生。今诸侯独知爱其国，不爱人之国，是以不惮举其国以攻人之国；今家主独知爱其家，而不爱人之家，是以不惮举其家以篡人之家；今人独知爱其身，不爱人之身，是以不惮举其身以贼人之身。①

关于普遍正义的问题，墨子明确地将它与终极原则（ultimate principle），以及所有人与原则的普遍关系联系起来：

> 天欲义而恶不义……"天下有义则生，无义则死；有义则富，无义则贫；有义则治，无义则乱。"然则天欲其生而恶其

---

① 参见《墨子》，第二部分（第十五章），译文参见陈荣捷《中国哲学文献选编》，第213页。

死,欲其富而恶其贫,欲其治而恶其乱。①

墨子主张人与人之间的平等,并提倡少办烦琐的葬礼,少穿昂贵的衣服以及少吃精致的美食(译者注:即"节葬""节用")。

儒家批驳墨子的内容较为复杂,包括反对被认为是超功利主义(hyper-utilitarianism)的主张,以及反对一个过度拟人化的天(天志)②。但是,儒家更深层次的反对理由是:人是不"平等的"——即每个人都是独特的,并且应该因此而被尊重。因此,不可能像墨子所教导的那样,以同样的方式对待每个人来实现爱每个人。相反,儒家认为,仁爱行为需要加以区分,以便根据被对待者的身份和对待者的身份,按照他们应该被对待的方式来对待他们。孔子心中的区分似乎与社会关系有关:

> 叶公语孔子曰:"吾党有直躬者,其父攘羊,而子证之。"孔子曰:"吾党之直者异于是。父为子隐,子为父隐,直在其中矣。"③

与墨子的"兼爱"(普遍的平等之爱:universal egalitarian

---

① 参见《墨子》,第二部分(第二十六章),译文参见陈荣捷《中国哲学文献选编》,第218 页。
② 子曰:"天何言哉?四时行焉,百物生焉。天何言哉?"(《论语》17.19),译文见陈荣捷《中国哲学文献选编》,第47 页。
③ 参见《论语》13.18,译文见陈荣捷《中国哲学文献选编》,第41 页。请注意这个论证与柏拉图的《游叙弗伦篇》中的苏格拉底的论证之间的相似性。

love)学说相反，儒家长期以来一直主张"爱有差等"（love or humaneness with distinctions）。在古代，这意味着爱自己家庭的人胜过爱其他家庭的人，爱自己的共同体多于爱其他的共同体，以及爱自己的帝国多于爱蛮夷的帝国。爱或仁，在这一语境下，不仅意味着深切的关怀，而且还意味着要对那些被爱的人负起责任，并将他们视为值得被爱的人、遵从他们的意愿。儒家"爱有差等"学说并不意味着有任何人不应该被爱，它只是想要强调：人们应被有所差别地爱，或者说应以不同的方式被仁爱地对待，对那些相对亲近的人则应负有更多的关怀责任。其他宗教（如佛教和基督教）也同意每个人都应该被爱，但它们强调的则是普遍的同情。但是，因为在实践中，爱是由具体境遇中的社会结构所调节的，所以，除非"普遍之爱"（或博爱）能够被塑造得可识别人际关系中的差异，否则，博爱很容易成为一个空洞的价值。因此，我认为儒学在世界文化中具有领先优势，因为它认识到，当人们处于如此不同的关系中时，仁爱地对待每一个人是一件复杂的事情。但由于要跨越存在着的许多障碍，这使得"仁"的表达变得困难。

在我们这个时代，我们所认识到的社会障碍，要比古代文本中所表述的复杂得多。我们不能简单地根据与代际家庭的距离来设想社会障碍，尽管这种障碍确实很重要。但是，现在，我们知道了更多的社会经济阶层分层的结构，知道了这些结构的多样性，知道了人们如何在社会阶层中向上和向下流动以及流动程度，知道了这些结构不仅受到生产资料所有权的影响，还受到技术进步、气候以及世界各地不断变化的市场的影响。现在，我们也了解到了更多不同类型人格的复杂性，了解了不同的学习风格的复杂性，还了解了不同的心理病理的复杂性，我们需要跨越所有这些复杂性来传达爱。我们知道影响"仁"的表达的当代社会障碍包括种族分歧、宗教分歧和文明分歧。我们认识到，围绕经济事务、土地所有权或资源的占用等方面，各群体有着不同且相互冲突的利益。世界文明的冲突正充分展示着所有这些影响"仁"的表达的社会障碍，但其中大部分社会障碍在小城镇的内部斗争中也得到了展示①。当代社会科学则正在以惊人的速度继续倍增着我们对这些疏离、异化的社会结构的认识②。

理解像儒家这种"爱有差等"理念，已经成为每个当代社会的当务之急。"仁"在每一个主要的宗教和文化传统中都被加以强化，以正面抵制后期现代经济和政治交互所造成的大量去人性化后果。"仁"如何能够肯定并认同应被仁爱对待的人和群体之间的差异，并找到跨越这些差异界限的独特方法来面对这些差异？对这个问题的处理，不能仅仅通过考察古代儒家所关注的特定类型的界限来回答，即那些远离家庭的界限。我们需要根据当代对社会界限的理解来问这一问题，因为这些社会界限使得实现以仁待人变得困难起来。

---

① 参见萨缪尔·亨廷顿的著作：《文明的冲突与世界秩序的重建》。
② 关于以中国传统为重点的对疏离的、异化的社会结构的哲学反思，请参见刘述先和爱莲心（Robert E. Allinson）主编的《和谐与冲突：东西方的当代视角》。

二、礼学

　　尽管如此，古人所关注的并不仅仅是家庭方面的那些界限。荀子，一名古代儒家礼学的理论家，他注意到社会基于经济、政治和与生俱来的权利（birthright）的差异，而被划分为不同的社会等级。但他没有想到贫富之间的巨大差异可以被改变；社会工程（social engineering）这一理念，则直到 18 世纪在约翰·卫斯理（John Wesley）的研究下，才在英国变得普遍可信。如今，我们了解了社会正义（social justice），我们要求尽可能地纠正社会的不平等，从马克思主义到自由进步主义（liberal progressivism）的所有政治哲学，他们已经在改变等级结构方面进行了大量的社会实验。但是，一些等级差异仍然持存，并且在某些经济状况下可能变得更糟。就荀子而言，他甚至认为存在社会等级差别也是一件好事，因为他认为等级差别对于有效地组织经济和维护社会秩序是必不可少的。但是，他同时也强调，社会各等级的人们彼此之间应该以仁相待，尤其是要让那些处于最底层的人也都能够过上充实的生活。

　　荀子认为人的问题在于，我们的本性是自私的，像婴儿一样只考虑我们自己。现代心理学家将此称为"原初自恋"（primary narcissism），众所周知，荀子则将此称之为"性恶"（natural evil of humanity）。此外，他认为，尽管人类具有他们的生物体所赋予他们的各种情感和身体机能（他认为这是天所赋予的），但这个生物体并没有教他们如何将正确的情感附加到正确的客体上，或如何明智地管控自我。实际上，根据荀子的观点，人性本身（即生物体所给出的那些能力）是极其无确定性的。因而，我们的身体能力需要被训练，我们的智力和情感能力同样也需要被训练。孟子及其传统则认为"性本善"，因而，如果本性不被扭曲，它定能恰当地展现自身；荀子及其传统则认为，如果没有文化来规定这些"不确定"的能力，人性就是未完成式、并不完整。

对于原初自恋以及生物心理的"不确定"，荀子给出的解决方式是"礼"。荀子的礼学观极为深刻，不仅涉及宫廷（和宗教）礼仪，而且涉及所有由传统符号所塑造的行为，正如我们在本书中多次讲到的那样。一种文化有一整套的符号，这些符号可能与另一种文化的符号有很大差异，但它们却完成了相同的事情，例如站立、问候和交谈。不过，东亚人学会了双脚并拢站立；西方人学会了脚尖向外倾斜站立；东亚人学会了用鞠躬和双手合十来相互问候；西方人学会了握手以示致意；即使说的是同一件事，用汉语来输出还是用英语来输出，在礼仪上也是存在差异的。

荀子认为，人类需要被礼仪化，才能使高度文明成为可能。男人和女人的确可以交配并生育后代，但是，如果缺少家庭礼仪来区分角色和劳动分工，尤其是那种以培养相互尊重的方式来作出区分的家庭礼仪，他们就无法将后代培养成有仁德的人。整个儒家传统高度重视家庭，因为儒学认为"家"是"成仁"的核心发源地。一般来说，一个人通过被父母爱着来学习如何"成仁"。但是，实际情况要复杂得多。父母会发现爱一个婴儿是很容易的——因为这几乎是一种生物本能；但父母必须在爱的微妙性中学会成

善一分殊：儒家论形而上学、道德、礼、制度与性别

长,才能爱一个好动顽皮的儿童,教会这个儿童如何发展能力和承担责任;父母必须在自己的爱中成长很多,才能爱一个叛逆的青少年;然后,当孩子长大并搬离这个家时,父母若要实现对孩子的"爱",需要学习的内容还很多。父母之爱背后的目的是要培养孩子成为有德性的人。孝则是一种适合孩子对父母表达的爱。从常识的角度来说,这意味着孩子要在父母年老时照顾他们。但是,在儒学的深层含义中,孝道则意味着变得有德性并将这种德性展示出来,向父母表明父母已经成功了,从而让父母从培养子女德性的任务中解脱出来,让父母可以满意地卸下这一重担以颐养天年。但如何能做到这一点呢?略带讽刺意味的是,我们可以说这正是通过孩子们结婚、生子以及能以恰当的方式爱他们的孩子,来逐步展示出他们自己的德性的。因此,父母无法止步于他们的爱,已经把他们的孩子变得有仁爱之心,直到他们看到他们的孩子对孙辈也这样做,他们才会得到满足。也许这就解释了在传统儒家社会中,家庭的世代同堂有极其重要的意义;同时也指出了如今高度流动的社会,给原有的那种密切监督的仁爱教育所带来的巨大限制。当然,在教育中,为子女和孙辈作出各种各样的代理决定都是可能的。所有的养育和孝道的行为,都被文化的礼仪习俗赋予了意义。如果没有这些礼仪习俗,这些行为将不会具有仁爱教育的意义[1]。

正如没有家庭礼仪,就不可能有家庭一样,友谊、有组织的社

---

① 有关对仁或爱的家庭中心的这种阐释,参见杜维明的著作:《〈中庸〉:论儒学的宗教性》。我对杜维明观点的评论,参见《波士顿的儒家》第96—101页。

会生活、经济活动以及所有其他对高度文明重要的事情都需要礼来支撑。荀子认为,没有传统文化的礼,人的生物本性是无法得到完满地实现的。因此,他非常重视传统的"天、地、人"的三位一体,其中"人"意味着负载着传统意义的礼仪化文化,这种礼仪化文化可以使人将情感与恰当的客体联系起来。需要指出,荀子的礼仪之道是异常复杂的。

　　荀子认为,礼在很多地方发挥着重要作用,其一是不同社会阶层之间的交互。若极简化地介绍他的观点,即在一个井然有序的社会里,礼的存在是由于下层阶级敬重(含遵从之意)上层阶级,而上层阶级亦满足了下层阶级的需要。但在一个秩序混乱的社会里,这些礼将不存在,伴随着阶级斗争和经济崩溃的后果,每个人都生活得很痛苦,尤其是穷人。对于荀子的儒家感知能力而言,更重要的是,在一个秩序混乱的社会中,人们无法以仁爱之心对待彼此,因为他们之间的阶级是相互冲突的。在真正的儒家意义上,敬重不仅是指下层阶级对上层阶级的态度应是发自仁心的,更是指每个人对他人的态度都应是发自仁心的。井然有序的社会中的上层阶级,则会以恰当的方式顺应下层阶级及其需求,这些方式既承认下层阶级的人性,又满足下层阶级的需要。应该说,荀子寻求的是一种大规模的社会礼仪,在其中,每个社会阶层都能够与其他社会阶层和谐共舞,即使在不同意他人的价值观、无法共享利益的情况下,也要敬重他人。荀子礼仪观的精髓在于,参加礼仪的个体和群体并不必然需要有共同的利益,并且在事实上他们可能还处于深度冲突中,但只要他们一起来参与到这种礼仪活动中来,就能维持一个有效的政治经济的运行。

如今,我们相信我们可以通过社会工程的方式,去努力克服经济层面的阶层差异而不是接受这种差异,但这是古人无法想象的。很多时候,我们当然希望瓦解那些使不公正永久化的礼。然而,人与人之间存在着各种各样的差异,这些差异阻碍了他们以适当的仁爱方式与他人共舞。克服障碍、在人们之间和群体之间建立起以多元化为中心的仁爱的一大贡献,就是发展各种礼;这些礼要可以使他们即使在基本价值观方面存在竞争和分歧的同时,也能以"和谐"的方式彼此交互。

初步来说,我提倡一个儒家的社会分析工程,去探究那些妨碍或阻止人们跨越社会障碍来表达仁爱的礼的存在;并继续为相互竞争的群体之间的交互发展(新)礼,以使所有参与者即使在冲突中也可以以仁的方式对待彼此。当然,这是两个不同的步骤。

第一步,发展一门当代儒家学科,旨在明辨礼仪行为,并分析这些礼所允许和阻止的内容。这门学科应该利用所有的社会科学方法论来理解礼。但是,它应该以儒家的主题为指导,即分析特定的礼是如何增加或阻碍人们表达仁爱的,以及他们如何以仁的方式对待一些人,而物化其他人以至非人化他们。我认为,有关如何在多元语境中表达仁爱,儒家的感知能力,比试图实现"价值中立"的后期现代和后现代社会科学对仁爱的感知能力,要微妙得多。

这种礼仪分析的当代学科,第二步是发明取代功能失调的礼的新礼,或发明整合那些本应被整合但没有得以整合的人们和社会作用的新礼。"发明礼仪"(inventing rituals)听起来是一个奇怪的想法,因为我们通常认为礼是从基层产生的,事实也确实如此。但是,因为所有人类交互,包括社会实体的交互,都是通过礼来介导的,所以,关心他人就意味着关心介导所需要的礼。因此,增进人际关系的创造力,包括创造使之成为可能的礼的创造力。孔子认为他那个时代的问题在于,没有足够的礼来支撑、满足文明生活。所以,孔子声称要恢复古礼并将其传授给他的学生。但实际上,孔子基本上是在发明"他所教授的礼"。对于第十五章的论证而言,这种积极主动地制定礼仪的方法至关重要。

三、仁、礼与他者性

但是,在我们能够谈论更多关于促进跨越障碍来表达"仁"的礼之前,我们还需要对"仁"本身作出进一步的说明。最近,对于将人理解为"他人",一些西方哲学家开始充满了担忧。这种担忧源于西方思想中两个由来已久的问题。

其一,在许多语境下,我们是以叙事形式来构想世界历史和我们的社会(正如第十三章所述)。这致使自然和人类社会的巨大复杂性被简化,并使得习惯于通过故事来赋予一切意义。叙事是通过把事物连接成一个可以理解的故事线而赋予意义,但是,它也通过把所有其他不属于这一叙事的事物排除在叙事之外而给这些事物"赋予意义"。叙事是一种许可证,它使得人们不关注那些在故事中没有多大作用的事物,包括人。黑格尔在《法哲学原理》和《小逻辑》中都认为,"凡是合乎理性的东西都是现实的,凡是现实的东西都是合乎理性的(或"存在即合理,合理即存在")。"①所谓"合乎理性",他指的是自然和历史的叙事逻辑的展开。他承认,确实存在一些不符合这种叙事的人的群体;但是,他说他们不是"现实的",因为他们对这个故事没有贡献,就好像他们只是可能的,而不是现实的。因而在叙事中,一些人便不可避免地被边缘化甚至被完全忽视。但这是不仁道的,这些被忽视的"他人"需要得到承认。如果要仁道地对待他们,那么,他们的经验、视角和社会位置都需要被我们考虑在内。

另一个由来已久的问题则是,人们坚信一个人是一个观察客体世界的主体。根据这一信念,对于任何一个既定主体而言,其他人本身便都不是"其他人"自己的主体而只是这个人的客体,其他人被还原为他们在一个主体的心中可能存在的样子。这一点在西方哲学中与笛卡儿有关,众所周知,笛卡儿将自我与意识等同起来,对笛卡儿而言,"客体"就是意识中的事物;他将"客观性"的含义确定为"心灵的现实性"。但对他者性的关注则是一种修正,这种修正会培养你意识到:他人是作为他们自己的主体,而不仅仅是我们的客体的经验。

关于如何仁道地对待被边缘化或完全被排除在一个给定的社会故事之外的个体和群体这一问题,我们先可以去确定并解构排斥他们的礼,并发展新的礼,以便让他们参与进来,使他们的视角在整个社会中得到考虑。米歇尔·福柯激发了一种强烈的对

---

① 参见黑格尔的著作《法哲学原理》第 10 页,《黑格尔小逻辑》第 10 页。

权力礼仪的后现代反思，我们可以看到，这些权力礼仪是如何巧妙地边缘化了一些阶层的人①。

在政治方面，发展将被边缘化和被忽视的人纳入其中的礼，这是民主工程的一部分，这一民主工程所需的礼，不仅包括显式的投票和决策形式，还包括促进参与的教育与共同体形成的那些礼。在经济方面，则需要发展让所有人都参与到经济中来的礼，以确保满足鳏、寡、孤、独、残疾者、少数民族以及其他可能被忽视或被边缘化的人的基本需求。在个人方面，则需要发展礼来教育处于不同社会位置的不同人，使他们得以了解处于其他社会位置的人的性质，尤其是那些被忽视或被边缘化的人的性质。相比从叙事的角度来思考世界历史或我们的社会，我们应该学会从多重交互作用的礼所组成的庞大而复杂的礼之舞的角度来思考历史和社会。

关于如何将个体视为拥有其自身权利的主体而以仁爱之心相待，而不仅仅是把他们作为我们自身经验的作用来对待的这一问题，我们可以求助于古代儒家规训（Confucian discipline），即学习与他者进行交互性礼仪，通过这样一种方式，以尊重他者也是参与礼仪的主体。

但通过一种普遍承认每个他人都是一个主体的方式，并不能实现具有仁爱之心的"敬重"，尽管这一普遍承认的内容是事实。相反，一个人的主体性是通过身体、家庭和朋友、社会结构、社会

---

① 例如，参见福柯的《词与物》和《快乐的使用》。福柯最有影响力的追随者之一是朱迪斯·巴特勒（Judith Butler），著有著作《性别麻烦：女性主义与身份的颠覆》。

　　　　　　　　善一分殊：儒家论形而上学、道德、礼、制度与性别

位置和历史位置、民族认同、个人经历、年龄以及许多其他因素的特殊性来调节的。这首先适用于敬重他人的生活的特殊性：我通过（了解）自己生活的特殊性而遵从他人的生活特殊性。在我了解自己生活特殊性是什么以及它们在我参加的许多礼仪中所扮演的角色之前，我无法遵从于另一种特殊性。但是，直到我通过他人自身生活的特殊性，对他人如何成为主体有了相当深刻的感受，这种敬重才能真正实现。就像我通过我自己生活的特殊性，来表达对他者的具有仁爱之心的敬重一样，只有在我能理解他者在他们自己的特殊性中是如何成为主体时，才能将他者识别为特定主体。当然，这既需要消除那些会使我对他者视而不见的偏见，也需要获得理解他者的生活和境遇所需的广博学识。

这就是爱或仁"有差等"何以如此重要之处。例如，家庭礼仪的基本意义是，每个人在扮演定义复杂的家庭社会位置的各种角色的同时，每个人都被允许成为一个特定主体。由于家庭文化的亲密性，一个家庭中的所有个体在许多方面都是相似的，他们可以学会想象成为家庭中的另一个人是什么感觉（不过我也并不希望贬低以一种"成熟"的方式去实现"这一想象"的困难度）。但是，想想看，要认识到那些与自己迥然不同的人，那些来自不同家庭、不同文化、不同社会位置的人的特殊主体性是何等的困难啊。人们往往很难跨越这些社会障碍来表达"仁"，而正是因为这些障碍使得人们难以感知或想象他人是如何寓于他们的特殊主体性中的。

当然，源于仁的一种迫切要求则是要让所有人都接受教育，以便能了解处于社会障碍另一边的人是什么样子的。但是,仅仅有教育是不够的。我们还需要一些礼,以便跨越社会障碍的人们能够彼此交互。但是,这仍然是不够的。我们还需要学会参与这些礼,以便在与他人的交互中,我们可以逐渐认识到并敬重他人的特殊主体性。这包括认识到相互冲突的利益,甚至还可能是深仇大恨。而是否要对他人仁,这并不是取决于他人对我们是否仁。

有差等的仁或爱,从跨越障碍的礼仪参与的具体细节中获得其品性。我们不应按照爱家人的方式去爱所有人。不同的社会位置,在实现对他人特殊主体性的认可和敬重方面,存在着不同的问题;在当代社会中,这些社会位置则通常是变化无常的。不同形式的"仁"适用于不同类型的社会关系,尤其是那些要跨越障碍的社会关系,这些障碍使人们难以认可各种"他者"的特殊主体性。对于一种在儒家思想指导下的社会科学来说,调查一些礼是如何阻碍了跨越社会障碍来表达"仁",并创造出更好的礼,以适当的差等或区分来促进真正的仁,这是一项多么非凡的道德任务啊!

以上评论是我以一种劝诫的口吻给出的,这种"劝诫"(或"谏言")亦是一种传统的儒家姿态。我的重点在于指出,对于如何跨越社会障碍践行仁这一当代问题,儒学有两个重要贡献。其一,它坚信仁在不同的境遇下以及对不同的人意味着不同的内容,"平等化"地对待每个人并不就是仁。其二,儒家礼学,作为一种社会交互的传统形式,它使得处于严重冲突中的人们仍然能够协同行动,以实现通过他们所参与的共同礼仪所能做到的事情。儒学的这两大贡献尤其值得被欣赏,因为在这种语境下,要成仁,就

善一分殊:儒家论形而上学、道德、礼、制度与性别

必须承认被边缘化和物化的人本身就是主体。我认为当代儒家可以通过这些贡献进入哲学对话和精神对话。

现在需要指出的一点则是,在完成以上这些重要的任务上,儒学常常失败。对传统儒家社会中的许多人来说,历史上仅仅将他们视为礼仪化角色中的"物"对待,消除了他们的主体性。在赋予(或分配给)女性贬低身份的角色(demeaning roles)和建立社会等级制度方面,实际情况确实如此;在那种社会等级制度中,上层阶级不是为下层阶级服务,而只是利用这些下层阶级。在以上这些方面,人们对儒学的愤怒是有正当理由的。然而,我认为儒家文化的以上这些严重缺陷,恰恰是源于人们对儒家理想的歪曲,即他们扭曲了"仁"、利用礼来制造不可能的好事,比如普世的人类繁荣。但儒家的礼和仁的实践需要以适合每个人的方式传达给每个人,历史上的儒家的礼的负面影响恰恰证明了这些礼是不良的礼。当代需要的是新礼,这些新礼既不会在某种社会叙事中边缘化任何人,也不会物化他们。当代儒家精神应该会发现这将是一个令人振奋的挑战。

第十五章

儒学与女性主义革命：礼之定义与性别角色的社会建构

引　言

在女性主义革命的批判性冲击下,儒学的发展并不顺利。但是,没有任何一种古代哲学和宗教文化能逃过这一严肃批判。随着世界各地的古代族群进入历史样式,它们都由于进化的压力,根深蒂固地形成了男性的主导地位。部落战争、猎食大型猎物和耕种土地都需要高大强壮的男性,而女性则负责生育和养育孩子,为此,她们需要的是宽大的臀部,而不是巨大的上肢力量。当然,原初群体中的劳动分工,有许多不同的社会安排。有证据表明,女性参与公共生活的程度,与丈夫参与养育小孩的程度成正相关。但是,进化生物学偏爱身材高大的男性,因为他们能够为了群体安全而立即作出决定,这也有助于他们拥有了对女性和儿童的主导权威①。

轴心时代的哲学、宗教和文明出现的部分契机是，社会安排不再需要为了生存而严格划分社会角色，并且在某些情况下可以施加（impose）与进化压力背道而驰的文化价值观。因此，人类第一次可以想象到，正如儒家所说，所有人都是在"普天之下"，因此，比起对自己的部落成员而言，我们对任何声称要"成仁"的人，都应有更多的忠与敬。普遍的爱与普遍的正义是所有轴心时代宗教的理想，然而，这些理想在很大程度上受到生存的适应性压力的损害②。原则上，本来可以调整社会角色，使女性与男性平等，因为生育和养育已不是问题。有时，这些社会角色的调整是有益的（例如在第一代和第二代基督徒中），但有时却没有得到有益的调整（如在第三代及以后的基督徒中）。对普遍之仁的认可，并没有经常转化为重新安排社会角色，使女性能够去繁荣以尽她们之所能。部分原因是社会惰性，即缺乏对新的社会安排的想象力，当然还有男性不愿放弃特权的缘故。轴心时代的几乎所有文化都是如此。

我将讲一个发生在我们时代的有关儒学的轶事来说明这一点。1991年，我参加了第二届儒家—基督教对话会议。其中有两篇论文是由东亚的女性学者提交的。她们猛烈地批判儒学，批

---

① 参见韦斯利·J. 怀尔德曼的著作 *Science and Religious Anthropology: A Spiritually Evocative Naturalist Interpretation of Human Life* 的第七章，他对男性优势的生物学和进化条件作了全面评述。

② 对轴心时代革命的这种阐释的辩护，参见我的著作《宗教：哲学神学（第二卷）》第二章。

判它在儒家社会中对女性的严重贬低，并列举了其他一些内容，其中包括一些把女性置于从属地位的权威礼仪。她们的论点是如此的明显和有说服力，以至于在场所有男性，无论是儒家还是基督徒，都无颜以对而只能沉默。后来，一些东亚男性儒家提出了这样的论点，即原初的东亚文化的确是父权制的，在解放女性方面，儒学实际上是一股反作用力。他们认为，东亚文化中的父权制原初底层被证明过于强大，以至于无法达到儒学带来的平等效应，因此，儒学在无法改变父权制的情况下便适应了原初父权制。但这种论点并不是很有说服力，尤其是对在场的女性来说，因为儒学的现实历史是将压迫女性制度化了，我们现在通常是如此表述这一历史现象的。长期以来，儒学在促进对女性非常不利的礼和社会结构方面，过于有意识、有目的，因此，它理所当然地成为女性主义革命的批判对象。

在本章，我的目的是复兴并改进那次会议上羞愧的男性们所提出的论点，我将指出，父权制有一个进化基础，但这必须被更高的价值观加以控制，这当然包括女性主义者（还有性少数群体的捍卫者）所倡导的价值观。我还将指出，儒学可以朝着与女性主义者价值观相一致的新方向发展，尽管迄今为止儒学很少去这样做。对于这一论点的提出，需要指出的很重要的一点是，我是一个当代儒家哲学家，一个愿意改变儒家迄今为止所做的事情的当代儒家哲学家。作为一名男性，尽管我会紧张地意识到我的母亲、妻子、两个女儿和三个孙女会在我的身后注视着我，但是，我并不是以一个要求自己权利的女人的身份来处理这个话题的。作为一个儒家,我旨在以一个儒者的身份去寻求改善儒学的主张,以使女性和性少数群体实实在在地获得实现他们繁荣的权利和支持。

在大多数从解放运动的立场出发的讨论中,压迫性制度(此处指的是各种儒家传统),都被相当严格地限制在其压迫性的诸体现的层面来看待。通常在这些讨论中,儒学通过其压迫女性的方式被加以定义或描述。2003年,高彦颐(Dorothy Ko)、金滋炫(JaHyun Kim Haboush)和皮哥特(Joan R. Pigget)主编了一本极富启发性的文集,名为《古代中国、朝鲜和日本的女性与儒教文化》,此文集中的所有优秀文章便是如此定义和描述儒学的。2013年,刘禾(Lydia H. Liu)、瑞贝卡·卡尔(Rebecca E. Karl)和高彦颐(Dorothy Ko)主编了《中国女性主义的诞生》一书,其中所汇编的有关19世纪末和20世纪初的中国女性主义研究的论文亦是如此。这种采取外部主义路径理解儒学的显而易见的合理性在于,这些女性主义作者呈现出了在她们的社会处境中被遮盖或贬低的那些视角,儒学则是造成这种边缘化的主要根源之一。

但是,我想采取另一种方法,即从内部来识别儒学;在儒学内部,它拥有着自我改造的资源,从而拥抱并促进女性和其他所有人的繁荣。本书的前几章已经为我的这一论点奠定了基础。通常的自由主义方法,以儒学的压迫性的样式来对象化儒学;讽刺的是,这也将女性物化为压迫的牺牲品。我则想从不断变化的儒学的内部出发,来推荐更多能够转化我们儒学自身的变革,而不是通过"其他"变革来进行转化。在此处需要指出的是,我对女性主义者的历史控诉、指责毫无异议,即儒学一直压迫女性,并且有

　　　　善一分殊:儒家论形而上学、道德、礼、制度与性别

时甚至将相对平等的境遇转变成更糟糕的境遇①。当然，类似的指责也适用于大多数其他文明。但我更关心的则是关涉到解放的那些改革。

一、自然、社会与人

儒学最重要的元素之一是它所主张和假定的连续性，即主张和假定从最广袤的自然到个体的人、他们的社会关系，以及高度文明的现实之间存在着连续性。通过一个简单的比较，我们就可以看出儒学的这一元素的特殊而显著的特点。西亚的文化和宗教，包括犹太教、基督教和伊斯兰教，则都假设人类领域和自然界的其他部分之间存在着一种相当尖锐的分裂。关于这一点，他们所共用的文本是《创世记》的第一章内容，即天地以及各种动植物的被创造，都发生在人类被创造之前；然后，人类被教导要像爱护花园一样爱护自然，因为自然的一切都是为了供人类使用而存在的。第一个被称为亚当的人无法在自然界中找到伴侣，因此，他的一根肋骨被摘除并由此造出女人夏娃，自此亚当才开始有了性别——成为男性。性欲因而被解释为对男女重聚的追求，《创世记》中关于婚姻的注解是说，人要离开父母与女人连合，以使两人成为一体。它并没有提到"一体"是要由孩子或繁殖来组成的，所

---

① 例如，参见李海顺（Hai-soon Lee）的《十二世纪韩国史学中的女性描述》、臧健（Jian Zang）的《宋代中国的女性与儒家文化的传播》、Noriko Sugano 的《日本德川幕府时期对孝道的国家灌输：孝道的官方记录中的儿女》等论文，均收录在高彦颐（Dorothy Ko）、金滋炫（JaHyun Kim Haboush）以及皮歌特（Joan R. Piggott）主编的《古代中国、朝鲜和日本的女性与儒教文化》一书中。

以,从这个意义上来说,它们的"连合"并不在自然之中,而是完全在个人范围内。不过,这种婚姻观在希伯来《圣经》的其余大部分章节中,都被否定了,这些章节中说,女人为了给男人生儿育女,应该离开她的父母而与丈夫连合。有趣的是,耶稣提到婚姻的基础是在《创世记》中,他说这是一个人自身的连合①,与孩子没有"天然的"联系。对西亚宗教而言,其背景假设是,整个创世都应从人类事务的角度来理解,尽管这个假设在今天受到了很大的质疑。

在与佛教和印度教有关的南亚宗教中,重要的群体包括所有有情众生,而不仅仅是人类。因为轮回文化假定灵魂在许多有知觉的生命形式中移动,所以,所有生命形式都必须因在连续性中而受到尊重。在前几世,你可能曾经是昆虫,然后是牛,而现在是人;如果你是女性,你则必须等到来世出生为男性,但如果你此世是男性,如果你够聪明、幸运,而且身边又有一位好老师,那你很可能有机会获得开悟或解脱。对此,佛教徒和印度教徒有许多经常相互矛盾的版本。从这种观点来看,由于与树木、山脉和海洋的连续性微乎其微,这也是造成佛教和印度教支持"环境保护主义"时的一个难点。

东亚宗教,如果讲到精致的宗教,对我们来说就是道家和儒家。在这两家中,整个自然界(无论是已知的还是想象的)的连续性都得到了肯定。一切事物,从星辰和地球界限内的事物到人类的身体、灵魂和活动,都是由动态过程的力构成的;构成自然界中

---

① 译者注:这个"连合"突出的是"灵肉合一"。

特定人类王国的社会制度本身也被解释为自然的一部分。就质料层面而言，一切都是阴阳振动调和的混合物；就天层面而言，万物皆因和谐之理而成其形，有时能将不同事物连接起来，但有时则不能成功实现连接。

道家与儒家的区别，大致正如它们在历史上所表现出来的那样。道家在原则上接受自然和人类的连续性，但对人类与宇宙自然之道保持联系的能力持严重怀疑态度。道家一直批评儒家的工程计划，即儒家旨在引导人类去建造一个人"伪"的社会组织和高度文明的制度，道家则认为这些制度是很容易腐化的。社会制度可能是腐败的，在这方面，我们的确应该倡导道家式批评家。此外，道家在某些方面已经从自然与高度文明的连续性中撤退了，以解决过度的野生自然对人类可能造成的危险。道教则有时会求助于炼药和修行，以应对自然所存在的危险与寻求超脱，试图进入某种非自然的本体境界；在这种境界中，人则可以再次成为婴儿，又或与天庭官僚机构展开协商、谈判。

儒家则接受了整体的连续性。对此，一个最好的例子，即王阳明在《大学问》一书开篇的那节著名论述，这节论述建立在孟子的颇具权威性的"见孺子将入于井"所论上，这节论述展示了普遍的人类同情心①（universal human compassion）。谈到"小人"时（small man），王阳明说②：

---

① 译者注：即"恻隐之心，人皆有之"。
② 译者注：文中这段引文是紧接着"大人小人论"而展开的："大人之能以天地万物为一体也，非意之也，其心之仁本若是，其与天地万物而为一也，岂惟大人，虽小人之心亦莫不然，彼顾自小之耳。"

> 是故见孺子之入井，而必有怵惕恻隐之心焉，是其仁之与孺子而为一体也。孺子犹同类者也，见鸟兽之哀鸣觳觫，而必有不忍之心焉，是其仁之与鸟兽而为一体也。鸟兽犹有知觉者也；见草木之摧折而必有悯恤之心焉，是其仁之与草木而为一体也。草木犹有生意者也；见瓦石之毁坏，而必有顾惜之心焉。[1]

我们可以注意到，王阳明的这节文本不仅肯定了万物之间在形而上学层面的连续性，而且还肯定了人类有感知这一连续性的能力。这种连续性背后的文化意象是阴阳宇宙论，其历史至少可追溯到《易经》。理学家通过理和气的交互作用的各种形式，对此作出了进一步解释。在肯定这一贯穿整个自然界的连续性的同时，儒家亦把注意力聚焦在那些受人类影响和控制的领域上，既涉及为个体而发展出的圣人理想，也涉及为制度而发展出的士大夫忧患意识。如孔子便试图在一个残酷的社会不和谐时期恢复一个强大的高度文明。

我提出自然与高度文明的连续性，并不是试图去说明传统儒家社会礼仪中的男女二元结构是自然的，正如一些为男性主导地位作辩护的人会讲的那样。不，恰恰相反。阴阳宇宙论认为，在许多不同的解释下，自然界中的任何事物，从山脉到个体，再到高度文明的社会制度，都是阴阳的结合。此外，自然界中的任何事

---

[1] 译文见陈荣捷《中国哲学文献选编》第 659—660 页。

物都与阴阳平衡的变化有关，在某些方面"生成"（becoming）得"多阴少阳"，而在另一些方面"生成"得"多阳少阴"。事物之间的动态关系本身就是在有些方面多阴，而有些方面多阳。有相当多的先例可以把阴与女性区分开来，把阳与男性区分开来。

但是，这是西方亚里士多德式的实体化的耳朵所听不到的。由于万物都在变化，所以某物中的阴总是在变多或变少，而阳亦是如此。因此，要在整个自然界中应用社会性别符号系统，我们应该说事物是在不断变化的，其许多组成部分正在女性化以及去女性化，男性化以及去男性化。但是，由于这些性别描述与人类礼仪化社会中实际性别角色的定义相去甚远，因此，就此而言，我认为在人际关系的语境之外去使用性别标签几乎没有什么好处。

但是，还应指出的一点是，有关自然的连续性的井然有序问题。这对许多西方人来说有着一种很强的诱惑力，对东亚人亦是如此，即一直期望阴阳变化模型能够描绘出一个和谐的世界。他们希望阴的增加伴随着相关的阳的减少，反之亦然。因此，现实被认为应该是一个和谐的典范。自然则应该保持事物的平衡，人类则应该顺其自然。这里存在着一个假设，即宇宙、地球、我们的身体或者社会都处于动态的内稳态（homeostasis）中，内部的变化则是为了维持这种内稳态。例如，当糟糕的食物破坏了体内平衡，改变饮食则可以恢复这种平衡。

但是，阴阳宇宙论并未暗示这一点。实际上，阴可以在不平衡地减少阳的情况下增加；阳也可以扩展自己而不需要阴的及时撤退。如恒星在势不可挡的"阴"的飞快移动中变成超新星，山峦在炽热的"阳"的地幔柱中爆发；丛林变成沙漠，洪水肆虐人类家园；男人变成野蛮人，女人在被动中崩溃；经济自我毁灭，文明在崩溃的边缘摇摇欲坠，气候变化威胁着整个人类生存环境。野外的自然无法满足人类生活繁荣所需的和谐平衡：它"以百姓为刍狗"①。然而，比这更深刻的是，内稳态（或体内动态平衡）不是准则，而改变才是准则。地球最终会坠入太阳，这才是"道"。

面对这种情况，自然界中的人类领域需要采取行动，以确保人类繁荣所必需的和谐。如果人沉迷于道家这种怀疑"大政府"、正义准则和礼仪组织的文学式繁荣中，那就应去寻找那些所谓的保护区，在那里他们可以一边躲避自然力量，一边豪饮朱砂以保护自己。儒家则"反其道而行之"，修筑堤坝，建立粮仓。人类改造自然以支持人类繁荣的努力并不是反自然的；相反，这是利用自然力量来驯服野性的自然，以便人类生存环境和高度文明的社会组织得以繁荣。否则，人类生存环境将受到不断演变的变化模式的威胁。但是，由于条件总是在变化，因此，无论是政府的习惯还是个人修身习惯，都必须随之改变以便作出应对。对此，柏拉图和孔子皆有类似之论。

首先，我要指出，在史前时期，平均而言，人类为男性进化出高大的身体和攻击性激素，为女性进化出"可生育的"身体和激素；与此同时，他们为了维持自己的小群体而发展出了严肃的二态性社会角色。我之所以说"平均"，这是因为男性和女性的生物

---

① 参见方岚生的《天地不仁：中国古典哲学中的恶问题》。

学特性都处于一种钟形曲线的范围内。大部分男性是高大和有攻击性的,但也有一些男性是极其高大和具有极强的攻击性的。从生物学上来讲,大多数男性都有 XY 染色体,但也有少数男性具有 XYY 染色体,这使得这些男性具有极强的攻击性和暴力倾向。这些具有 XYY 染色体的男性在武士文化中会享有很高的地位,但这类人被发现在工业社会却很难找到工作;如今,这些攻击性和暴力倾向很强的人最终被关进了监狱。还有一些男性则没有那么高大和有攻击性,也许比大多数女性都更加温顺、更矮小。大多数女性都有养育孩子的潜能,但在钟形曲线的一边,有些女性是亚马逊式的,而另一边的女性是如此富有同情心和爱心,以至于她们很难坚强到足以在艰难时期养育孩子。在史前时期和古代,这些钟形曲线被扭曲成极其简单的二态性角色,至少当时人们是这么认为的。但在我们这个时代,社会角色可以更灵活地适应钟形曲线的扩展,以及社会繁荣所面临的一系列更为复杂的问题,而不是将社会角色的分配仅仅限于攻击性行为和生殖需要。

当然,这并不是唯一涉及的生物文化钟形曲线。还涉及用来表示喜欢男性和女性,范围从异性恋到同性恋不等的性取向钟形曲线;还有针对女性、男性和双性人的性别定义钟形曲线;以及针对女性、男性和跨性别的性别身份钟形曲线。在史前时期,也许是生存的迫切需要,迫使人们排除考虑那些处于钟形曲线斜坡上的那些人,因为那时,只有粗陋的男女二态性的社会角色分类才是可行的。但是,现在,为了对自然保持敏感,可能会需要更复杂的社会角色,这是可能的并且是可取的。

二、礼

女性主义者对儒家给文化所带来的影响的抗议,主要是针对以各种方式贬低女性的那些礼,以及通过礼所培养而形成的那些意识和权威结构。这些礼既涉及女性被分配的实际角色,也涉及女性在礼仪系统内被置于的权力位置。在这里,我要再重申一遍,我同意女性主义者所提出的这些批评。儒家的礼,无论是在孔子的文化处境下,还是在朱熹的境遇下,无论可能曾具有什么价值;但对于当代文化而言,它们显然有着巨大的负担;在当代文化中,家庭、工作、从属关系、流动性、交流、教育和政府甚至与半个世纪前相比都截然不同,而且就在我们说话的此时此刻,这些文化仍在发生着变化。

但是,请允许我重申一种儒家内部人士的立场,在本书中,我首先再次讨论了礼有什么好处,这实际上是讲礼的必要性。我们现在有社会适应性不良的礼,这可能并不意味着我们根本不需要礼,而是意味着我们需要更好的礼。在此,我将再简要地讨论一下荀子的经典礼仪理论,这些理论曾在前面的章节中进行过分析[①]。

荀子在他的《天论》篇中指出,我们从天地中禀受的生物遗产

---

① 有关荀子的礼学的最新研究,参见克莱恩(T. C. Kline)和贾斯廷·蒂瓦尔德(Justin Tiwald)主编的《荀子的礼与宗教》,其中收录了爱德华·马赫(Edward J. Machle)的一篇文章:《〈荀子〉中的自然与天:对〈天论〉篇的研究》,这篇文章详细研究了荀子的"天"论。另请参见库尔蒂斯·哈根(Kurtis Hagen)的《荀子哲学:一种建构哲学》,尤其是第四章,库尔蒂斯·哈根在前言中对最近有关荀子的译本及注解本展开了一个有所助益的讨论。另请参阅我的《礼与敬》的第三章。

给予了我们极具灵活性的奇妙身体,它还赋予了我们可以跨越广泛范围的情感感受能力、能理解事物的智能,以及管理和控制自己的能力。对此,我们可以很容易地想到:那些将进化考虑在内的属于现代科学的等量词。然而,自然并没有赋予我们协调事物的能力。我们无法自然而然地就能做到:恐惧理应恐惧的事物,仁爱理应仁爱的事物,又或以明智的方式去思考事物。也就是说,我们能够去控制自己的行为,但我们不清楚控制的目的何在?我们的确可以用很多不同的方式走路,但是,我们需要去学习一种特定的移动方式;我们可以发出各种各样的声音,但是为了交流,我们必须学习一种特定的语言;我们可以用各种各样的方式来问候他人,但我们需要发展特定的问候方式,以便使我们与他人能够联系起来。

荀子认为,礼仪学习的作用,即学习习俗并将它们作为习惯嵌入我们的心性,这则是为了使个体和社会群体之间能够建立起恰当的联系,从而将我们的先天禀赋凝聚在一起。当荀子谈到天、地、人的三位一体时,他认为人类的贡献主要就是礼,即符号化行为。如果没有人类的礼仪贡献,或没有符号化组织行为的贡献,天、地本身是不足以使人们成为人类的。人类之所以能成为人类,是通过礼仪习俗而实现的。

礼的积极作用和必要性在于,它使人类生活的可能性有了丰富的维度。从走路等身体习惯开始,我们就必须学习一种方式,而且东亚社会内部的身体动作习俗,与西方社会的身体动作习俗明显不同;我们甚至可以根据家庭内部的不同身体动作方式而辨别出他们分别是谁,这些方式表现出密切关联但又不同的习惯。如果没有相互问候的习俗,我们就无法实现互相问候,如果缺乏这些习俗,人与人的相遇就可能演变成争斗或逃避。要进行交流,我们就需要一些语言,中文和英文的习俗虽然有所不同,但在所要追求的效用上大致相同;然而,正如所习得的一些语言是贫乏的,而另一些语言的习得则可以把说话转变成一种艺术形式。如果没有家庭生活的礼,最多也就是会发生乱伦行为;但是,如果没有任何礼可以在漫长的怀孕和抚养孩子过程中提供家庭保护和养育,那么,人类在生物学上的进化是不可能达到现在这种程度的。通过狩猎礼仪,人们可以在狩猎中展开协作;通过政治礼仪,人们可以生活在相互支持的社会群体中;有了劳动礼仪,经济体系才成为可能;有了友谊礼仪,友谊才得以建立;有了审美礼仪,精美艺术才成为可能;有了宫廷礼仪,社会才可以从微观层面组织到宏观层面;有了阅读和写作的礼仪,伟大的文学作品才得以被创作。实现高度文明的可能性,需要我们建立一个由无数礼仪网络组成的礼仪基础,且必须对其进行有序维护,必要时进行修复,而在有需要时则进行发明。礼是一个成为充分高效的社会的必要条件,这样才能"修改"自然,以保护和重新平衡人类生存环境。

礼是一种社交习惯,像跳舞一样将人们联系在一起:礼提供了交互步骤的轮廓,但是个体必须个体化礼后才能表演。语言(language)使言语(speech)成为可能,但语言本身并不能决定究竟要说什么。儒家历来认为,礼是人类生活得以繁荣的必要条件。不过，儒家也明白仅靠礼是不够的，正如前面的章节曾解释的那样，个体必须要学会参与这些礼，并在这种参与中使自己完成个体化。

礼从许多方面受到制约，首先是荀子所说的那种基本的人类能力；这种能力正在不断变化。礼也必然受到可能采用礼的情境的制约，而这些情境也在不断变化。礼还会受到参与礼的不同群体的历史和发展的制约，它们彼此之间存在着差异，农民家庭的语言礼仪不同于工业社会运作所需的语言礼仪，依此类推，后者也不同于那些受过大学教育的人所采用的语言礼仪，受过大学教育的人所采用的语言礼仪也不同于那些常与来自其他文化背景的人互动的人的语言礼仪，而后者也不同于那些有意识地致力于识别和纠正不良的礼并创造新礼的人所采用的语言礼仪。这些条件都是不断变化着的。

礼的发展、部署以及最终消亡都是时间问题。人需要在五年内学会步行、问候、说话和家庭生活的礼。但就经济层面而言，则需要更长时间才能学会农业生产或发明新技术的礼，这种礼持续的时间也更长。组织一种文化或高度文明的礼则需要持续地重新平衡，就像骑着一根原木顺激流而下则需要不断作调整那样。从任一时刻的角度来看，那些活动中的礼，从生物学的角度来看似乎是自然的，而不是后天习得的，它们可能看起来是静态的，就像事物本然的或应然的样子。但事实上，一切都在变化，礼是深层次的社会建构。人类学家可能会想象出一种充满活力但又不变的文化。儒家可能会认为，任何儒家社会都有一套理想的礼仪体系。但是，即使是在不被特别注意到的情况下，这些文化和社会实际上也仍在不断变化以应对新情况。一种礼，如果它能在所产生的新条件下促进和维持人类繁荣，那么，它就是好的礼；如果它压制了人类繁荣，那么，它就是不良的礼。儒家强调或应该强调：我们要时刻保持警惕，敏锐的洞察，以及政治力量则要不断地进行创新，以使礼因时制宜、因地制宜地去满足人类的繁荣。

三、性别角色与礼

女性所获得的机会也在一直改变她们的礼仪结构。第二次世界大战期间，美国女性的社会状况发生了巨大变化，当时有太多的男性参军，这使得女性必须承担起负责制造船只、坦克和炸弹的责任。事实上，在当时几乎所有的行业中，女性都必须接替男性，而且她们确实实现了这些接替。战后是美国极度繁荣的一个时期，当时，许多女性和男性一样上了大学，然后一样进入了劳动力市场。考虑到现代科技的影响，例如现代科技所带来的由计算机所操控的控制杆，可以说，从农场和工厂劳动到商业和金融，几乎没有一种工作是女性做得不如男性的。学前教育项目和全日制小学已经接管了培养孩子的大部分工作。因此，家庭角色和性别关系（包括性、婚姻以及经济生活）的礼必须加以修改，以适应这些变化的条件。

当然，旧的思维习惯并不容易消除。在美国，我们仍在努力使经济礼仪化，以使女性获得与男性同工同酬的待遇，并允许女性晋升至在许多领域仍专门为男性保留的最高职位。男性特权的维护已经不再是法律问题了，但它在礼仪期望中仍然是强有力的。但随着女性越来越多地占据以前只属于男性的那些职位，她们正在闯入那些以前只让男性决定女性机会的礼仪化的权威结构。

当然，在美国也存在一些亚文化，在那里，男人和女人被期望结婚，男人挣钱养家，女人抚养孩子和照顾家庭。在其中一些亚文化中，礼仪化思维将婚姻限制在异性伴侣之间。但是，无论是经济上还是情感上，并没有任何真正的婚姻条件不能同时支持同性婚姻，同性婚姻则正在越来越多的地方变得合法。当然，美国的经济体系和社会机会体系绝不是全世界通用的。但是，有一种势不可挡的压力，要求改变经济、社会和情感礼仪，以适应这样一个事实，即女性可以利用控制杆和电脑，通过教育以及公共经验来完成繁重的工作。现在，这些礼也允许男性参与到育儿和家政服务中去，只要社会需求和这些男性的培养才能是相符的即可。

女性主义者批判儒学，主要是针对儒学的一些传统礼仪，这些传统礼仪不允许女性以不受生物学限制的方式去繁荣。这些礼通常不会让女性在公共场合发挥太多作用，以致女性无法与男性竞争并从公共事务中学习和了解公共事务，从而将女性限制在家庭的私人空间内。有一种说法，即认为儒家的礼通过"女主内，男主外"从而促进了阴阳平等。实际上，这种令人遗憾的说法根本未能理解被限制在家庭角色中所带来的压迫。这些礼迫使性别身份必须服从狭窄的分类，男性也和女性一样，都被迫不得不服从这种分类；而事实上，性别的钟形曲线是非常宽泛的。但这些礼则往往赋予男性决定女性被允许成为什么和可以做什么的权力，这使得女性过多地成为男性意向的产物。女性主义者对儒家的批判是与这些传统礼仪相关联的，他们所作的那些批判比我在这里指出的要更细致、更广泛以及更深刻，但我的主要观点亦是显而易见的。

四、转型之建议

现在，我将总结一下我的以上论点，并对社会转型提出一些建议，以便我们能更公正地对待女性和性少数群体：

（1）在认识自然的连续性范围方面，儒学是世界文化中最高级的文化，它肯定从自然界的最遥远和最不以人为尺度的方面一直到高度文明和制度的人类领域存在着连续性。人类的处境受到人类生物学发展、气候变化以及可能出现的其他自然动态的影响。因此，社会建构主义（social constructionist）的性别角色观，并非事情的全貌。

（2）然而出于同样的原因，儒家认可礼在人类领域中无处不在的作用，因此，在人类处境中，没有任何一部分不存在角色的社会建构，而且这一建构往往是非常重要的。

（3）自然在整个过程中的法则是变化。阳与阴的力量并不能自然地协调，尤其是在人类范围内。尽管很多人都满怀内稳态的想法与期望，但内稳态（或体内动态平衡）并不是法则。因此，人类社会的条件与状况正在不断变化着，无论我们有多怀念过去甚至试图否认这些变化。

（4）人类社会的繁荣需要人类作出强有力的努力来应对不可估量的自然影响，以维持人类的生活环境。在过去，儒家修筑堤坝、建立粮仓。现在，保护人类生存环境的需求变得异常复杂，包括应对需要食物和教育的大量人口，转变经济以应对威胁性的气候变化，以及基于防御性项目来减轻人类竞争和战争的影响。

（5）在巨大的自然漩涡中建立一个人类生存环境的努力，包括逐步发展层层叠叠的诸礼仪基体，其中包括家庭生活礼仪和政府礼仪，一直到我们非常脆弱的高度文明的礼。定义性别关系的礼则就是其中之一。

（6）虽然人们很容易认为人类的栖息地是一种静态的存在，必须通过不断增加能量来维持处于熵减中的社会秩序，但事实上，儒家应该说，人类栖息地的本质应被理解为，其本身是随内在和外在条件的变化而变化的。总之，除了对历史的敬畏之外，科幻想象力也需要加以培养。

（7）虽然女性主义者很容易把压迫性的礼看作是只有消极面的东西，但是，儒家应该首先把礼视为实现符号化结构的人类关系和制度的可能性的条件。如果在性别关系（或政治关系、经济阶级状况等）方面的礼具有压迫性，那么，应尽可能将其转变为非压迫性的性别关系，以使这种关系中的所有参与者都能得到仁道的尊重。

（8）虽然人们很容易认为现有的礼是稳定的、并且是内稳态的；但是，儒家应该第一个提出，礼需要不断地（即使是机会主义的）修改和适应不断变化的条件，事实上，从长远的历史角度来看,礼的发展也的确就是如此的。为了抵制怀旧情绪对人的牵引和可能导向捍卫陈旧特权,儒家应该警觉地分析现有的正在运行的礼,并设计出更好的礼。

(9) 更好的礼是这种礼,即一方面警觉着不断变化的自然条件,包括社会、制度和礼仪条件,因为人类是依赖这些条件得以生存的;另一方面又对这些礼所体现的或所排除的那些价值,时刻保持着一种警觉的分析。儒家从来没有把自然的力量局限于单纯的力量上,而是始终将自然的力量视为一种配置:能够带来或排除连续性的配置,能够构成良好生活和高度文明的和谐的配置。

(10) 面对我们当前的情境,我们可以设计出一些礼来定义性别角色,这些礼要能够既尊重男性的自然能力、女性的自然能力,也尊重性少数群体(包括那些处于钟形曲线边缘的个体)的自然能力。这些理想的礼在不同的情况下会有所不同,而我们也应该为进一步的变化做好准备。

(11) 就礼而言,儒学有时是它自己最大的敌人,因为它表现得好像自然是一成不变的,而且礼则要求符合于某种静态的、和谐的,也不应该被改变的自然的图像。儒者有时的确是"实至名归"地享有社会保守派的名声。

(12) 但是,儒学的真正资源是它坚信自然是在不断变化的,稳定只是暂时的;它认为人类必须改造自然的某些部分,以促进人类的繁荣;它欣赏礼,认为礼是使人类生活成为可能的核心。我们需要创造新礼,来使女性、男性和性少数群体都能够得以繁荣的性别关系及其周围条件成为可能。我们还需要创造新礼,来应对目前全球的敌对状态、不平衡的社会发展、经济竞争以及争夺文化霸权的斗争。但是,应该指出的是,创造与性别关系有关的新礼处于进步的最前沿,进步儒学(Progressive Confucianism)则应该把创造这种新礼作为一项核心任务,毋庸讳言,这必将是对世界文化的重大贡献。

后　记

　　本书所择选收录的文章的根本目的，就是要为当代儒学的发展作出贡献，从而使儒家在全球哲学和宗教对话中成为一个更明智、更有效的参与者。作为一个非东亚的儒者，同时也可确认是美国实用主义者、柏拉图主义者（如第一章所述）、基督徒，以及主要受西方教育、具有比较责任意识的哲学家，因此，的确可以说，我对当代儒学的贡献，源自一个奇怪的角度。我特别感谢还有许多其他类型的儒者，正在为这一发展作出贡献，其中包括中国新一代的充满活力的哲学家们，以及这本书所献给的那三位朋友：安乐哲、成中英与杜维明。

　　本书对副标题中所提到的主题的总结思考是有序的，即形而上学、道德、礼、制度与性别。前言讨论了其中的三个，即形而上学、一种德性伦理所无法穷尽的道德，以及个体身份是礼仪参与的一种作用而不是个体主义和群体认同之间的一种对立的产物。

设置这三个主题的语境,即代表当代儒学以准备解决女性主义者、性少数群体辩护者所提出的性别问题。性别问题是儒学所面临的一个难题,因为在文化交互作用的全球社会中,制度结构正在发生着变化。

当代儒家形而上学的问题在于,如何以与全球讨论相关的方式来表达诸如变化与和谐等经典主题。许多当代的形而上学,当它还没有为自身是否能继续得以存在而心生惧怕的情况下,仍然表达着一套实体主义的假说。儒学可以挑战这一点(正如第十五章和其他章节所论)。同样,反对唯名论所谓的事物的描述必须与科学保持一致的观点,以及反对数学是关系范式的观点,我们可以通过阐明儒家的"理"或融贯性理论,以表达变化中融贯和不融贯的层次和轨迹(正如第一章和其他章节所论)。最重要的是,儒学可以给从融贯性中发现的价值观带来新的洞见,从而使自然、社会制度以及人类都被视为是负载着价值的(正如第一章和第三章以及几乎贯穿于全书所论)。

关于一切可能参与其中的事物的价值的实在论,这是我在这里论证的儒家道德观念的形而上学背景。虽然儒家普遍强调内在德性的发展,这体现在仁的深层意义上,但这导致了人们对儒家思想中主体性的重要性,以及儒家思想与亚里士多德的德性伦理学的亲缘关系的错误认识,这正如阿拉斯代尔·麦金太尔所解释的那样,在不削弱修身的重要性的前提下,儒学还需要强调一个重大问题,即如何辨别该做什么,观察环境中什么是融贯的和不融贯的,从而判断什么是好的和坏的。当然,这包括培养个体自我,以使个体的偏见不会成为作判断的障碍。但是,也许更重要的是,它还包括需要人文教育,需要科学,需要能够捕捉事物的微妙价值的艺术想象力,需要追踪具有重要意义的真实变化的能力。在我们这个时代,了解世界通常需要协作工作,需要在调查和纠正错误方面的合作机构。儒家对学习的重视有着一个源远流长的历史,这需要作为道德生活的一个关键成分,被给予当代表达与体现,以平衡对修身的重视。如果事物中没有实质价值,道德可以将自身限制在培养善的个体的范围内,那么,"进学成德"的中心地位就不会受到高度关注。从道德的视角来看,这就是为什么在一个有着不断变化的融贯形式的宇宙中,价值的形而上的实在性具有重要性的原因。正如本书的许多章节所证明的那样,忽视形而上学,这在当前全球思维的众多领域中,对道德思考与道德行动造成了灾难性的、扭曲的后果。

因为礼仪活动对个体的发展至关重要,所以,传统的儒家修身主题,需要以礼仪活动本身发展的精湛技艺才能表达。这并不是说操练礼仪会使人变得品德高尚,事实上,这种操练只会使人变得单调而乏味。但是,学习美德和做一个有道德的人的最重要也最普遍的一个场所,就是从婴儿期就开始学习的那些礼仪活动。此外,礼的活动本质上将人与他人、制度和自然环境关联在了一起;这些事物虽与个体有内在关联,但仍然是礼仪活动中的外在元素。因此,在当前的对话中,西方典型的个体主义、自我认同和社会群体之间的划分,可以被儒家的礼仪参与模式所取代;这种模式有时优先考虑个体,有时优先考虑群体,但始终遵循礼仪参与的模式。

关于礼的另一个重点是，它是个体参与世界并触及真正有价值事物的主要媒介。因此，儒家的感知能力是，或者至少应该是，批判性地意识到通过操练特定的礼可以实现什么价值，以及礼如何影响参与者的价值观和他们所处的环境，特别是如何影响了他们在其他礼中的参与。另一方面，儒家的感知能力应该分析特定的礼是如何具有负面价值的，它们是如何对人们、制度和参与礼仪的环境产生负面影响的。性别歧视和种族主义是一种礼仪化的行为，由无数礼仪化的行为方式和思维方式组成。儒家的分析可以解释为什么会造成这种问题。当然，儒家对大多数社会问题的回答是要求去"变礼"（正如第十五章在性别方面所讨论的那样）。本书几乎所有章节都是在这种复杂的意义上讨论礼的，尤其是第十章和第十一章。

儒家对制度的理解在这些章节中已体现出来，即强调制度是复杂的、相互交织的一系列礼，如果要发挥特定的社会作用，这些礼就必须在社会中发挥作用。尽管如前所述，可以从那些在其内部操练礼的人的立场来理解制度，但也应该从其客观社会作用的角度来理解制度。正是在这些客观的社会语境中，他们的大部分道德价值才能够得到展示、批判和修正。儒家的感知能力给人们对制度的欣赏带来的是，对制度所实现的可能性的把握，而这些可能性很难（如果有的话）被分解为参加礼的人们的实际情况。一个文明有艺术制度、司法制度、政府制度、经济制度以及其他制度，这些制度实现了这些高度文明的价值，并且它们相互依存；当这些社会制度崩溃时，文明就陷入了困境。儒家的道德关切应引起关注。因此，正如这些章节所指出的那样，牢记制度本身需要以礼的方式得到看管和支持这一点很重要。礼不仅仅把人与人联系起来，而且把人与自然环境联系起来；它们还将人们与使所有这种礼仪活动成为可能的制度联系起来。因此，正如第五章所论，成为一名"士大夫"，以为制度本身服务，这并不仅仅是一份工作，而是成为"仁人"的美德的一部分。

至于性别问题，本书很少提到什么全新的或有创造性的内容。但实际上，性别问题是本书所讨论的一系列问题的关注所在，为此，儒家需要对制度、礼、道德和形而上学形成一个深刻理解。如果儒家（或其他任何人）仅仅从他们的社会表达角度，来看待压迫女性和性少数群体的罪恶，那么，我们所能期望的最好的办法，就是展现对这些社会表达的强烈抗议，以及对这样一个错误的社会的普遍排斥。但贯穿本书，有所突破的一条更好的路径则是，将这些和其他社会弊病视为礼和制度的机能失常或故障，而礼和制度本身则应是欣赏、表达和创造有价值的生活的手段。所以，我们应该在任何可能融贯的范围内，识别并纠正这些机能失常。而在人类文明的成就中，儒家则是可以培养出辨别和纠正上述错误的能力的。

参考文献^①

Ames，Roger T. *Confucian Role Ethics: A Vocabulary*. Honolulu，HI：University of Hawai'i Press，2011.

Armstrong，Karen. *The Great Transformation: The Beginnings of Our Religious Traditions*. New York，NY：Knopf，2006.

Angle，Stephen C. *Sagehood: The Contemporary Significance of Neo-Confucian Philosophy*. Oxford，UK：Oxford University Press，2009.

Barrett，Nathanial F. "Skillful Engagement and the 'Effort after Value': An Axiological Theory of the Origins of Religion." In *The Evolution of Religion*，ed. Fraser Watts and Leon P. Turner. Oxford，UK：Oxford University Press，2012.

Bellah，Robert N. *Religion in Human Evolution: From the Paleolithic to the Axial Age*. Cambridge，MA：Harvard University Press，2011.

Berger，Peter. *The Sacred Canopy: Elements of a Sociological Theory of Religion*. Garden City，NY：Doubleday，1967.

Bernstein，Richard J. *The Pragmatic Turn*. Cambridge，UK：Polity Press，2010.

Berry，Thomas. *Buddhism*. New York，NY：Hawthorne，1967.

---

① 译者注：参考文献的中译名，请参见文内注脚。

————. *The Great Work: Our Way into the Future*. New York, NY: Bell Tower/ Crown, 1999.

Berthrong, John H. *All under Heaven: Transforming Paradigms in Confucian-Christian Dialogue*. Albany, NY: State University of New York Press, 1994.

————. *Concerning Creativity: A Comparison of Chu Hsi, Whitehead, and Neville*. Albany, NY: State University of New York Press, 1998.

————. "From Xunzi to Boston Confucianism." *Journal of Chinese Philosophy* 30/3&4(September/December 2003), 433 - 450.

————. *Expanding Process: Exploring Philosophical and Theological Transformations in China and the West*. Albany, NY: State University of New York Press, 2009.

Bo Mou, ed. *Comparative Approaches to Chinese Philosophy*. Burlington, VT: Ashgate, 2003.

Bruce, J. Percy. *Chu Hsi and His Masters: An Introduction to Chu Hsi and the Sung School of Chinese Philosophy*. London: Probsthain, 1923.

Butler, Judith. *Gender Trouble: Feminism and the Subversion of Identity*. New York, NY: Routledge, 1999.

Chan, Wing-tsit, ed. *A Source Book in Chinese Philosophy*. Princeton, NJ: Princeton University Press, 1963.

————, ed. *Chu Hsi and Neo-Confucianism*. Honolulu, HI: University of Hawai'i Press, 1986.

————. *Chu Hsi: New Studies*. Honolulu, HI: University of Hawai'i Press, 1989.

Cheng, Chung-ying. *Peirce and Lewis's Theories of Induction*. Harvard University dissertation, 1964.

————. *Tai Chen's "Inquiry into Goodness": A Translation of the "Yuan Shan" with an Introductory Essay*. Honolulu, HI: East-West Center Press, 1971.

————. *New Dimensions of Confucian and Neo-Confucian Philosophy*. Albany, NY: State University of New York Press, 1991.

————. "On Neville's Understanding of Chinese Philosophy: Ontology of *Wu*, Cosmology of *Yi*, and Normalogy of *Li*." In *Interpreting Neville*, ed. J. Harley Chapman and Nancy K. Frankenberry. Albany, NY: State University of New York Press, 1999. 247 - 270.

————. "Ultimate Origin, Ultimate Reality, and the Human Condition: Leibniz, Whitehead, and Zhu Xi." *Journal of Chinese Philosophy* 29/1 (March 2002), 93 - 118.

————. "Inquiry into the Primary Model: *Yi Jing* and the Onto-hermeneutical Tradition." *Journal of Chinese Philosophy* 30/3&4 (September/December 2003), 289 - 312.

Cua, Antonio S. *The Unity of Knowledge and Action: A Study in Wang Yang-ming's Moral Psychology*. Honolulu, HI: University of Hawai'i Press, 1982.

————, ed. *Encyclopedia of Chinese Philosophy*. New York and London: Routledge, 2003.

————. "Early Confucian Virtue Ethics: The Virtues of *Junzi*." In Vincent Shen, ed., *Dao Companion to Classical Confucian Philosophy*.

Deacon, Terrence W. *The Symbolic Species: The Co-evolution of Language and the Brain*. New York, NY: Norton, 1997.

————. *Incomplete Nature: How Mind Emerged from Matter*. New York, NY: W. W. Norton, 2012.

Dewey, John. *Democracy and Education*. Ed. Jo Ann Boydston with Patricia R. Baysinger and Barbara Levine, with an introduction by Sidney Hook. Carbondale, IL: Southern Illinois University Press, 1980; original edition 1916.

————. *Lectures in China: 1919 - 1920*. Ed. and trans. from the Chinese by Robert W. Clopton and Tsuin-Chen Ou. Honolulu, HI: University of Hawai'i Press, 1973.

————. *Art as Experience*. New York, NY: Minton Balch, 1934.

Dilworth, David A. *Philosophy in World Perspective: A Comparative Hermeneutic of the Major Theories*. New Haven: Yale University Press, 1989.

Fingarette, Herbert. *Confucius: The Secular as Sacred*. New York, NY: Harper, 1972. Fletcher, Joseph. *Situation Ethics: The New Morality*. Philadelphia: Westminster Press, 1966.

Foucault, Michel. *The Order of Things: An Archaeology of the Human Sciences*. New York, NY: Pantheon, 1970.

————. *The Use of Pleasure*. Trans. Robert Hurley. New York, NY: Random

House, 1985.

Frisina, Warren G. *The Unity of Knowledge and Action: Toward a Nonrepresentational Theory of Knowledge*. Albany, NY: State University of New York Press, 2002.

Gadamer, Hans-Georg. *Truth and Method*. New York, NY: Seabury, 1975. Girardot, Norman J. *The Victorian Translation of China: James Legge's Oriental Pilgrimage*. Berkeley, CA: University of California Press, 2002.

Green, James G. "Gibson's Affordances." *Psychological Review* 101/2 (1994), 336 - 342.

Hadot, Pierre. *Philosophy as a Way of Life*. Trans. Michael Chase and ed. with an introduction by Arnold I. Davidson. Oxford, UK: Blackwell, 1995.

———. *The Inner Citadel: The "Meditations" of Marcus Aurelius*. Trans. Michael Chase. Cambridge, MA: Harvard University Press, 1998.

Hagen, Kurtis. *The Philosophy of Xunzi: A Reconstruction*. Chicago and La Salle, IL: Open Court, 2007.

Hall, David L. *The Civilization of Experience*. New York, NY: Fordham University Press, 1973.

———. *The Uncertain Phoenix*. New York, NY: Fordham University Press, 1982.

———. *Eros and Irony: A Prelude to Philosophical Anarchism*. Albany, NY: State University of New York Press, 1982.

Hall, David L., and Roger T. Ames. *Thinking Through Confucius*. Albany, NY: State University of New York Press, 1987.

———. *Anticipating China*. Albany, NY: State University of New York Press, 1995.

———. *Thinking from the Han*. Albany, NY: State University of New York Press, 1998.

———. *The Democracy of the Dead: Dewey, Confucius, and the Hope for Democracy in China*. Chicago and LaSalle, IL: Open Court, 1999.

Havelock, Eric A. *Preface to Plato*. New York, NY: The Universal Library, 1967. Hegel, G. W. F. *Philosophy of Right*. Trans. T. M. Knox. Oxford, UK: Oxford University Press, 1942; originally published 1896.

———. *The Logic of Hegel*. Trans. William Wallace. Second edition. Oxford,

UK: Oxford University Press, 1963.

Heidegger, Martin. "On the Essence of Truth." Trans. R. F. C. Hull and Alan Crick. In *Existence and Being*, ed. Werner Brock. Chicago, IL: Henry Regnery, 1949. 317–351.

Hocking, W. E. *The Meaning of God in Human Experience*. New Haven, CT: Yale University Press, 1912.

———. *Human Nature and Its Remaking*. New Haven, CT: Yale University Press, 1918.

———. *Man and the State*. New Haven, CT: Yale University Press, 1926.

———. *The Spirit of World Politics: With Special Studies of the Near East*. New York, NY: Macmillan, 1932.

———. *Re-Thinking Missions: A Layman's Inquiry after One Hundred Years*. New York, NY: Harper and Brothers, 1932.

———. "Chu Hsi's Theory of Knowledge." *Journal of Asiatic* Studies 1/1 (1936), 109–127.

———. "Value of the Comparative Study of Philosophy." In *Philosophy—East and West*, ed. Charles A. Moore. Princeton, NJ: Princeton University Press, 1944. 1–11.

———. *Science and the Idea of God*. Chapel Hill, NC: North Carolina University Press, 1944.

———. "Review of *Religious Trends in Modern China* by Wing-tsit Chan." *Philosophy East and West* 4(1954), 175–181.

———. *The Coming World Situation*. New York, NY: Harper and Bros., 1956.

Huntington, Samuel P. *The Clash of Civilizations and the Remaking of World Order*. New York, NY: Simon & Schuster, 1996.

Ivanhoe, Philip J., trans. with introductions. *Readings from the Lu-Wang School of Neo-Confucianism*. Indianapolis, IN: Hackett, 2009.

Jaspers, Karl. *The Origin and Goal of History*. Trans. Michael Bullock. New Haven, CT: Yale University Press, 1953. From the original *Vom Ursprung und Ziel der Geschichte*. Zurich: Artemis, 1949.

Jiang, Xinyan, ed. *The Examined Life: Chinese Perspectives—Essays on Chinese Ethical Traditions*. Binghamton, NY: Global Publications, 2002.

Ko, Dorothy, JaHyun Kim Haboush, and Joan R. Piggott, eds. *Women and*

Confucian Cultures in Premodern China, *Korea*, *and Japan*. Berkeley, CA: University of California Press, 2003.

Kline, T. C., III, and Justin Tiwald, eds. *Ritual and Religion in the Xunzi*. Albany, NY: State University of New York Press, 2014.

Leder, Drew. *The Absent Body*. Chicago, IL: University of Chicago Press, 1990. Lee, Hai-soon. "Representation of Females in Twelfth-Century Korean Historiography." In Ko, Haboush, and Piggott, eds., *Women and Confucian Cultures in Premodern China*, *Korea*, *and Japan*.

Levinas, Emmanuel. *Totality and Infinite: An Essay on Exteriority*. Trans. Alphonso Lingis. Pittsburgh, PA: Duquesne University Press, 1969.

Liu, Lydia H., Rebecca E. Karl, and Dorothy Ko, eds. *The Birth of Chinese Feminism: Essential Texts in Transnational Theory*. New York, NY: Columbia University Press, 2013.

Liu, Shu-hsien, and Robert E. Allinson, eds. *Harmony and Strife: Contemporary Perspectives*, *East and West*. Shatin, Hong Kong: Chinese University Press, 1988.

Machle, Edward J. *Nature and Heaven in the Xunzi*. Albany, NY: State University of New York Press, 1993.

MacIntyre, Alasdair. *After Virtue: A Study in Moral Theory*. Second edition. Notre Dame, IN: University of Notre Dame Press, 1984.

Marion, Jean-Luc. *Being Given: Toward a Phenomenology of Givenness*. Trans. Jeffrey L. Kosky. Stanford, CA: Stanford University Press, 2002.

McNamara, Patrick, ed. *Where God and Science Meet: Evolution*, *Genes*, *and the Religious Brain*. London, UK: Praeger, 2006.

Merleau-Ponty, Maurice. *Phenomenology of Perception*. Trans. Colin Smith. London, UK: Routledge & Kegan Paul, 1962.

Neville, Robert Cummings. *God the Creator*. Chicago, IL: University of Chicago Press, 1968; Second edition with a new introduction, Albany, NY: State University of New York Press, 1992.

———. *The Cosmology of Freedom*. New Haven, CT: Yale University Press, 1974; revised edition, Albany, NY: State University of New York Press, 1995.

———. *Reconstruction of Thinking*. Albany: State University of New York

Press, 1981.

————. *The Tao and the Daimon: Segments of a Religious Inquiry*. Albany, NY: State University of New York Press, 1982.

————. *Recovery of the Measure*. Albany, NY: State University of New York Press, 1987.

————. *The Highroad around Modernism*. Albany, NY: State University of New York Press, 1992.

————. *Eternity and Time's Flow*. Albany, NY: State University of New York Press, 1993.

————. "Confucianism as a World Philosophy." *Journal of Chinese Philosophy* 24(1994), 5 – 25.

————. *Normative Cultures*. Albany, NY: State University of New York Press, 1995.

————. *Boston Confucianism: Portable Tradition in the Late-Modern World*. Albany, NY: State University of New York Press, 2000.

————, ed. *The Human Condition*. Albany, NY: State University of New York Press, 2001.

————, ed. *Ultimate Realities*. Albany, NY: State University of New York Press, 2001.

————, ed. *Religious Truth*. Albany, NY: State University of New York Press, 2001.

————. *Religion in Late Modernity*. Albany, NY: State University of New York Press, 2002.

————. "Culture, Religion, Nation-States, and Reason in the Politics of Tolerance." In *Tolerance in the Twenty-First Century: Prospects and Challenges*, ed. Gerson Moreno-Riano. Lanham, MD: Rowman & Littlefield, 2006. 67 – 80.

————. *Ritual and Deference: Extending Chinese Philosophy in a Comparative Context*. Albany, NY: State University of New York Press, 2008.

————. *Realism in Religion: A Pragmatist's Perspective*. Albany, NY: State University of New York Press, 2009.

————. *Ultimates: Philosophical Theology Volume One*. Albany, NY: State University of New York Press, 2013.

————. "Self-Reliance and the Portability of Pragmatism." *American Journal of*

Theology and Philosophy 35/2(May 2014), 94 - 107.

————. *Existence: Philosophical Theology Volume Two*. Albany, NY: State University of New York Press, 2014.

————. *Religion: Philosophical Theology Volume Three*. Albany, NY: State University of New York, 2015.

Northrop, F. S. C. *The Meeting of East and West*. New York, NY: Macmillan, 1946. Peirce, Charles Sanders. *The Essential Peirce: Selected Philosophical Writings: Volume 1(1867 - 1893*. Ed. Nathan Houser and Christian Kloesel. Bloomington, IN: Indiana University Press, 1992. Volume 2(1893 - 1913). Ed. The Peirce Edition Project. Bloomington, IN: Indiana University Press, 1998.

Perkins, Franklin. *Heaven and Earth Are Not Humane: The Problem of Evil in Classical Chinese Philosophy*. Bloomington, IN: Indiana University Press, 2014.

Plato. *The Collected Dialogues of Plato, Including the Letters*. Ed. Edith Hamilton and Huntington Cairns. New York, NY: Bollingen Foundation, 1961.

Rawls, John. *A Theory of Justice*. Cambridge, MA: Harvard University Press, 1971. Rouner, Leroy S., ed. *Philosophy, Religion, and Coming World Civilization: Essays in Honor of William Ernest Hocking*. The Hague: Martinus Nijhoff, 1966.

————. *Within Human Experience: The Philosophy of William Ernest Hocking*. Cambridge, MA: Harvard University Press, 1969.

————. "The Surveyor as Hero: Reflections on Ernest Hocking's Philosophy of Nature." In *Contemporary Studies in Philosophical Idealism*, ed. John Howie and Thomas O. Bulford. Cape Cod, MA: Claude Stark & Co., 1975. 53 - 68.

Searle, John. *Speech Acts: An Essay in the Philosophy of Language*. Cambridge, UK: Cambridge University Press, 1969.

Seligman, Adam B., Robert P. Weller, Michael J. Puett, and Bennett Simon. *An Essay on the Limits of Sincerity*. New York, NY, and Oxford, UK: Oxford University Press, 2008.

Shen, Vincent, ed. *Dao Companion to Classical Confucian Philosophy*. Dordrecht: Springer, 2014.

Smith, John E. *Purpose and Thought: The Meaning of Pragmatism*. New Haven, CT: Yale University Press, 1978.

Stout, Jeffrey. *Democracy and Tradition*. Princeton, NJ: Princeton University Press, 2004.

Strong, David. *Crazy Mountains: Learning from Wilderness to Weigh Technology*. Albany, NY: State University of New York Press, 1995.

Sugano, Noriko. "State Indoctrination of Filial Piety in Tokugawa Japan: Sons and Daughters in the Official Records of Filial Piety." In Ko, Haboush, and Piggott, eds., *Women and Confucian Cultures in Premodern China, Korea, and Japan*. 170 – 189.

Sun, Anna. *Confucianism as a World Religion: Contested Histories and Contemporary Realities*. Princeton, NJ: Princeton University Press, 2013.

Tillman, Hoyt Cleveland. *Confucian Discourse and Chu Hsi's Ascendancy*. Honolulu, HI: University of Hawai'i Press, 1992.

Tu Wei-ming. *Humanity and Self-Cultivation: Essays in Confucian Thought*. Berkeley, CA: Asian Humanities Press, 1979. Reprint edition with a new preface and a foreword by Robert C. Neville; Boston, MA: Cheng & Tsui, 1998.

———. *Confucian Thought: Selfhood as Creative Transformation*. Albany, NY: State University of New York Press, 1985.

———. *Way, Learning, and Politics: Essays on the Confucian Intellectual*. Singapore: Institute of East Asian Philosophies, 1989.

———. *Centrality and Commonality: An Essay on Confucian Religiousness*. Revised and enlarged edition. Albany, NY: State University of New York Press, 1989. Watson, Walter. 1985. *The Architectonics of Meaning: Foundations of the New Pluralism*. Albany, NY: State University of New York Press.

Weber, Michel, and Anderson Weeks, eds. *Process Approaches to Consciousness in Psychology, Neuroscience, and Philosophy of Mind*. Albany, NY: State University of New York Press, 2009.

Weiss, Paul. *Modes of Being*. Carbondale, IL: Southern Illinois University Press, 1958. Weissman, David. *Truth's Debt to Value*. New Haven, CT: Yale University Press, 1993.

Whitehead, Alfred North. *Science and the Modern World*. New York, NY:

Macmillan, 1926.

————. *Adventures of Ideas*. New York, NY: Macmillan, 1933.

————. *Modes of Thought*. New York, NY: Macmillan, 1938.

————. *Process and Reality: An Essay in Cosmology*. Revised edition by Donald Sherburne and David Ray Griffin. New York, NY: Free Press, 1978.

Wildman, Wesley J. *Science and Religious Anthropology: A Spiritually Evocative Naturalist Interpretation of Human Life*. Burlington, VT: Ashgate, 2009.

Wu, Kuang-ming. *Chuang Tzu: World Philosopher at Play*. With a foreword by Robert Neville. Chico, CA: Scholars Press, 1982.

————. *The Butterfly as Companion: Meditations on the First Three Chapters of the "Chuang Tzu."* With a foreword by Robert Cummings Neville. Albany, NY: State University of New York Press, 1990.

————. *History, Thinking, and Literature in Chinese Philosophy*. Taipei: Sun Yat-Sen Institute for Social Sciences and Philosophy, 1991.

————. *On Chinese Body Thinking: A Cultural Hermeneutic*. With a foreword by Robert Cummings Neville. Leiden: Brill, 1997.

————. *On the "Logic" of Togetherness: A Cultural Hermeneutic*. With a foreword by Robert Cummings Neville. Leiden: Brill, 1998.

Xunzi. *Xunzi: A Translation and Study of the Complete Works*. Three volumes. Trans. and ed. John Knoblock. Stanford, CA: Stanford University Press. Volume 1, Books 1 - 6(1988). Volume 2, Books 7 - 16(1990). Volume 3, Books 17 - 32(1994). See also *Xunzi: The Complete Text*. Tran. with an introduction by Eric L. Hutton. Princeton, NJ: Princeton University Press, 2014.

Zang, Jian. "Women and the Transmission of Confucian Culture in Song China." In Ko, Haboush, and Piggott, eds., *Women and Confucian Cultures in Premodern China, Korea, and Japan*.

Zhu Xi. *The Philosophy of Human Nature by Chu Hsi*. Ed. and trans. J. Percy Bruce. London: Probsthain, 1922.

————. *Reflections on Things at Hand: The Neo-Confucian Anthology Compiled by Chu Hsi and Lu Tsu-Ch'ien*. Ed. and trans. Wing-tsit Chan. New York: Columbia University Press, 1969.

————. *Chu Hsi: Learning to Be a Sage*. Trans. with commentary by Daniel K.

Gardner. Berkeley, CA: University of California Press, 1990.

————. *Chu Hsi's Family Rituals: A Twelfth-Century Chinese Manual for the Performance of Cappings, Weddings, Funerals, and Ancestral Rites*. Trans. with annotation and introduction, Patricia Buckley Ebrey. Princeton, NJ: Princeton University Press, 1991.

Ziporyn, Brook. *Ironies of Oneness and Difference: Coherence in Early Chinese Thought*; *Prolegomena to the Study of Li*. Albany, NY: State University of New York Press, 2012.

————. *Beyond Oneness and Difference: Li and Coherence in Chinese Buddhist Thought and Its Antecedents*. Albany, NY: State University of New York Press, 2013.

索　引

译后记

翻译美国学者南乐山（Robert Cummings Neville）的《善一分殊》缘于 2020 年 7 月末的一通电话。那是一个炎热的夏日午后，我接到导师方旭东教授的电话，讨论起方师那时刚提出的后果论儒学，以及学界所流行的几种关于儒学与美德论关系的观点的异同；在讨论过程中，方师提议我来翻译南乐山的《善一分殊》。于是，我开始着手联系南乐山先生。在与南乐山先生的交流中，我获知早在 2005 年，他就来华东师范大学做过有关儒学的讲座了，在他的回忆中，七八月的上海是一个"大雨滂沱"的城市，"15 年前的华东师大之行，至今记忆犹新。雨下个不停，以致池塘的水漫进了我们做讲座的那栋大楼，最后不得不重新安排了讲座地点"。翻译此书的那一年，上海也仍然是大雨、小雨不断，但最特殊的是这一年是三年"大疫"的头年。无论如何，我的翻译工作，就是在这一年开展的。

　　　　　善一分殊：儒家论形而上学、道德、礼、制度与性别

要自觉在翻译工作中去展开一种学术锻炼,方师多有这类叮嘱。对此叮嘱的意义,随着翻译工作的进行,我有了深切的体知。关于交稿时间,则是在 2021 年 7 月,这并非如我最初的预期,一是由于博一的学业繁忙,一是由于此书内容的艰涩,这与南乐山的学思深度与论理方式有关,对此,南乐山在"中译本序言"中已有自陈。南乐山的首本译著《在上帝面具的背后:儒道与基督教》的译者辛岩在译后记中亦有多番感叹,直言"文字之艰涩、学养之高深皆非始料所及"。对于出版事宜,则尤应感谢武汉大学的吴根友教授与他的学生刘旭博士,以及纽约州立大学出版社的编辑 Sharla Clute 和 James Peltz。当然,译作如有谬误之处,均由译者负责。

南乐山的"善一分殊"论,是对朱熹和柏拉图的形而上学的共同理解下的一种产物。这一形上思维贯彻在他对所有议题的思考中,无论是对女性主义,还是对时下热议的 ChatGPT。一方面,它要求每个个体对自己及他者的个体性,应有一种敏感的感知力;另一方面,又应自觉选择在"关系"模式中去拒斥原子化的个体。据此,对问题的思考,则往往要求兼具个体性与同一性。换言之,在对"理一分殊""万物一体"的理解中,不应忽略每一个个体本身也具有个体同一性这一前提。这尤其体现在最后一篇对女性主义等议题的讨论中。

将儒学与女性主义相连,往往使女性主义者产生一种蹙眉感,因为女性主义者仿佛会看到一个被限于家庭空间、被要求固守角色伦理的裹脚女人,竟试图自我标榜式地扬起一面女性主义的旗帜。这一画面，的确会让当代女性主义者不适，这种不适感缘于认为女性作为个体的完整性并未得到最基本的认可。所以，当代的儒家女性主义的提出者，往往陷于一种尴尬境地，即当他们为儒学的关系制度辩护时，会让女性主义者觉得他们是一群自说自话的人，尤其是当部分人试图以一种"轻描淡写"的方式将女性真切感受到的痛苦一笔带过时，女性主义者会感到交谈者缺乏一种最基本的真诚。可想而知，那种对儒学关系制度的循环式论证，只会固化反对。

南乐山在全书中，多次提到他绝不否认女性所面对的种种压迫，而他则试图提出一种更好的儒学女性主义。为此，他提出一条从构架形而上学维度的理论到论形而下的具体制度的路径。与其说，他是在论儒学；毋宁说，他是在论当代儒学，具体来说，则是南乐山的波士顿儒学。"善一分殊"，是这位波士顿儒者对儒家形而上学的当代发展，这无疑是据理学家朱熹的"理一分殊"而发；对形而下的具体制度的讨论，则是主张从"礼"再度出发，去实现一种更符合"善"的关系。简言之，我们不可能抛弃关系模式，关键在于如何让"个体"在关系中实现一种更符合良好生活的"自我"。换言之，人类的高级文明的实现，也就是共同体繁荣，这一繁荣的实现前提应该是个体繁荣，而绝非抑制个体繁荣。应该说，这本书对儒学的讨论，就是对如何从明"理"到新"礼"所作出的一个示范，全书对十五篇论文的"排篇布局"，便是据此来展开。

鉴于此，对于书中的"identity"一词，在形而上学维度的论理中，我将其译为"同一性"；在具体议题的讨论中，我有时将其译为

"同一性",有时译为"认同""身份"或"身份认同",尤其是在最后一篇的翻译中。还需要特别指出的是,鉴于南乐山的论理内容与特点,为能更准确地传达出他在形而上学维度的那些思考,对于翻译的"信达雅"的"信"的偏重,是中译本尤为需要考虑的,而这无疑难以避免有时某种"直译"所带来的阅读体验的不佳,尤其是在阅读首篇论文时,这是需要向读者说明并致歉的。

　　本书在形而上学维度的论理,最终是落于现实议题中的。在我看来,南乐山的儒学女性主义,会使当代女性主义者愿意坐下来,与他交谈一番。当然,限于本书的论文集特点,他的很多讨论并非专题式的,这难免有未尽意之憾。实际上,统合全书而观,我更愿意认为他是为儒学在各个领域的当代发展提出了一种儒学的礼主义。这种礼主义,致力于努力实现个体繁荣与共同体繁荣的共生。毋庸讳言,"礼"所遭受的诟病,就是易僵化个体变成一种被固化的角色,这里的"个体",并非限于女性,也包含男性。然而,"礼"的教育,本不应趋于僵化与形式化,它所带来的对活泼泼的个体的抑制,也并非"礼"的教育的初心,更不应成为未来"礼"的教育方向。南乐山在意的是如何使得易被诟病的"礼"制度焕发新生,这里的关键是如何使得"礼"的互动仪式中的人,能够拥有做一个活泼泼的"个体"的可能性。这本书提醒我们的是,完成这一课题的路径,绝不是等待外来者从外部去打破儒学的架构,而是要求当代儒者自觉从儒学内部去发展儒学。在他看来,这与"个体"的成熟化有关,在对待他者时,每个个体应具备一种敏感的感知力;而这一感知力的获得,仍是通过在"礼"的互动仪式中

的训练来实现。此书因此很重视一种精英教育，这是一种基于
"理一分殊"的形而上学思维与互动的"礼"思维的教育，这种教育
资源是儒学自身就拥有的，但它急迫地需要一种向前的发展。这
位波士顿儒者，在书中大声督促当代儒家学者去做这些与之相关
的向前发展的课题。与此同时，这种精英教育，也指向一种已经
走在路上的"世界哲学"，每一个个体都需要对他者（包括人、国
家、文化等）有更成熟、更敏感的感知，以便促进一切关系的互鉴、
互融。我们终将发现，这才符合生命的真实处境，即就万物的源
头而言，任何个体组织的诞生，比如不同种类的花、鸟与人，又比
如不同的池塘生态、森林生态等生态圈，都不是孤立而生的；不妨
说，任何"个体"的"生"之所以可能，最初就是缘于对一切"他者"
的敏感的感知力，才得以实现。

作为波士顿儒家的南乐山，他对于儒学的认同，是对儒学作
为一种好的哲学资源的认同，这一认同指向的是如何让儒学在世
界哲学舞台上与其他哲学资源更好地共舞，最终促进一种更好的
"世界哲学"的诞生，这是他互通儒学与西方哲学的学术初衷，也
是最后需要特别指出的。

杨小婷

2023 年 2 月